CONSTRUCTION PRACTICE AND INNOVATION OF
URBAN EXPRESSWAY
QUALITY ENGINEERING

城区高速公路品质工程建设实践与创新

张 伟 李长林 马凌宇 等 编著

人民交通出版社股份有限公司

内 容 提 要

本书依托深圳外环高速公路工程建设实践，针对工程面临的环境敏感点多、涉河跨路技术难度大、交叉施工干扰大、文明施工要求高、迁改市政管线复杂等诸多挑战，提出了"工程品质化、安全本质化、建筑艺术化、建造装配化、运营智能化、环境友好化"的建设理念，形成了一套城区高速公路建设与管理关键技术体系。

本书可供从事公路工程施工与管理工作的专业技术人员参考，亦可供高等院校相关专业师生学习使用。

图书在版编目(CIP)数据

城区高速公路品质工程建设实践与创新／张伟等编著．— 北京：人民交通出版社股份有限公司，2023.1
ISBN 978-7-114-18422-2

Ⅰ.①城… Ⅱ.①张… Ⅲ.①市区—高速公路—道路施工—研究—深圳 Ⅳ.①U415.12

中国版本图书馆 CIP 数据核字(2022)第 255655 号

Chengqu Gaosu Gonglu Pinzhi Gongcheng Jianshe Shijian yu Chuangxin

书　　名	城区高速公路品质工程建设实践与创新
著 作 者	张　伟　李长林　马凌宇　等
责任编辑	李　梦
责任校对	赵媛媛
责任印制	张　凯
出版发行	人民交通出版社股份有限公司
地　　址	(100011)北京市朝阳区安定门外外馆斜街 3 号
网　　址	http://www.ccpcl.com.cn
销售电话	(010)59757973
总 经 销	人民交通出版社股份有限公司发行部
经　　销	各地新华书店
印　　刷	北京虎彩文化传播有限公司
开　　本	787×1092　1/16
印　　张	19.75
字　　数	471 千
版　　次	2023 年 1 月　第 1 版
印　　次	2023 年 1 月　第 1 次印刷
书　　号	ISBN 978-7-114-18422-2
定　　价	158.00 元

(有印刷、装订质量问题的图书，由本公司负责调换)

本书编写委员会

主 任 委 员：张　伟　李长林　马凌宇
副主任委员：吴建明　武银锋
委　　　员：陈典华　石继华　冯宝平　伍文俊　齐　帅
　　　　　　刘英富　刘周浩　刘昌运　李　洋　李　凌
　　　　　　李金草　李秀华　吴惠山　何　军　何先君
　　　　　　佘小明　余　翔　张　宏　陈林艺　范修学
　　　　　　胡昆鹏　胡琦峰　洪少勤　郭　峥　唐　圣
　　　　　　曹少刚　黄捷胜　董　锋　谢迎超　谢佳佳
　　　　　　谢海根　曾　捷　雷　昭　廖庆衍　刘宏科
　　　　　　王连伟　朱文艺　王大勇
主 编 单 位：深圳市交通工程质量监督站
　　　　　　深圳市外环高速公路投资有限公司

参编单位：中铁十二局集团有限公司

中交第二公路工程局有限公司

中交第二航务工程局有限公司

中铁大桥局集团有限公司

中铁十八局集团有限公司

中铁二十三局集团有限公司

中交第三航务工程局有限公司

深圳市新天泽消防工程有限公司

北京云星宇交通科技股份有限公司

江苏建铁信息技术有限公司

深圳市国艺园林建设有限公司

广东嘉益工程有限公司

前言

大潮起珠江,历经改革开放的洗礼,深圳再担新使命——优化城市布局,构建立体交通网络,向中国特色社会主义先行示范区新目标迈进。在深圳经济特区成立40周年之际,深圳外环高速公路犹如一条助推深圳高速发展的长龙,横空出世。

深圳外环高速公路深圳段长76km,概算投资209.57亿元,平均每公里造价3亿元。路线大部分位于城市建成区,沿线土地价值高、周边人口密集、工商业繁荣,面临着环境敏感点多、涉河跨路技术难度大、交叉施工干扰大、文明施工要求高、迁改市政管线复杂等诸多困难,是一个典型的跨城区高速公路工程项目。

项目建设者们面对城区高速公路建设的新矛盾,借鉴各地实施绿色公路建设经验,提出了"工程品质化、安全本质化、建筑艺术化、建造装配化、运营智能化、环境友好化"的城区高速公路建设理念并付诸实施,实现各方面的均衡和协调。

工程品质化:追求内在质量和外在品位的有机统一,完善工程质量管理制度,强化质量主体责任,强化工程质量监管,提高工程项目质量管理水平,提高工程技术创新能力。

安全本质化:强化安全管理和风险预防,加强安全标准化建设。贯彻"本质安全"理念,提高安全可靠度,通过技术和管理等主动预防手段,从源头上控制并消除不安全因素。

建筑艺术化:引入建筑艺术理念,实现由"建造工程项目"到"创作工程作品"的思想转变,提升工程建设项目艺术景观效果。

建造装配化:抓好"设计标准化,构件预制化,施工工业化,建造数字化"的实施要点,通过推广应用建筑信息模型技术(BIM技术)协同设计,逐步推广普及全生命周期智能化管理标准,扩大装配化应用范围。

运营智能化:围绕"建、管、养、运"一体化目标,通过建立检测信息库、一体化综合监测平台等手段,逐步落实智能化运营等工作。

环境友好化:加强对声环境敏感区、饮用水源地、自然保护区、生态严控区等生态敏感区的保护,使工程建设项目与自然环境协调统一。

项目建设者们秉承着解决城区高速公路施工问题和困难、达成既定建设目标的理念,在项目建设全周期的各个环节探索和实施了大量针对性强、可操作性好的技术措施和手段,并进行了全面、生动、立体的记录和分析,最终编写成本书。本书是项目参建技术人员集体智慧的结晶,在此向所有参与深圳外环高速公路工程项目建设的同志们致以衷心的感谢!

  本书成稿时间短、涉及专业多,书中难免存在疏漏和不妥之处,敬请各位专家和读者批评指正。

作 者

2020 年 11 月

目录

第1章 临建与场站工程 1
1.1 项目部 1
1.2 安全体验馆 17
1.3 钢筋加工厂 23
1.4 混凝土搅拌站 32
1.5 预制梁场 44

第2章 路基工程 55
2.1 路基填筑 55
2.2 路基开挖 65
2.3 路床施工 69
2.4 路基排水工程 75
2.5 台(涵、墙)背回填 87

第3章 桥梁工程 94
3.1 桩基施工 94
3.2 承台(系梁)施工 104
3.3 墩柱、盖梁施工 107
3.4 悬浇梁施工 115
3.5 预制梁施工 125

第4章 隧道工程 141
4.1 开挖及初期支护施工 141
4.2 仰拱施工 151
4.3 防水层及二次衬砌施工 153
4.4 洞门施工 158
4.5 电缆槽施工 164
4.6 隧道BIM技术应用 167

第5章 路面工程 169
5.1 原材料管理 169
5.2 拌和站建设 171
5.3 水泥稳定碎石底基层、基层施工 175

5.4 路肩及路缘石施工 …… 180
5.5 透层、封层和黏层施工 …… 183
5.6 沥青混凝土面层施工 …… 185
5.7 智慧化管理措施 …… 190

第6章 交通工程 …… 195
6.1 波形梁护栏施工 …… 195
6.2 标线施工 …… 197
6.3 标志施工 …… 199
6.4 隔离栅施工 …… 200
6.5 防抛网施工 …… 200
6.6 品质创新 …… 201

第7章 艺术品质工程 …… 204
7.1 挡土墙装饰 …… 204
7.2 隧道洞口装饰 …… 209
7.3 桥梁装饰 …… 214

第8章 环保工程与文明施工 …… 217
8.1 扬尘治理 …… 217
8.2 水土保持 …… 221
8.3 交通组织 …… 224
8.4 围挡施工 …… 239

第9章 机电工程 …… 243
9.1 光电缆敷设施工 …… 243
9.2 监控设施施工 …… 250
9.3 通信设施施工 …… 253
9.4 收费设施施工 …… 254
9.5 供配电设施施工 …… 263
9.6 照明设施施工 …… 286
9.7 隧道消防施工 …… 289
9.8 隧道装饰 …… 294

第10章 绿化工程 …… 298
10.1 工程概况 …… 298
10.2 设计理念、指导思想和设计原则 …… 299
10.3 景观绿化设计 …… 301

参考文献 …… 306

第1章
临建与场站工程

1.1 项目部

1.1.1 项目部选址要求及场地规划布局

1) 项目部选址要求

项目部选址,在进场后由项目经理负责,结合施工组织设计,组织相关人员按照安全和管理的要求进行调查和论证,确定选址方案,报上级单位和建设单位备案,经同意后实施。其选址应满足科学管理、场地、水、电、交通、环保等各方面要求。

(1) 场地

所选场地应尽可能开阔平坦,尽量靠近施工现场,面积能满足办公、生活区建设的需要,且征地较易,合法;周围无塌方、滑坡、落石、泥石流、洪涝等自然灾害隐患,无高频、高压电源及其他污染源;距离集中爆破区500m以外,不得占用规划的取、弃土场。

(2) 供水、供电及通信

选址所在区要求具备便利的供电、供水、通信条件,满足项目部生活和办公自动化需求。深圳外环高速公路工程项目部位置示意图如图1-1-1所示。

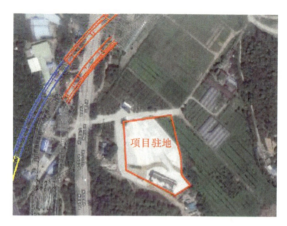

图 1-1-1　深圳外环高速公路工程项目部位置示意图

2) 项目部场地规划和布局

项目部场区内各临时设施的规划与布局应做到科学、整洁、大方、文明,既能方便、顺畅地为职工工作和生活服务,又能彰显企业的文化底蕴和品牌形象,如图 1-1-2～图 1-1-4 所示。

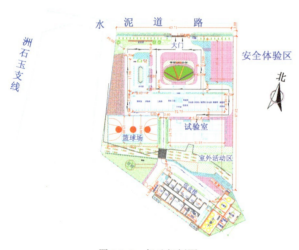

（1）总平面布置原则

①项目部设置大门和四周围墙,采取封闭式管理模式。

②项目部办公区、生活区一般为两个相对独立的部分。实行办公区、生活区分离布置,办公区一般设置在进入驻地大门显著位置区域;办公区后面布置生活区,便于集中办公和宿舍统一管理。

③生活区厕所和浴室采取临近职工宿舍,远离食堂,集中布置。

④其他临时设施应根据场地情况和自身属性灵活布置,但必须保证驻地各建筑物布置整齐、大方。

图 1-1-2　场地规划图

图 1-1-3　项目部总体平面效果图

图 1-1-4　项目部实景图

⑤项目部必须采取消防安全措施,至少设置一条消防安全通道,道路宽度以不小于4m为宜。
⑥场地及主要道路应进行硬化处理,并做好驻地内绿化工作。

(2)项目部临时设施分区

根据用途不同,项目部临时设施可分为办公区、生活区、生产区三大类。办公区临建是指项目部为完成各项生产经营管理工作而建的工作室;生活区临建是指项目部为管理人员提供的生活设施;生产区临建是指项目部为进行工程施工所必需的生产性临时建筑,包括试验室和专业施工队营地建设。

①办公区。

项目部办公区建筑物主要有办公楼、大会议室、培训中心、职工书屋等,其中办公楼包含办公室、接待室、档案室、资料室等,如图1-1-5所示。

图1-1-5 办公区

②生活区。

项目部生活区建筑主要有职工宿舍、食堂、卫生间、浴室、洗衣房、活动场所、配电房、化粪池等,如图1-1-6所示。

③生产区。

项目部生产区建筑主要有试验室、料库、料场、拌和站、预制场、配电室、发电机房、工具库、小设备存放库、停车场及警卫室等,如图1-1-7所示。

1.1.2 项目部主要临时设施建设

为进一步规范新承建项目部驻地临时设施建设标准化管理,深入开展成本控制工作,全面提升企业盈利能力,故对项目部各临时设施做出以下标准化建设要求,主要包括类型、材质、规格、尺寸、做法、色彩、装饰、装修等方面要求。

项目部临建结构类型包括K形板房、彩钢板房、T形板房,如图1-1-8所示。

图 1-1-6　生活区

图 1-1-7　生产区

图 1-1-8　活动板房结构示意图

建筑材料参数见表 1-1-1。

建 筑 材 料 参 数　　　　　　　　　　　表 1-1-1

项　目		参　数
板材	外墙板	75mm 厚金属双面岩棉彩钢阻燃夹芯板
	内墙隔板	50mm 厚镁磷夹芯板
	屋面瓦	75mm 厚聚氨酯(PU)发泡彩钢瓦楞夹芯板,人字形坡,坡度控制为 1:5
	吊顶板材	聚氯乙烯(PVC)装饰扣板吊顶
	走道板	厚 4mm 花纹钢板,用于两层板房
	二层楼板顶面	厚 15mm 复合木地板
	楼板	厚 12mm 木夹板或建筑模板,其上铺新型水泥楼板
骨架材料	地槽	8 号 C 型钢
	立柱	双 8 号 C 型钢
	圈梁	双 8 号 C 型钢
	屋面人字形片梁桁架	双 8 号 C 型钢
	屋面檩条	40 角钢
	片梁拉杆	角钢 40mm×40mm
	一字梁	8 号 C 型钢,用于两层板房
	人字梁	8 号 C 型钢,用于两层板房
	楼面檩条	8 号 C 型钢,用于两层板房
	走道托架及栏杆立柱	双 8 号 C 型钢、方钢 30mm×50mm,用于两层板房
	楼梯	钢结构楼梯(普通 ϕ48mm 钢管、8mm×4mm 花纹钢板、16 号 B 型槽钢等),用于两层板房
	屋檐支架	角钢 40mm×40mm、8 号 C 型钢,用于两层板房
门窗		73 型铝合金平移式塑钢窗,铝合金门框彩钢夹芯板门

对于基础工程,应根据不同地区地质资料及恒活载工况,首先需计算地基承载力,是否满足极限承载力要求。若为软土地基,需进行地基处理,以控制沉降,具体地基处理方法需结合项目部地基状况选择,基础施工图如图 1-1-9 所示。

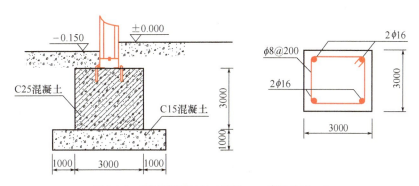

图 1-1-9　基础施工图(尺寸单位:mm;高程单位:m)

1）户外布置

（1）项目部大门、围墙

项目部大门、围墙设计如图1-1-10~图1-1-13所示。

图1-1-10　门卫室和监控设备

图1-1-11　项目部大门立面图

图1-1-12　项目部门垛宣传语

项目部设立门卫室,安装监控,实行封闭式管理、来客登记制度。大门采用不锈钢电动伸缩门,宽度8m,高度1.5m。门卫处设置"出入请登记"标识牌,大门立柱处悬挂统一标准的项目机构标识牌。

项目部大门两侧设置门垛,门垛宽度6m,垂直高度2.25m(砖砌基础0.5m,上部墙体顶面向内15°,倾斜长度1.8m),门垛立柱尺寸为60cm×60cm×290cm,红褐色瓷砖贴面,门垛上展示建设单位宣传标语和中交二航局核心价值观标语。

项目部砌筑通透型240mm厚围墙和砖砌围墙,高度为2m,围墙压顶为蓝色,尺寸为37cm×37cm,墙体为白色,围墙立柱为49cm×49cm×250cm。砖砌围墙上设置公司业绩展示宣传标语。

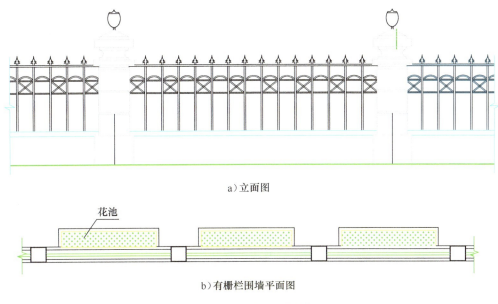

a）立面图

b）有栅栏围墙平面图

图1-1-13　通透式围墙图

（2）户外设施

①旗杆、旗帜。

办公楼大门、项目驻地大门之间设立旗台，竖立三根不锈钢旗杆，如图1-1-14所示。旗帜设置的顺序为：从进入大门方向看，从左到右，第一面悬挂安全旗，第二面悬挂国旗，第三面悬挂建设单位旗帜。

图1-1-14　项目部驻地"三旗"示意图

②宣传栏。

在办公区设置两块尺寸为6m×2m的宣传栏，如图1-1-15所示。

③指示牌。

项目部附近主要路口设置项目驻地指示牌，如图1-1-16所示。设置时应考虑指示牌的位置、距离、高度、色彩等，以便来访者迅速辨识。

④晾衣区。

在项目部三层楼顶设置晾衣区，晾衣棚采用不锈钢做支撑，阳光板覆盖，如图1-1-17所示。

图 1-1-15　宣传栏示意图

图 1-1-16　指示牌

⑤停车区。

停车区设置停车位、停车棚、洗车场,如图 1-1-18 所示。

图 1-1-17　晾衣棚效果图

图 1-1-18　停车区

⑥球场。

为丰富项目部职工业余生活,按照公司企业文化建设标准和"职工小家"建设标准,每个项目部必须设置供职工休闲娱乐的场所。项目部设置的篮球场如图 1-1-19 所示。

⑦消防设施。

在工程施工期间,按照当地消防管理部门的有关规定和标准化要求,办公楼配 4kg 灭火器 2 个、2kg 灭火器 10 个,宿舍配 4kg 灭火器 3 个、2kg 灭火器 18 个,食堂和会议室配 4kg 灭火器 1 个、2kg 灭火器 2 个。每栋楼设置 $2m^3$ 的消防(兼生活)水池一个、消防沙池一个。消防责任牌、消防疏散图应挂于醒目位置。消防器具应派专人负责保管,定期进行消防安全检查并对职工进行防火知识教育,如图1-1-20所示。

图1-1-19　项目部篮球场

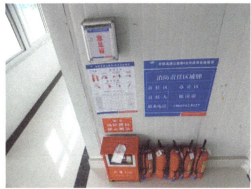

图1-1-20　消防设施

⑧环保设施。

项目部排水设施完善,配备污水处理设施、封闭式垃圾站,在生活区、办公区设置垃圾桶和垃圾池,按可回收无害垃圾、不可回收无害垃圾、有害垃圾分类存放,及时清理,如图1-1-21、图1-1-22所示。

图1-1-21　垃圾分类　　　　　　　　　　图1-1-22　密闭垃圾桶

庭院内栽种各种植物进行充分绿化,院内设有"严禁乱倒乱扔垃圾,保护自然生态环境"的警示牌,确保环境优美整洁。

⑨其他设施。

a. 电源系统:从建设单位提供的施工电源点接入,在项目部生活及办公楼设置 1 台 630kVA 变压器(1 号),如图 1-1-23 所示。

b. 供水系统:本项目用水为市政自来水,可满足使用要求。

c. 通信系统。

d. 排水设施:为防止雨水地面漫流和生活污水影响环境,项目部驻地需设置排水设施来统一汇流雨水和排放生活污水。排水、排污设计和实施过程需严格遵守在建项目驻地给排水的规定,从而创造文明、卫生、健康的驻地生活环境。驻地排水沟如图 1-1-24 所示。

图 1-1-23　变压器

图 1-1-24　驻地排水沟

2)内部布置

(1)办公室

办公楼建筑面积 895m^2,项目部定员 70 人。办公楼一楼设置工程部、测量部、质检部、资料室、监控室、设备部、物资部、安全部、驾驶班、会议室、农民工业余学校。二楼共有 13 个办公室,设置项目经理室、项目书记室、副书记室、项目总工室、项目副经理室、商务经理室、财务室、小会议室、合约部、综合办公室、监理办公室等。办公室如图 1-1-25 所示。

(2)会议室

会议室正面采用全玻璃墙体,充分利用自然光照明。会议室如图 1-1-26 所示。会议室配备投影仪、话筒等常用会议设施和 1m^2 左右的写字板,前墙设高清投影仪和视频系统,后墙设

图 1-1-25　办公室

智能信息系统展示屏,室内粘贴组织结构图,安全、质量、环保保证体系,线路平、纵面缩图,工程形象进度图,项目管理方针和管理目标。

(3)资料室

资料室配备灭火器和抽湿机,如图 1-1-27 所示。

图1-1-26 会议室　　　　　　　　　　　图1-1-27 资料室

图1-1-28 办公室门牌示例

（4）办公室门牌

办公室门牌如图1-1-28所示。

（5）职工宿舍

职工宿舍为三层楼，部分大房间采用防火活动板隔断，如图1-1-29所示。

（6）职工食堂

①厨房。

厨房加工间面积为50m²，储藏室、生熟食间25m²，室内挂有卫生许可证、岗位责任制、食堂管理规定、安全卫生值班表、健康证，如图1-1-30、图1-1-31所示。

图1-1-29 职工宿舍

②餐厅。

餐厅分大餐厅和小餐厅：大餐厅面积为91m²，设7套桌椅，可同时容纳70人就餐；小餐厅设桌椅2套，设直径3.1m和1.5m两张餐桌，可同时容纳28人就餐，面积为63m²。室内挂有用餐规定、公示栏、企业文化标语、营养菜谱、餐厅文化挂图等，如图1-1-32所示。

图1-1-30 加工间布置图

图1-1-31 储藏室布置图

(7)卫生间

办公区设卫生间1处,生活区三层楼内设置卫生间28个,为水冲式便池,便槽贴面砖,地面贴防滑地砖,设置防蝇器、排气扇、洗手池等配套设施,专人打扫,保证环境卫生,如图1-1-33所示。

图1-1-32 餐厅

图1-1-33 卫生间

(8)文体娱乐室

项目部按照公司企业文化建设标准和"职工小家"建设标准,设置了供职工休闲娱乐的场所,如图1-1-34所示。

(9)健康体验室

办公区设置健康体验室,配有血压计等医疗检测设备、医疗箱、日常药品,室内挂有保健知识宣传牌,提供工地典型疾病预防手册和营养搭配方案,如图1-1-35所示。

图1-1-34 职工文体娱乐室

图1-1-35 健康体验室

1.1.3 项目部建设创新

项目部制定了"三位一体"的建设标准,即立足于打造"管理智能型""生态节约型""环境园林型"项目部,使之形成合力从而充分体现"以人为本"的要求。

1)管理智能型

项目智能化管理利用以智慧工地为核心的掌上工地系统为平台,主要以打造智能化工地为目标,针对任务管理、视频监控、专业监控、材料管理、设备管理、资料管理、整改与罚款、影音资料、规范及图纸查阅等进行综合管理,提升管理的工作效率,提高管理品质,如图1-1-36~图1-1-43所示。

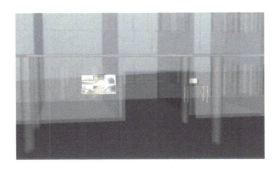

图1-1-36 公共展示屏

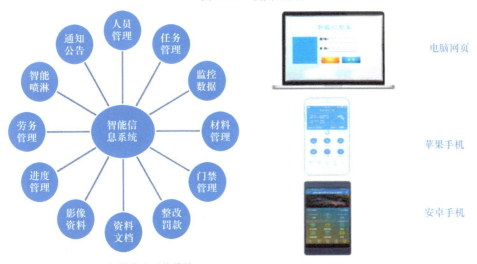

图1-1-37 智能信息系统模块　　　　图1-1-38 操作端展示

掌上工地系统通过网络,将现场的所有管理行为,通过手机移动端设备予以流程化和量化,采用先进的高科技信息化处理技术,将所有信息数据汇总至信息管理中心(项目部信息中心),以便对现场进行实时、动态管理。

从项目部服务于施工现场的角度出发,为利用科技手段提高工程安全、质量和施工水平,建设项目智能信息系统,在办公楼设信息中心,运行和维护系统,在会议室后墙设公共展示屏,让项目部与现场固定施工点和移动施工面保持实时信息交流。

图 1-1-39　影像实时界面　　　　　　图 1-1-40　影音资料展示

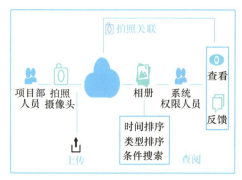

图 1-1-41　操作界面展示　　　　　　图 1-1-42　电子模型实时显示进度

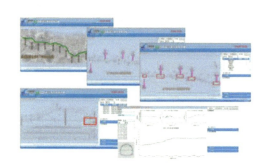

图 1-1-43　监控数据分析

系统软件在原智慧工地软件的基础上,结合本项目特点进行定制。第一阶段预定12个模块,用于公共展示的有影像资料、监控数据、进度管理、通知公告,其他采用授权应用。操作端兼容三大主要智能设备,实现一体化管理。

设置影像实时界面和影像库,影像实时界面采用分格画面,展示现场实时动态。影像库分部位、分日期存放影像资料,可在移动设备上查看。对高边坡和隧道围岩监控,实现与系统数据交换、自动分析和报警、移动端查询。

2)生态节约型

通过雨水收集、地表水收集,利用高差对项目部绿化进行智能灌溉;热水器使用太阳能辅助加热,并设置电加热,这样更省电,如图1-1-44～图1-1-46所示。

项目部主要出入道路两侧安装太阳能路灯(图1-1-47),间距40m,交替设置;并设太阳能停车棚一座,辅助市电供应。

图1-1-44 雨水收集系统工艺流程图

图1-1-45 智能灌溉系统

图1-1-46 太阳能热水器示意图

图1-1-47 太阳能路灯示意图

项目部还采用空气能热水器,节约能源,使用方便,如图1-1-48所示。

图1-1-48 空气能热水器

3）环境园林型

园林化的工作空间可以营造舒适的工作环境，提高人群的工作效率。项目部园林化的布置需充分利用地形，并结合标准化要求和企业文化。

(1) 室外绿化

项目部设中央花坛、西北角、边坡、西南角4大绿化区，专业设计植物搭配和造型，保持全局效果和细部美观；房屋周边设绿化带，如图1-1-49所示。

图1-1-49　室外绿化效果

(2) 室内绿化

在各部门办公区域统一配置盆栽，提升办公舒适度；办公楼二楼走廊、宿舍走廊、洗手间、会议室摆放各类植物。

4）注重人文关怀

项目部建设注重办公与生活环境的有机协调，体现人文理念。办公区和生活区配备空调等保暖消暑设备，办公室二楼窗户贴隔热膜及板房顶板增加隔热层，保证办公环境的舒适性。办公室内配大量吊兰、芦荟和木炭，充分吸收活动板房散发的甲醛等有害气体，保证职工身体健康。生活区楼房顶层提供洗衣机、晾衣棚；同时完善配套设施，设置健身活动室和茶棚，提供休闲娱乐环境，如图1-1-50～图1-1-52所示。

图1-1-50　活动板房顶的隔热层　　　　　图1-1-51　窗户隔热贴膜

图 1-1-52　办公室内配备活性炭、吊兰、芦荟

1.1.4　改进提升建议

（1）项目驻地可在工人宿舍楼配置空调，提升工人休息质量。
（2）项目驻地应设置小型超市，方便工人采购生活必需品。

1.2　安全体验馆

1.2.1　项目施工特点及传统安全教育培训方式特点

1）项目施工特点

本项目具有以下特点：①规模大，施工工艺繁杂，具有隧道爆破施工、高边坡开挖施工及高架桥架设施工；②工期紧，周边环境复杂，横跨高速、市政道路和工业区及水源保护区；③区域广，水土保持压力偏高；④风险高，施工安全管理要求严格，要求零伤亡，全过程文明施工等。

2）传统安全教育培训方式特点

传统安全教育培训采取授课式的培训方式，通过口头方式简单说明培训的大概内容及安全要求，并借助安全培训纸质版资料作为附件来达到安全培训的目标，最后根据试卷考核完成安全教育培训。其具有以下特点：

（1）培训时间简短。传统安全教育培训通常时间短，形式主义比较严重，只简单介绍培训资料内容，无法满足教育培训时长要求。

（2）培训方式单一。传统培训采取灌输式培训，强加给体验者讲述枯涩的安全知识，无法被体验者所理解和接受。

（3）培训效果不佳。体验者通常在安全教育培训后只粗略知道安全重要，但却不清楚安全具体的要求及技能，达不到安全培训的最终目的。

1.2.2 安全体验馆简介及功能

1）安全体验馆简介

建筑施工人员通过亲身参与、亲身体验、亲身感悟去学习安全知识，让学习建筑施工知识更生动形象，寓教于乐，理论与实践相结合，让每个体验者都能够学习实际认知能力和实际操作的动手能力，真正达到"安全第一、预防为主、消除隐患"的目的，把这样的场馆称为建筑教育培训体验馆。体验馆通过视觉、听觉、预演、动态动作等四种不同表现方法，采用平面、立体的或三维的三种不同的表现方式，对过去的记忆和回忆、实际的体验、对未来的或想象中等三种不同的时空情景模式，让员工亲自参与其中、亲自感受、亲自体验、亲自体会、亲身感悟的过程，达到知识与实际动作情景相结合，亲身动手、亲身参与，不仅从书本理论，也从实际动手操作中获得安全知识，让建筑施工人员对建筑职业、建筑安全、建筑工艺流程更全面更直接地了解及展示。

2）安全体验馆的项目

安全体验馆包含了安全急救体验、预防触电事故体验、电焊作业体验、灭火器演示体验、洞口坠落体验、钢丝绳体验、安全帽撞击体验、安全防护用品体验等与施工内容紧密结合的体验项目，能够与安全培训需求充分吻合，达到高效安全培训的目的，如图1-2-1所示。

图1-2-1 安全体验馆总体图

根据安全教育培训制度，所有进场人员必须经安全体验后才能上岗。体验者应先经过三级安全教育培训并登记后进入体验区，由安全讲师讲解体验时应注意的事项，再由工作人员带队按照体验流程开展体验活动。体验结束后邀请体验者代表说出建议和体验感受，以便持续改进体验活动，深化安全教育，如图1-2-2所示。

（1）安全防护用品体验

建筑安全防护用品是指劳动者在生产过程中为免遭或者减轻人身伤害和职业危害所配备的防护装备。正确使用安全防护用品，是保障从业人员人身安全与健康的重要措施。

安全防护用品展示培训可帮助体验者熟知各安全防护用品及其正确的使用方法和使用环境，使体验者充分认识到安全防护用品是安全生产工作的一个重要组成部分。当一些危害因素达不到国家标准和有关规定，技术措施也尚不能消除生产过程中的危害因素或在进行应急抢险、救灾作业时，佩戴安全防护用品就成为既能完成生产任务又能保证从业者安全与健康的重要手段，是确保安全生产、预防重特大事故发生的重要基础保障，增强体验者自觉佩戴安全防护用品和加强自身保护的意识。在体验区里,在设计的模拟环境中以视觉、听觉、语言、动作参与其中,亲自感受、亲自体验在施工现场不按照安全规范来进行危险施工,会造成的严重后果,感受事故发生瞬间的惊险,从而提高员工的安全意识和自我防范意识,如图 1-2-3 所示。

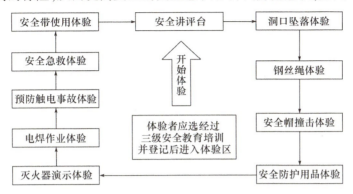

图 1-2-2　安全体验馆体验流程图

（2）安全帽撞击体验

安全帽撞击体验可帮助体验者熟知安全帽的正确佩戴方法以及佩戴安全帽的重要性和必要性,体验佩戴安全帽对物体打击所减轻的效果。先根据体验人的身高选择体验位置,让体验者站在指定的位置（记住千万不能抬头朝上看）,在这个特殊的环境里,体验在真实或想象的危险中的不安不良状态。再用约 50N 的撞击力,让每个人深刻感受安全帽受到撞击的力量,从而使体验者认识到不佩戴安全帽带来的危害,从而养成正确佩戴安全帽的好习惯,如图 1-2-4 所示。

图 1-2-3　安全防护用品展示图

图 1-2-4　安全帽撞击体验

（3）钢丝绳的正确使用方法体验

通过钢丝绳体验,展示钢丝绳几种常见的错误使用方式和正确的处理方法,使体验者充分了解钢丝绳的使用方法及使用钢丝绳时的注意事项和钢丝绳断丝后的正确处理方法,如图 1-2-5 所示。

图 1-2-5　钢丝绳使用方法展示图

(4)洞口坠落体验

通过洞口坠落体验,了解洞口或开口部的危险性,使大家充分认识到高空坠落的危险性,及时正确地加强洞口防护,养成正确维护安全防护的好习惯,如图 1-2-6 所示。

图 1-2-6　洞口坠落体验

(5)安全讲评台

安全讲评台可对各班组工人进行安全教育及安全技术交底,并介绍特殊部位的注意事项,如图 1-2-7 所示。

图 1-2-7　安全讲评台展示

①启发参与方式:通过作业内容交派后,让班组长结合当班所需作业的任务,在班前安全早会上结合工作安排,提醒体验者注意岗位安全防范事项,让体验者明确在自己的当班岗位上,该做什么工作,该怎么做。

②危险源辨识确认:结合现场生产、设备及人的身体、精神状态,对当班作业中可能出现的不安全因素进行危险提醒,达到上岗前再次告诫该注意哪些方面、存在哪些不安全因素、如何预防事故的发生等,使体验者在思想上对作业任务和作业环境的不安全因素有充分的认识,做到"防患于未然"。

(6)安全带使用体验

通过佩戴安全带并体验上升、下降过程中的感受和人体瞬间撞击地面的危险感受,使大家认识到正确使用安全带的重要性,达到安全教育培训的目的,如图1-2-8所示。

(7)安全急救体验

安全急救体验是在正常施工现场人员心脏骤停(如:触电、心脏疾病、自然灾害、意外事故等造成的心脏骤停)时,而必须采取气道放开、胸外按压、人工口鼻呼吸、体外除颤等抢救过程,使病人在最短的时间内得到救护的体验。在抢救过程中气道是否放开,胸外按压位置、按压强度是否正确,人工呼吸吹入潮气量是否足够,规范动作是否正确等,是抢救病人是否成功的关键。心肺复苏就是针对骤停的心跳和呼吸采取的"救命技术",是基础生命支持技术,因此每一个人应掌握心肺复苏技术。安全急救体验图如图1-2-9所示。

图1-2-8 安全带使用体验

图1-2-9 安全急救体验

(8)综合用电体验

通过综合用电体验,学习各开关箱、各种灯具及各种电线的使用说明,认真学习安全用电及操作规程,正确引导学习安全用电的知识,提高电工素质和职业道德,一切按施工现场临时用电规范办事,拒绝使用劣质产品;将触电急救措施融合于体验教育活动中,增强施工现场触电事故的应急处置能力,减少触电伤亡事故,如图1-2-10所示。

(9)电焊作业体验

在土建施工中,电焊焊接作业应用广泛,进行电焊作业的工人与有害气体、金属蒸汽和粉尘、弧光辐射、高频电磁场、噪声和射线等接触,对自身和他人的健康与安全有极大的危害,如果在设备和操作上存在问题,还可能引起灼伤、火灾、爆炸、触电、中毒等事故。通过电焊作业体验可便于对建筑施工电焊作业工人进行教育和交底,如图1-2-11所示。

图 1-2-10　综合用电体验

图 1-2-11　电焊作业体验

(10) 灭火器演示体验

通过灭火器体验,使体验者充分了解发生火灾时如何正确使用消防器材,增强体验者消防意识,杜绝火灾隐患;提高对火灾扑救工作的组织和处理能力,更好地了解项目防火制度,提高自救能力及消防安全管理水平,构建和谐社会,创造良好的安全文明施工环境,如图 1-2-12 所示。

图 1-2-12　灭火器演示体验

1.2.3 安全体验馆培训的优势

(1) 真实体验

安全体验馆采用视、听、体验相结合的三维立体式安全教育模式,实施可感受、可操作的实体化安全教育。通过模拟建筑施工现场可能发生的各种安全事故,让体验者亲身体验不安全操作行为带来的危害。通过体验,让体验者熟练掌握安全操作规程以及紧急情况的安全对策,达到提升职业技能、提高安全意识的目的。

(2) 现场教学

通过手把手教学,让体验者不仅可以充分学习安全知识,还可以大幅度提升安全技能,以实际操作提高体验者对施工风险的认识,提升安全意识,熟知安全规范要求及掌握应急救援技能。

(3) 可重复学习

工程现场人员可利用安全体验馆重复学习,不断提高安全技能,且培训方式灵活有趣,容易被体验者所接受。

1.2.4 改进提升建议

目前安全体验馆容量较小,一次只能进行小规模体验及安全教育培训知识讲解,且对讲解员的综合安全素质及精力要求比较高。建议开发自助安全教育培训模式,并自主接受考核。

1.3 钢筋加工厂

1.3.1 钢筋加工厂的分类

(1) 按其作业形式不同,可分为全封闭式和半封闭式两类,如图 1-3-1、图 1-3-2 所示。全封闭式钢筋加工厂为钢筋集中加工,采用配送模式,一般生产墩柱、箱梁结构的钢筋,钢筋笼钢筋的加工可根据项目实际情况设置;半封闭式钢筋加工厂,墩柱、箱梁结构的钢筋在厂房内生产,钢筋笼生产线可设置于外侧。

图 1-3-1　全封闭钢筋加工厂

图 1-3-2　半封闭钢筋加工厂

(2)按生产能力和规模可分为大型钢筋加工厂、中型钢筋加工厂和小型钢筋加工厂。大型钢筋加工厂钢筋加工生产能力大于10000t,场地占地面积不小于3500m²;中型钢筋加工厂钢筋生产能力大于5000t,小于10000t,场地占地面积不小于2000m²;小型钢筋加工厂生产能力小于5000t,场地占地面积不小于1500m²。

1.3.2 钢筋加工厂的选址

钢筋加工厂应以施工标段为单位集中设置,根据施工标段的主要构造物分布、运输条件、钢筋加工量等特点综合选址,减少二次搬运量,做到加工与施工互不干扰。同时根据桥梁和周围结构物的分布情况、桥跨与梁型布置、工期、运架梁速度、地质状况等因素综合分析,提高施工设备利用率,降低设备投入费用。钢筋加工厂选址应遵循以下原则:

(1)运距要求:根据施工标段的主要构造物分布特点综合选址,尽量靠近主体工程施工部位,运距适中,供应半径不宜大于10km,做到运输便利,经济合理。

(2)交通要求:应具备便利的交通条件,出入运输方便。

(3)场地要求:地势开阔、用地合法、面积满足施工需要;周围无塌方、滑坡、落石、泥石流、洪涝等地质灾害隐患,无高频、高压电源及其他污染源;距离集中爆破区500m以外;不得占用规划的取、弃土场;场地的地基承载力较高。

(4)水、电、通信要求:水源充足,具备便利的通电、通水和通信条件。

(5)环保要求:远离生活区和居民区,尽量将加工厂设于场地下风向。

1.3.3 钢筋加工厂的建设

1)钢筋加工厂的结构

钢筋加工厂内场地采用C20混凝土硬化。场地硬化前利用挖掘机对局部地方进行平整,并设置1.0%的纵向排水坡度。混凝土浇筑前,首先在原地面上插打钢筋,控制混凝土面的高程,坡度由中间立柱向两侧放坡0.5%。混凝土浇筑完成达到一定强度后用切割机进行横向切缝,切缝深度2cm,防止混凝土表面开裂。场区内沿纵向设置一条纵向的行车通道,宽度4.0m,道路底部铺筑10cm碎石垫层,上部采用20cm厚C25混凝土硬化。对于出入钢筋加工厂的厂外便道采用20cm厚C25混凝土进行硬化。

钢筋加工厂采用两幅双坡面钢筋加工棚结构形式,加工厂钢柱和抗风柱均采用Q235材质,立柱基础结构形式为钢筋混凝土基础,加工棚基础建设采用二级独立基础,混凝土强度等级为C25,如图1-3-3、图1-3-4所示。

2)钢筋加工厂的分区

钢筋加工厂内设置原材料堆放区(盘圆钢筋堆放区单独分开存放)、原材料下料区、车丝区、加工区、存放区、钢筋弯曲中心区、钢筋弯箍区、半成品堆放区、成品待检区、成品存放区、废料区等。各功能分区四周用黄色反光油漆划分隔离,通道两侧采用红色反光油漆划分隔离,均在地面上做好标记,如图1-3-5~图1-3-19所示。

3)钢筋加工设备

钢筋加工设备主要有钢筋笼滚焊机、钢筋调直机、钢筋切断机、电焊机、数控弯箍机、数控弯曲中心等,主要用于钢筋笼的加工,钢筋的调直、切断、弯曲加工等。

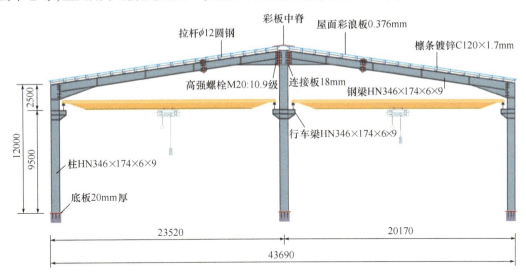

图 1-3-3 钢筋加工棚横断面结构图(尺寸单位:mm)

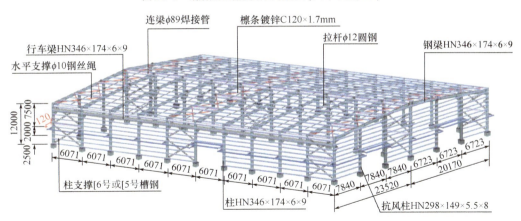

图 1-3-4 钢筋加工棚立体结构图(尺寸单位:mm)

图 1-3-5 钢筋加工厂

图 1-3-6 钢筋加工厂内整体布置

图 1-3-7　钢筋加工厂功能分区

图 1-3-8　原材料存放区(一)

图 1-3-9　原材料存放区(二)

图 1-3-10　下料区

图 1-3-11　半成品堆放区

图 1-3-12　钢筋笼制作区

图 1-3-13　半成品钢筋笼存放区

图 1-3-14　半成品存放区

图 1-3-15　存放台座

图 1-3-16　成品存放区

图 1-3-17　钢筋笼成品标示牌

图 1-3-18　样品展示区

图 1-3-19　临时材料存放

(1) 数控钢筋笼滚焊机

数控钢筋笼滚焊机是一种由可编程逻辑控制器(PLC)控制的加工生产钢筋笼的设备,具有工作效率高、精度准确稳定的特点,如图1-3-20所示。根据施工要求,钢筋笼的主筋通过人工穿过固定旋转盘相应模板圆孔至移动旋转盘的相应孔中进行固定,把盘筋(绕筋)端头先焊接在一根主筋上,然后通过固定旋转盘及移动旋转盘转动把绕筋缠绕在主筋上(移动盘是一边旋转一边后移),同时进行焊接,从而形成成品钢筋笼。

图 1-3-20　数控钢筋笼滚焊机

（2）全自动数控钢筋弯箍机

全自动数控钢筋弯箍机可自动完成钢筋的矫直、定尺、弯曲成型和切断等工序,省时、省力、省人、省料、加工精度高、生产效率高,可实现全自动、不间断的流水线钢筋加工作业,如图 1-3-21 所示。该产品广泛用于铁路、公路、桥梁、房地产、大型钢筋加工厂等领域。

图 1-3-21　数控钢筋弯箍机

（3）数控钢筋弯曲设备

该设备为数控、全自动钢筋弯曲加工机械,适用于高层建筑、高速公路、高速铁路、大型桥梁等钢筋混凝土结构中钢筋的弯曲加工,最大能加工 $\phi 32mm$ 的 HRB400 钢筋,可以在一个工作循环内做正向和反向弯曲,如图 1-3-22 所示。

（4）数控棒材剪切生产设备

该设备是一种主要针对大直径、高强度钢筋棒材的下料设备,能够将钢筋棒材按照需要,自动切断成所需要的长度,并对下好料的棒材进行分类储存的全自动一体化机器,如图 1-3-23 所示。该设备广泛用于建筑、高速公路等行业,适用于各种不同长度规格的钢筋切断工作,对于规格多、批量小的钢筋切断工作更加适用。该设备可减少辅助劳动,做到加工出的产品尺寸准确。

图 1-3-22　数控钢筋弯曲设备

图 1-3-23　数控棒材剪切生产设备

(5) 数控钢筋调直切断机

数控钢筋调直切断机矫直效率快，采用变频器控制，矫直速度可达 130m/min，如图 1-3-24 所示。定尺精度高，采用 CNC 剪切控制，达到了尺寸精度准确，切断长度误差不大于 ±1mm/m，且调整简单。矫直精度高，矫直后的钢筋直线度不大于 ±2mm/m，高于同类机器的精度，且配有高耐用钨钢耐磨块。

(6) 钢筋弯弧机

钢筋弯弧机是一款理想的钢筋弯弧设备，如图 1-3-25 所示，主要用于大型建筑工程，如桥梁、隧道、涵洞、水电站、地铁工程的钢筋 360°圆弧成型加工。钢筋弯弧机产品操作简单、维护保养方便、弯弧效率高效快捷、弯曲弧度准确，可实现一次成型。钢筋弯弧机采用双主动轮传动结构，一次成型。

图 1-3-24　数控钢筋调直切断机

图 1-3-25　钢筋弯弧机

(7) 滚丝机

滚丝机主要用于螺纹钢筋的端头车丝，使螺纹钢筋车丝快捷、方便。

(8) 桥式起重机

桥式起重机是桥架在高架轨道上运行的一种桥架型起重机，又称天车，如图 1-3-26 所示。桥式起重机的桥架沿铺设在两侧高架上的轨道纵向运行，起重小车沿铺设在桥架上的轨道横向运行，构成一矩形的工作范围，就可以充分利用桥架下面的空间吊运物料，不受地面设备的阻碍。钢筋吊移宜采用桥式起重机等专用吊装设备，设备应证照齐全、检验验收合格，起重能力可根据现场实际起吊需求能力定制。

图 1-3-26　桥式起重机

4) 钢筋加工厂设备标识牌和安全标识牌设置

钢筋加工厂设备标识牌和安全标识牌设置如图 1-3-27～图 1-3-31 所示。

图 1-3-27　原材料标识标牌

图 1-3-28　钢筋加工标识标牌

图 1-3-29　安全操作规程

1.3.4　钢筋加工厂施工创新

(1) 声源封闭。钢筋加工全部在钢筋加工厂内进行,减小了施工噪声。

图1-3-30　安全知识牌

图1-3-31　安全知识二维码

（2）钢筋加工机械化、智能化。本工程的钢筋加工机械均为新购置的数控产品，性能良好，运行稳定，噪声小，功效高。

（3）钢筋加工厂采用通透式设计，顶棚间隔采用透明采光板，四周墙面设置采光带，增强自然光利用，节约用电。

（4）钢筋加工厂所有设备均采用二维码标识牌，其内容涵盖设备基本信息、操作流程、安全操作规程和安全告知等。

（5）桩基钢筋笼加劲圈采用自动焊数控弯圆机。自动焊数控弯圆机具有效率高、加工精度高、操作安全等特点。设备自动将原材料经弯圆、焊接、切割等工序流水作业一次加工成型，整个加工流程主要由机械设备自动完成，由1名工人辅助完成，工作效率较高，各工序流水作业一次加工成型，无须倒运，工序辅助时间少，如图1-3-32~图1-3-34所示。

图1-3-32　自动焊数控弯圆机

图1-3-33　加劲圈尺寸统一

（6）钢筋加工厂采用桥式起重机，相比于传统的门式起重机，桥式起重机节省了轨道空间，也避免了桁车运行过程中的诸多风险因素，大大提高了施工的安全性。

（7）钢筋笼滚焊机制作钢筋笼采用机械臂代替人工焊接。只需要上料完成后，设置焊接间距和时间等参数，机械臂自动投入工作，减少人工投入，且焊接速度更快，焊接质量更好，钢筋笼制作效率更高效，如图1-3-35所示。

图 1-3-34　焊缝均匀、饱满

图 1-3-35　焊接机械臂

1.3.5　改进提升建议

城市高速公路，用地极为紧缺、分散，而钢筋厂的设置，需要大片用地，并且还需配套相应的施工便道和运输通道，还需辐射各施工作业点，因此钢筋厂的选址和设置极为重要。钢筋厂的设置和布局，要根据现有场地和辐射工作面来定，最好设置在离施工路线较近的地方。

1.4　混凝土搅拌站

1.4.1　混凝土搅拌站基本情况

本项目混凝土搅拌站占地面积 10972 m^2，距离施工现场 7.5 km，并对部分设施进行标准化改造。

本项目混凝土搅拌站邻近主干道，交通便利；远离居民区，干扰少；无地质灾害和高压线风险；占地面积大，布置方正。

1.4.2　混凝土搅拌站布置情况

本项目混凝土搅拌站根据生产需求布置 1 台 HZS180 搅拌机，搅拌机设置 4 个罐体，搅拌站配备1套回收站、1台200kW发电机、1台量程120t地磅和一个10t仓库、1台装载机、8辆8m³罐车和1台泵车。为满足工程建设需要,保证混凝土的质量,砂石料场建设面积2354m²,分4个仓,并全部采用立柱、桁架支撑、彩钢瓦封装。

混凝土搅拌站平面布置如图1-4-1所示。

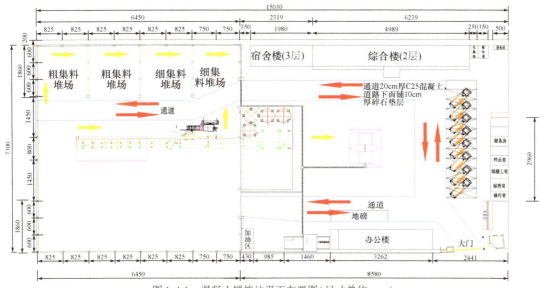

图1-4-1 混凝土搅拌站平面布置图(尺寸单位:mm)

1)生产区布置情况

混凝土生产系统选用1套HZS180型搅拌机,拌和楼基础及部件安装均已经按照设计的图纸进行施工,搅拌楼、砂石料传送带、全部粉罐采用彩钢瓦全封装,砂石料场及配料站上空安设遮雨棚,遮雨棚采用彩钢瓦,立柱采用桁架式的槽钢,立柱间设斜撑以满足防风要求。全封闭骨料仓系统利于砂、石骨料的含水稳定,利于混凝土质量控制,能有效地控制粉尘和噪声的传播,如图1-4-2所示。

a)全封闭式骨料仓外景

b)全封闭式骨料仓内景

c)全封闭式骨料仓砂石存放区

图1-4-2 生产区布置图

2) 储存罐布置情况

搅拌楼沿着厂区布置,搅拌机设置5个粉料罐。2个粉料罐储存水泥、1个粉料罐储存粉煤灰、1个粉料罐储存矿粉,水泥、粉煤灰、矿粉储存罐的储量为250t,1个膨胀剂罐的储量为30t,储存罐基础为C25钢筋混凝土。在拌和楼传送带外侧设置高效聚羧酸储存罐。为做好混凝土拌和站的环境保护工作,采用全覆盖式集料传送带,配置水泥灌顶除尘机,在传送带北侧设置砂石分离机,如图1-4-3、图1-4-4所示。

图1-4-3 粉料罐现场布置图

图1-4-4 膨胀剂罐和传送带现场布置图

3) 砂石料堆放区布置情况

砂石料分料仓利用碎石找4%坡度后浇筑20cm厚C20混凝土,隔墙厚度为50cm,高度为4.5m,外露3m高。隔墙底部开挖至-1.5m位置,浇筑10cm厚C15垫层,然后浇筑尺寸1.5m×18.6m×0.6m条形基础,浇筑3.9m高隔墙,其中0.9m隔墙埋置在地面以下,具体结构布置如图1-4-5、图1-4-6所示。单侧砂石料堆场长65.4m,宽18.6m,布置2个骨料堆放区,尺寸为18.6m×16.5m,2个砂堆放区,其中1个尺寸为18.6m×16.5m,1个尺寸为15.75×15m。其中凡用于正式混凝土工程的砂石料按仓室配料要求,不同粒径、不同品种分仓存放,不得混乱或交叉堆放,并设置明显的标志,料仓分为已检和待检区。分料墙下部预留空洞,严禁积水,砂石料场采取桁架结构全封装,钢结构顶棚起拱线高度为13m,避免阳光直射和雨水侵蚀。根据标准化要求,砂石料分料仓需按不少于8个仓建设,目前根据工效分析,现有的4个料仓储存容量能够满足混凝土生产需求,且4个料仓的尺寸面积大,能够满足砂石料分区堆放的要求。料场大棚钢结构图如图1-4-7所示,料场现场布置图如图1-4-8所示,砂石分离机如图1-4-9所示。

4) 生活区、办公区布置情况

办公区和生活区均布置在厂区的西侧,设置一栋两层八间的板房,底层为办公室,面积为300m²,第二层为职工宿舍和厨房、厕所等附属设施,面积为300m²,不单独设附属设施。生活区面积为149m²,三层均为宿舍,满足100人生活需要。办公楼设置监理办公室、项目办公室、集办区、站长室、技术负责人室、会议室等。办公区、生活区平面布置如图1-4-10～图1-4-12所示。

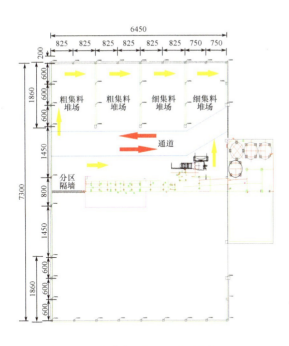
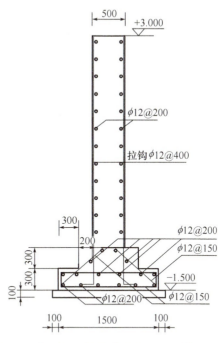

图 1-4-5　料场平面布置图(尺寸单位:mm)　　图 1-4-6　隔墙立面图(尺寸单位:mm;高程单位:m)

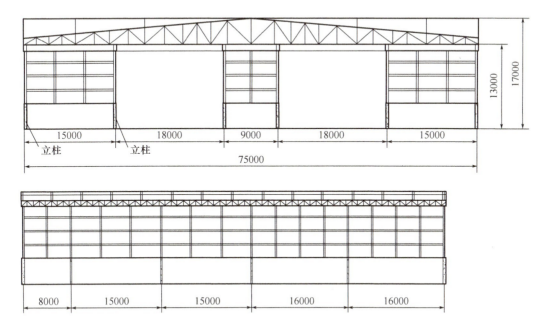

图 1-4-7　料场大棚钢结构图(尺寸单位:mm)

生活区绿化率高,分员工休息区、餐饮区和娱乐区,符合安全、消防、卫生和环境保护等要求,如图 1-4-13 所示。

图 1-4-8 料场现场布置图　　　　图 1-4-9 砂石分离机

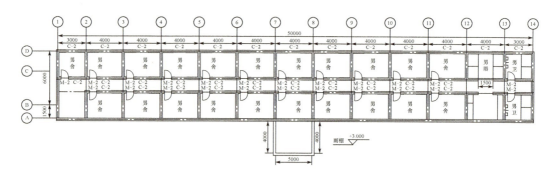

a) 综合楼二层平面图

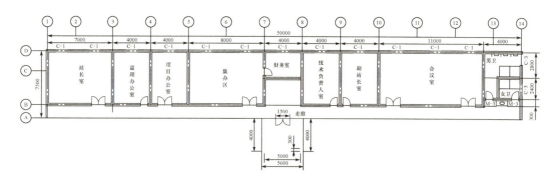

b) 综合楼一层平面图

图 1-4-10　综合办公楼平面布置图(尺寸单位:mm)

5) 品控室布置情况

混凝土搅拌站设置品控室,以对每车出厂混凝土进行品质监测,方便混凝土运输车出厂前冲洗,防止混凝土浆料掉落而造成污染,品控台下方弧形槽水池还可清洗车轮,如图1-4-14、图1-4-15所示。

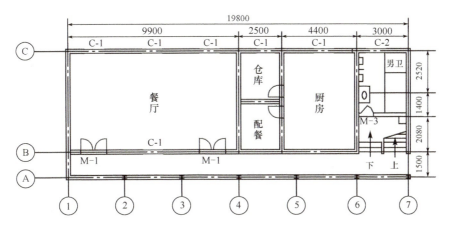

a) 宿舍楼一层平面图

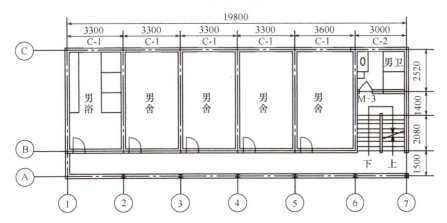

b) 宿舍楼二层平面图

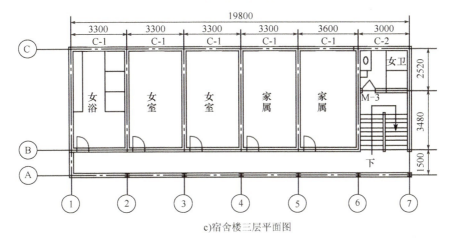

c) 宿舍楼三层平面图

图 1-4-11 宿舍楼平面布置图（尺寸单位：mm）

a) 办公区外景

b) 办公区前台

c) 会议室

d) 综合办公室

图 1-4-12　办公区现场图

a) 员工宿舍

b) 员工餐厅

c) 员工娱乐区

图 1-4-13　生活区现场图

品控室设置在拌和楼出口处,底部设置 50cm 厚石灰土和碎石垫层,然后采用 50cm 厚细石找平,浇筑 25cm 厚 C35 混凝土基础。品控室主要是控制混凝土出站质量。具体布置如图 1-4-16 所示。

图 1-4-14　环保型品控室现场图

图 1-4-15　一种品质检查台专利证书

6）地磅布置情况

地磅设置在厂区入口处左侧,地磅基础采用人工配合挖掘机开挖,混凝土浇筑;地磅使用吊车吊装。地磅标称质量为120t,长16m,宽3.25m,满足对原材料及施工混凝土数量的统计要求,如图1-4-17所示。

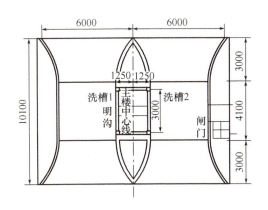

图 1-4-16　品控室布置图(尺寸单位:mm)

图 1-4-17　地磅布置图

1.4.3　混凝土搅拌站建设创新

1）废水、废浆、废渣回收系统

施工废渣中分离出的砂石骨料可用于新拌混凝土的原材料,废浆采用专有技术将废浆部分替代拌和水直接回用至低强度等级混凝土中,如图1-4-18所示。

封闭式传送带底部配备砂石积料槽,收集输送过程(或清理斜皮带)撒落的砂石骨料,如图1-4-19所示。

 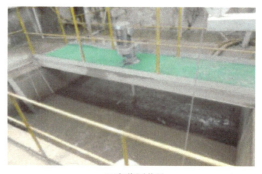

a)砂石分离系统　　　　　　　　　　　b)废浆回收池

图1-4-18　生产废浆、废渣回收系统

图1-4-19　砂槽板余料收集系统

对于厂区内冲洗场地的废水和冲洗搅拌车车身的废水,经厂区渠道流入冲洗场地粉料罐南侧84m³三级沉淀池中,澄清后的废水可再次用于场地清洗等,如图1-4-20所示。

图1-4-20　场地废水回收利用系统

废弃混凝土回收系统回收利用废弃混凝土,减少固体废弃垃圾的排放,如图1-4-21所示。

图1-4-21　废弃混凝土回收系统

2）雨水回收系统

在封闭式骨料仓棚顶配备雨水收集管路，建成雨水回收系统，收集雨水以作为洗刷搅拌车、清洗场地、绿化区浇灌及喷淋系统等用水，如图1-4-22所示。

图1-4-22　雨水回收及循环用水系统

3）智能喷淋降尘系统

智能喷淋降尘系统能根据料仓内扬尘含量情况自动控制喷雾量，具有降尘净化空气的功效，如图1-4-23所示。

图1-4-23　智能喷淋降尘系统

4）脉冲除尘系统

脉冲除尘系统为安装在粉料储存罐顶部的高效除尘装置，如图1-4-24所示。

图1-4-24　脉冲除尘系统

5) 耐磨易清洁的钢板运输通道

搅拌机下料口处运输通道,是承载能力最高、运输强度最大的厂区运输路线,选用高强度钢板可有效提高其路面抗疲劳、抗磨损性能,且日常清洁很方便,如图1-4-25所示。

图1-4-25 钢板运输主通道

6) 液化天然气(LNG)混凝土搅拌车

LNG混凝土搅拌车在环保方面,可大幅减少汽车尾气排放物,污染小;在节能方面,可节约18%~20%的能耗。LNG混凝土搅拌车如图1-4-26所示。

图1-4-26 LNG混凝土搅拌车

7) 智能化管理

全自动生产中控操作系统如图1-4-27所示。

图1-4-27 全自动生产中控操作系统

企业资源计划系统(ERP系统)可实现无纸化办公,有利于企业规范化、精细化管理,如图1-4-28所示。

图1-4-28　ERP管理系统界面图

全球定位系统(GPS)对车辆进行全程、实时跟踪,优化行车路线,提高调度效率,降低能耗,如图1-4-29所示。

图1-4-29　GPS系统线路优化图

环保型砂浆机器人是本工程自行研制的环保砂浆设备,其技术填补了国内外同类工程机械的空白,如图1-4-30、图1-4-31所示。

图1-4-30　环保型砂浆机器人

a)环保型砂浆机器人科技成果验收证明　　　　b)环保型砂浆机器人专利证书

图 1-4-31　环保型砂浆机器人专利证书

1.4.4　改进提升建议

对于地处毗邻市区的混凝土拌和站,结构设计上应完善全封闭式搅拌楼结构消除噪声及保障"三废"达标排放的功能。按照建筑施工现场环境与卫生标准的相关规定:建设项目的环保设施,必须满足与主体工程同时设计、同时施工、同时投入生产和使用的"三同时"要求。

1.5　预制梁场

1.5.1　预制梁场简介

深圳外环高速公路(深圳段)项目上部结构由预制箱梁和现浇箱梁组合而成,预制梁场主要负责小箱梁预制,保障前场施工正常运转。预制箱梁采用大块高强度液压钢模板拼装成型,混凝土一次性浇筑完成。箱梁底腹板钢筋在胎具上绑扎成型后吊至制梁台座上,内模安装好后绑扎顶板钢筋。养护采用土工布覆盖喷淋养护7d以上。张拉压浆采用智能数控设备,精准控制。张拉龄期不少于7d,混凝土强度达到设计强度的85%以上,方可张拉。

1.5.2　预制梁场主要功能区组成

预制梁场的规划应根据工程总体工期安排、架梁计划及架设进度等情况,确定预制梁场的预制台座、存梁台座的数量、结构形式及设备等资源配置;并根据各功能区所需要占地面积,再因地制宜在场地内布置和安排。施工现场所使用的水、电、路和通信应畅通,并复核安全、消防及环保相关规定。

预制梁场主要作业区域由制梁区、存梁区、出梁区及办公生活区等组成,如图1-5-1所示。

1) 制梁区

制梁区主要实现桥梁小箱梁的预制。包含原材料存放区、钢筋加工区、钢筋绑扎区、制梁台座、门式起重机等,如图1-5-2、图1-5-3所示。

图1-5-1 预制梁场总平面图

图1-5-2 制梁台座平面图

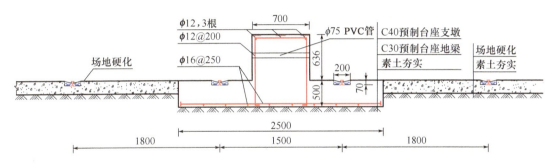

图1-5-3 制梁台座基础示意图(尺寸单位:mm)

钢筋加工区主要为钢筋原材料进行调直、切割、弯制等作业,由原材进行制作成半成品。钢筋绑扎区主要对半成品钢筋通过胎具绑扎成型钢筋笼;完成验收合格方可整体吊装入模。

混凝土浇筑区主要进行混凝土浇筑施工,为预制箱梁混凝土提供平台。由于预制小箱梁对尺寸及梁长等要求高,制梁台座对沉降要求较高,一般采用扩大钢筋混凝土基础。

箱梁底板安装时,应考虑箱梁张拉后的预拱度值,保证预制箱梁整体外观,如图1-5-4所示。

图1-5-4 制梁台座预拱度调整

2) 存梁区

存梁区主要功能是箱梁在制梁台座完成张拉等施工工序后,方可把箱梁从预制梁区搬移至存梁区存放,备架梁施工做准备。梁场内存梁区箱梁数量在满足架梁工期的情况下,对有限的存梁台座数量进行合理优化,可采用双层存梁方案,如图1-5-5~图1-5-7所示。

图1-5-5 存梁台座平面图

图1-5-6 存梁台座

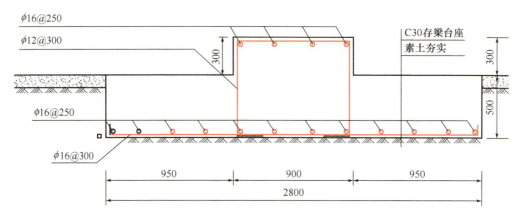

图1-5-7 存梁台座基础示意图(尺寸单位:mm)

因梁检需要,存梁区设置箱梁静载试验台座,方便后续梁检工作,如图1-5-8所示。

图1-5-8 预制梁静载试验

3)出梁区

出梁区主要工作是服务于架梁施工,保证预制梁场的箱梁及时装入设备运输至前场架设。出梁区的面积应根据运输箱梁的设备及箱梁架设而考虑,如图1-5-9、图1-5-10所示。

4)门式起重机

预制场内各生产线长度宜控制在500m以内,以提高各条生产线门式起重机的生产效率。门式起重机主要满足钢筋加工、制梁、存梁过程中箱梁、模板、钢筋笼等结构的吊装。钢筋加工区设置小型门式起重机,制梁区及存梁区设置大门式起重机或提梁门机。门式起重机基础为扩大基础形式,以达到地基承载力要求,如图1-5-11~图1-5-13所示。

图 1-5-9 移梁外运

图 1-5-10 出梁区

图 1-5-11 轮胎式提梁机设备

图 1-5-12 制梁区门式起重机

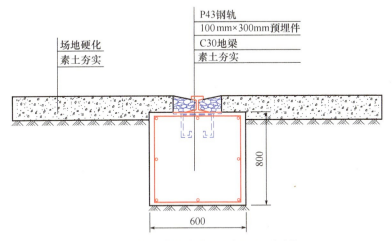

图 1-5-13 门式起重机轨道基础示意图(尺寸单位:mm)

5)场内道路

场内道路主要用于预制场内各施工车辆的行走通道,通道宜根据施工需要设置,单车道宽度不宜小于4.5m,双车道宽度不宜小于7m。场内道路基础宜做好换填处理,保证承载力要求;面层应硬化,保证场地内排水顺畅。有重载施工的区域,面层混凝土宜配置钢筋网片。

1.5.3 预制梁场辅助系统

1) 电力系统

预制场配电设备宜采用移动式箱体结构,其分布应能保证预制场建设与设施的用电要求,一般制梁区配电箱间距不宜超过 50m。其他区域配电箱的间距根据实际需要进行布置。场内电力线路,宜采用地下电缆路线,根据场内道路网规划,并应保证地下电缆线路与预制场其他工程管线间距的安全距离,如图 1-5-14、图 1-5-15 所示。

图 1-5-14　预制场电源变压器

图 1-5-15　制梁区用电接头

2) 给水系统

预制场地形位置起伏或给水范围广时,宜考虑采用分区给水系统。预制场用水量应为场内生产用水、养护用水、生活用水及其他用水水量的总和。且预制场工程用水水质应符合相应的工程水质标准,生活饮用水水质应符合现行国家标准规定,如图 1-5-16 所示。

图 1-5-16　制梁区养护用水

3) 排水排污系统

预制场污水主要为工业废水,排水管(渠)主要排放场内施工污水及场地雨水,其断面尺寸应根据排水规划的最大流量确定,保证场地内排水顺畅,避免积水等现象。排水管渠宜沿规划道路、通道和轨道基础布置,如图 1-5-17、图 1-5-18 所示。

4) 信息化系统

预制场宜设置梁场管理系统,主要对预制梁场的施工质量、施工进度、材料质量、人员组织等进行管理,来提升施工单位对预制梁场的现代化管理水平,实现对预制梁场的信息化,自动化、网格化、规范化管理。

图 1-5-17 三级沉淀池

图 1-5-18 制梁区废水排水设施

1.5.4 预制梁场施工创新

1) 整体式模板

整体式自行外模由轨道行走系统、液压升降与平移系统、模板三部分组成。模板拼装不再需要使用起重机,避免了起重吊装的安全风险,节省起重机使用量、节省拼装人工费、加快了模板拼装速度,既提高了工作效率,又节约了劳动成本。

箱梁侧模采用整体式液压行走钢模,由面板、面板加劲槽钢、面板加劲立带、调节支撑、调节拉杆及液压行走系统组成。液压行走系统由12号轻轨、横移台车、液压油缸组成。每侧外模设三台横移台车和一个操作平台,每台台车上设垂直顶升油缸和横移油缸,由操作平台的操纵杆控制模板的升降、横移,以便于整体外侧模板的安装、调整及拆除,如图1-5-19~图1-5-21所示。

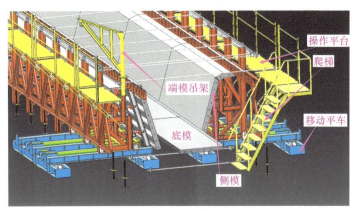
图 1-5-19 模板总体构造图

2) 智能喷淋养护系统

智能喷淋养护系统是在自动喷淋养护系统的基础上改进的新产品。智能喷淋养护系统主要由供水系统、智能系统、废水回流渠道组成。由智能仪接受无线温度、湿度感应器的信号,智能仪根据接收的信息以及事先的设定程序,全过程监测梁体表面环境温度、湿度并自动作出判断是否启动喷淋养护系统,从而完成对梁体的智能化养护。

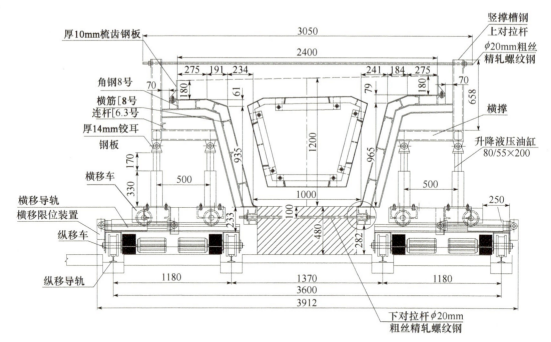

图 1-5-20 箱梁整体式液压行走模板横断面图(尺寸单位:mm)

图 1-5-21 箱梁整体式液压行走侧模

3)智能张拉、压浆系统

(1)智能张拉

智能张拉系统由笔记本电脑(内置主机内)、智能张拉仪、智能千斤顶、液压油管等组成。进入控制主程序,设置张拉梁板信息及张拉参数信息。再次确认两端千斤顶安装正确。计算机根据张拉力与延伸梁自动检查张拉是否异常。一孔张拉完成后,系统将自动退顶及数据保存并自动跳到下一孔准备张拉。

(2)智能压浆

预应力管道智能压浆系统由制浆系统、压浆系统、测控系统、循环回路等组成。浆液自进浆口进入预应力管道,经管道回流排除积水及杂质后进入储浆桶再进行满管路持续循环排除管道内残存空气,管道压浆饱满。其优点为双孔循环压浆,制浆质量高,操作简单,数据可自动保存等。

4) 智能洗车系统

在梁场便道出口位置处，设置一台智能洗车系统。所有出场的施工车辆均需经过智能洗车系统冲洗干净后，方可驶出梁场进入市政道路。智能洗车系统可有效地减少场内扬尘，避免施工对市政道路的污染，有效保护环境，文明施工。

5) 智慧工地系统

(1) 系统管理

基础管理(基础数据、数据字典、审批流程、报表维护、系统参数配置、消息管理等)、权限管理(组织机构、用户管理、角色权限管理、用户授权管理、模块菜单等)、模板管理(梁片输出、劳务信息输出、材料输出)等系统基础支撑功能。

(2) 模型建立

模型包含施工台座、存储台座状态信息，门式起重机维护、配电箱检查情况信息，每榀预制梁生产从钢筋绑扎到架设的状态、存储区存储梁情况、预制梁存储位置等信息，各信息之间相互连通共同打造深圳外环高速公路项目智慧梁场。

(3) 预制梁管理

①预制梁生产状态管理。

对梁场预制梁生产台座匹配专属二维码，现场技术人员施工时通过二维码更新台座生产状态，实现后台模型状态的实时更新，从而方便项目其他管理人员了解预制梁实际生产情况。

②预制梁生产进度统计。

通过图表的形式，对预制箱梁生产情况数据进行展示。

③梁片可视化建模及信息查看(如：梁片施工信息、设计图纸查看等)。

④储存台座状态。

通过系统属性信息查找，快速、准确找到存梁位置；解决了现场存梁位置混乱、查找存储位置烦琐、存梁无规律、现场摆放位置随意等问题。

⑤通过建筑信息模型(BIM)系统沙盘直观地反映出现场存梁区的具体储存实际情况，并统计出每一天存梁区存梁的数量情况。

(4) 试验室检测管理

接入试验室监测数据，实时录入审批后的配合比(如：混凝土、砂石料、砂石料配比)和开盘令，质检人员可随时检查施工配合比、拌和时间、生产数量等数据，出现施工配合比偏差超限时，及时发出警报，及时纠偏，方便监督。

(5) 人员管理

将劳务队信息、劳务人员信息等上传至系统，实现智慧梁场的人员管理。

①建立劳务队信息管理库，内容包括：劳务队名称、劳务队公司地址、负责人、联系电话、进场时间、离场时间(离场时更新)。

②建立劳务人员信息管理库，记录劳务人员基本信息，特种人员增加个人持证情况、相关考核和年审情况。

(6) 材料管理

对工程材料的品种、规格、生产厂家、进场(库)时间和数量，出场(库)使用的时间、工程部位和数量、剩余库存信息以及检测数据等信息登记,追溯工程材料信息。

(7)设备设施管理

①对门式起重机建立统一管理信息,门式起重机控制器采用指纹识别系统,由符合条件的专人进行操作,采用"一人一机"控制模式,如图 1-5-22 所示。

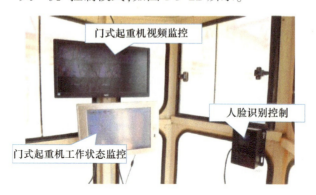

图 1-5-22　门式起重机监控

②选定门式起重机设置相应的感应芯片,根据检测机身结构变形数据、气象环境条件等因素,设定工作状态,当达到警戒数据时,将及时发出停止作业的警报。

(8)设备巡检管理

系统中添加巡检功能,为梁场内每一个配电箱设置一个专属二维码,每个二维码对应相应巡检点,并关联巡检人员。

(9)门禁系统、监控系统管理

接入门禁系统,可实时查看门禁系统的情况;进出人员的相关信息;统计某个时间段进出门禁的人员情况,并能查看具体出入时间。

图 1-5-23　箱梁调节台座

(10)视频接入系统

系统对所有摄像头进行统一管理,通过查询和定位,随时查看现场任意摄像头的实时视频。

6)调节箱梁

调节箱梁主要体现在同尺寸型号箱梁,箱梁长度不一的情况下,通过增加或减少调节块的数量来实现改变箱梁长度,调整模板来保证箱梁的尺寸,节约台座的数量,更好提高箱梁制梁台座的效率,如图 1-5-23 所示。

7)整体吊装吊架

预制箱梁钢筋骨架绑扎利用胎模完成,钢筋骨架及波纹管在胎架上绑扎固定成型后,使用吊具整体吊装入模。吊具采用钢管和角钢组合的桁架结构形式,6m 标准节 5 个和 2.8m 调整节 2 个法兰连接成一体,减少了吊具自身重量,同时又能保证整体结构的稳定性。吊具下吊点每 50cm 设置一道,防止间距过大造成钢筋骨架变形。通过钢绞线连接吊架与钢架笼形成整体进行吊装,一次完成到位,如图 1-5-24 所示。

图 1-5-24 吊架吊装钢筋笼

8）预制胎架

预制箱梁胎架主要由底腹板钢筋绑扎胎架、顶板钢筋绑扎胎架、预埋钢筋绑扎胎架（顶板剪力筋胎架和防撞护栏胎架）组成；胎架主要作用为控制纵横向钢筋间距，保证钢筋笼整体外观等。

钢筋绑扎胎架位置和数量根据预制厂总体规划要求配置，保证箱梁预制循环周期的目标实现；胎架应设计简单，便于施工操作；同时钢筋绑扎胎架应考虑梁体预留孔洞的预留位置，如图 1-5-25 ~ 图 1-5-28 所示。

图 1-5-25 顶板钢筋绑扎胎架　　　　　　图 1-5-26 底腹板钢筋绑扎胎架

图 1-5-27 顶板剪力筋钢筋绑扎胎架　　　图 1-5-28 防撞护栏预埋钢筋绑扎胎架

9）梁端防开裂装置

该装置主要是在箱梁底板模板与台座之间安装可调节螺杆连接，通过调节螺杆来实现底板模板的升降。其工作原理为：箱梁浇筑前，按照箱梁底板水平高度调整，控制箱梁底板线性；箱梁浇筑完成后，待混凝土强度达到设计强度的85%且张拉施工前，通过旋转螺母调节螺杆的长度使箱梁底板模板低于箱梁的底板；避免因箱梁张拉起拱受力集中于梁端处，从而防止梁端开裂，如图1-5-29所示。

图1-5-29　梁端防开裂装置

1.5.5　改进提升建议

预制梁场浇筑、压浆等施工工序过程中容易发生排水系统堵塞现象，从而影响排水系统的循环，无法合理利用场区内排水的循环系统。因此，必须对排水循环系统重视及保护，方可更好地利用排水循环系统，才能解决局部排水及用水问题。

第2章 路基工程

2.1 路基填筑

2.1.1 施工条件

1）环境特点

深圳外环高速公路（深圳段）项目位于城市高度建成区，所经区域经济发达、大型地物星罗棋布，可供利用的平缓土地均已开发建设，导致项目无法利用平缓地形通过，只能占用山地、丘陵等地形，因此造成路基段挖方数量较大；同时由于土地价值高、周边地物多等原因，在填方路段无法采用填土方法通过，优先采用桥梁的形式，造成本项目无大规模填方段落，多数填方段为半填半挖、低填浅挖段。

2）路基结构形式

项目主线采用双向六车道高速公路建设标准，设计速度为100km/h。其中：整体式路基宽度33.5m，分离式路基宽度16.75m。

（1）整体式路基。整体式路基宽度为33.5m，路基各部分组成为：行车道宽2×3×3.75m、硬路肩宽2×3.0m(含右侧路缘带宽2×0.5m)、中间带宽3.5m(中央分隔带宽2.0m、左侧路缘带宽 2×0.75m)、土路肩宽 2×0.75m,如图 2-1-1 所示。

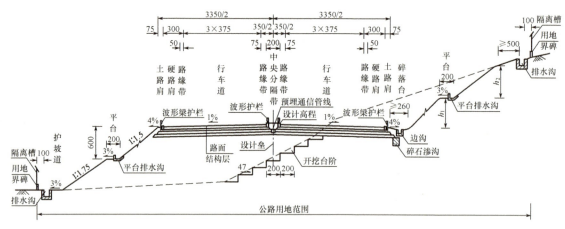

图 2-1-1　六车道整体式路基标准横断面(尺寸单位:cm)

(2)分离式路基。左、右线分离的路基,单幅路基宽度为 16.75m,其中行车道宽 3×3.75m,左右硬路肩宽分别为 3.0m、1.0m(含左、右侧路缘带宽分别为 0.75m、0.5m),土路肩宽 2×0.75m,如图 2-1-2 所示。

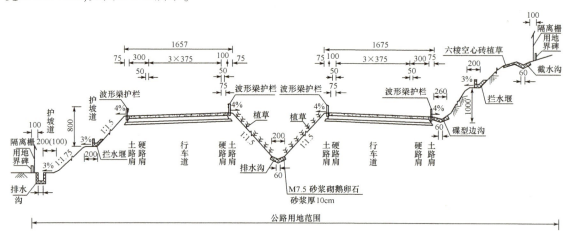

图 2-1-2　六车道分离式路基标准横断面(尺寸单位:cm)

2.1.2　工艺控制

1)工艺流程

路堤填筑遵循路基工程"三阶段、四区段、八流程"的基本施工原则,按照施工规范严格控制,具体施工工艺流程如图 2-1-3 所示。

2)施工准备

(1)测量放线

测量放线线路中桩和路基边桩,测量工作贯彻双检制。测量成果上报监理工程师,并向作业队测量员交桩,以便施工。

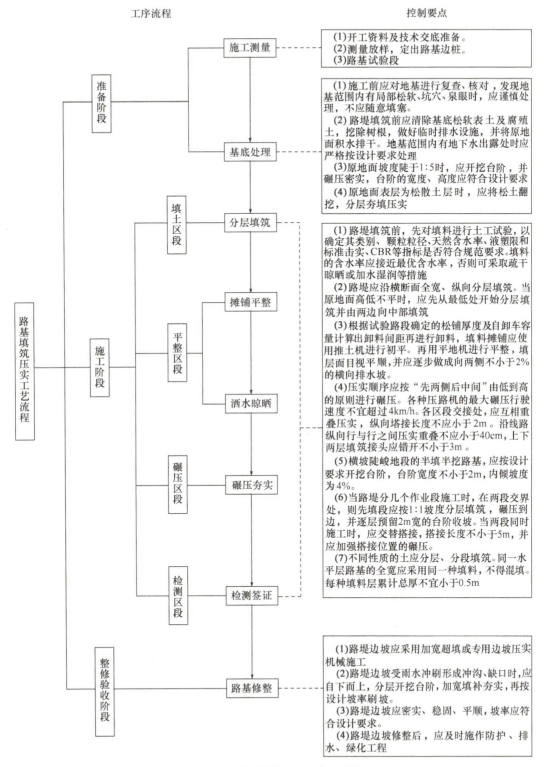

图 2-1-3　路基填筑压实工艺流程图

依据导线水准点复测结果,于红线内清表作业后,恢复施工路段的中、边桩,复测横断面,计算出填方数量,现场放样路基坡口、坡脚,填方每侧最低超宽50cm,以保证路基边缘压实度。

(2)土工试验

对填料进行土工试验,以确定其类别、颗粒粒径、天然含水率、液塑限、加州承载比(CBR)等指标是否符合规范要求。如不符合,则采取设计单位及建设单位认可的措施进行处理。在施工过程中定期对填料进行抽检。

(3)施工试验段,确定填土技术参数

在全面施工前选择有代表性的施工段落,在路基不同压实标准及不同填料填筑的情况下,确定满足施工要求的压实机具、所用填料及压实条件下合理的松铺厚度、压实遍数和施工最佳控制含水率等工艺参数,确定经济、合理、准确的检测手段。并报监理工程师批准作为控制指标,指导路基填筑施工,如图2-1-4所示。

图2-1-4 试验段验收

3)基底处理

(1)路基清表

路基用地范围内的树木、灌木丛等应在施工前砍伐或者移植清理,砍伐的树木应移置于路基用地范围之外,均进行妥善处理。具体清除表土按挖除30cm厚控制,局部软土或树根较多的适当加深清除,如图2-1-5所示。

当路基用地范围内有房屋及废弃构筑物时,用挖掘机挖出破碎后,将有利用价值的建筑垃圾运至需要铺设的临时便道和桩基场内便道等,没有利用价值的建筑垃圾运至弃土场。

(2)基底换填

路堤填筑范围内,原地面的坑、洞、墓穴等应用原地的土或砂性土回填,并按规定压实。

路堤基底为耕地或松土时,应先清除有机土、种植土,平整后按规定压实。在深耕地段,必要时,应将松土翻挖,土块打碎,然后回填、整平、压实。

路堤基底原状土的强度不符合要求时,根据原状土特性、深度和设计原则,经监理单位、建设单位确认后,采用换填碎石、片石或其他处理方式,如图2-1-6所示。

图2-1-5　路基清表　　　　　　　图2-1-6　软土碎石换填

4)开挖台阶

当原地面横坡陡于1:5但缓于1:2.5时,应开挖内倾4%横坡台阶,台阶宽度不小于2.0m。开挖台阶时,先用石灰粉放出开挖线,利用挖掘机从上至下开挖至原状实土,开挖线形沿山体本身线形并尽量保证顺直,如图2-1-7所示。

图2-1-7　台阶开挖

5)填前碾压

当清表、基底处理完成并达到要求后,进行路基填前碾压施工,施工前由实验室对填前碾压段取土样做试验,以确定填土的最大干密度和最佳含水率。施工时控制含水率在最佳含水率±2%之内,路堤基底的压实度不小于90%,如图2-1-8所示。

6)插杆挂线

当场地碾压完成并达到要求压实度后,进行路基填前插杆挂线施工。插杆按20~40m间距布置并插牢。标杆插牢后根据方案预设的松铺厚度挂线连接,用以指导控制填土时松铺厚度,如图2-1-9所示。

图 2-1-8　填前碾压

图 2-1-9　插杆挂线

7）画方格网

测量人员根据拟定的填料松铺厚度、自卸车每车所装填料、施工段落平面面积等参数进行方格网的布设,用石灰撒出上料网格,以控制填料的松铺厚度,如图 2-1-10 所示。

图 2-1-10　画方格网

8）上料

在挖方和填筑区内配备两名施工管理人员,分别负责指挥挖土装车和填筑区按网格上料,按每一网格卸一车料控制,确保填料质量。施工人员要记录上料开始和结束时间,上料车数等数据,如图 2-1-11 所示。严禁在已压实的路基上紧急制动、随意掉头,破坏下层层面。整个上料过程中,保证每车装料方量基本相同,且保证同层填料土质要相同,不得出现不同土质混填现象,同种填料厚度不得小于 0.5m。

图 2-1-11　上料

9）摊铺整平

采用推土机粗平后,再采用平地机进行精平,精平的顺序由两侧向中间进行刮平,要求平地机刮平后的平整度≤20mm,现场要安排配合作业工数人配合处理局部小坑及捡拾杂物。精平后,使路基形成2%横坡,以利于路基排水,如图2-1-12所示。

图2-1-12 摊铺整平

10）碾压

检测松铺厚度合格并报监理工程师抽检批准后,再进行碾压。

碾压原则:先两边后中间,先静压后振压,先弱振后强振;并要先慢后快、搭接碾压、纵向进退式进行。

20t压路机先进行静压一遍后,然后弱振动碾压一遍,再强振动碾压4遍,碾压速度不大于2km/h。从第三遍(即强振第一遍开始)逐次检测压实度直至达到规范要求合格率100%后,再静压进行表面轮迹收光,碾压速度不大于4km/h。碾压时注意路堤两侧超填的50cm也要按不低于路基压实要求碾压到位。

碾压时先慢后快,先轻后重,由两侧至中间,由高向低,纵向进退式进行,轮迹重叠1/3,确保均匀,无漏压、无死角、无明显轮迹,如图2-1-13、图2-1-14所示。

图2-1-13 纵向进退碾压　　　　　图2-1-14 振动碾压

11）试验检验

由试验、测量工程师带领技术员进行层厚、压实度、高程自检,如图2-1-15、图2-1-16所示。

图 2-1-15　层厚检测　　　　　　　　　　图 2-1-16　压实度检测

(1) 检查布设桩点位移情况,测量高程,推算层厚。

(2) 压实度检测和土样含水率的测试。土方填筑压实度检测采用灌砂法,每次检测压实度时面积 $S<1000\text{m}^2$ 需检测 2 个点,每增加 1000m^2 需增加 2 个点,以此类推。

12) 路基修整

在路基填筑到每级平台经压实度检测合格后,进行路基边坡修整。采用挖掘机将超宽填筑且压路机碾压不充分的 50cm 宽路基挖除,按照设计填方边坡坡率进行刷坡,将多余土方采用渣土车运走。在路堤每级平台边侧修筑临时拦水埂和急流槽,及时对整修的边坡进行防护和绿化施工,完善坡脚排水系统,减少雨水对已成型路基边坡的冲刷破坏,降低水土流失,如图 2-1-17、图 2-1-18 所示。

图 2-1-17　路基刷坡修整　　　　　　　　图 2-1-18　临时拦水埂、急流槽

2.1.3　品质创新

1) "拍坡器"夯实路基边坡

(1) 情况概述:采用"拍坡器"对填土路肩和边坡进行补强,确保路基边坡稳定,线形顺直。

(2) 适用条件:"拍坡器"适用于路基填筑中多种地形及多种作业方式,可完成平面、坡面、台阶等夯实作业。

(3) 施工优点:液压振动夯以每分钟约 2000 次的高频率冲击,确保坚固持久的夯实效果。在路基刷坡施工中,对使用挖掘机刷坡出现的坡面松动进行补夯,保证了边坡整齐密实,确保了路基坡面平整、线形平顺;同时在压路机碾压完后可以对路肩范围进行补强,如图 2-1-19、图 2-1-20 所示。

图 2-1-19　拍坡器

图 2-1-20　边坡夯实、整修

2) 冲击式压路机补强压实

(1) 情况概述:对于填土高度大于 8m 的路基段,在填土高度达到 8m 后,每填高 2m 采用冲击式压路机补强压实一次,以消除填方填料本身的压缩变形,控制路基工后沉降。

(2) 适用范围:冲击式压路机适用于地基冲碾,各种填土、填石的路基分层碾压,路堤(床)补压。

(3) 施工优点:冲击式压路机冲击力大,作用深度深,可以对经过常规压实设备碾压过的路基进行补压,对压实过程中的薄弱环节予以补强压实,尤其是对挖填结合部位和填方路段补压作用尤为明显,如图 2-1-21 所示。

图 2-1-21　冲击式压路机补强

3) 画方格网上料

(1) 情况概述:根据渣土车运输方量、填料松铺厚度,计算每车填料摊铺面积,在所施工的路基段落上用石灰撒出上料方格网,如图 2-1-22 所示。

(2) 适用范围:画方格网上料适用于分层填筑的路堤施工段落。

(3) 施工优点:可根据拟定的填料松铺厚度、自卸车每车所装填料、施工段落平面面积等参数方便、快捷地确定每车的卸料位置,提高填土上料的效率,较好地控制了填料的松铺厚度。每一网格的面积计算方法如下:

图 2-1-22　画方格网上料

$$A = \frac{N}{H}$$

式中：A——每一网格的面积（m^2）；
　　　N——每辆自卸车所装填料虚方量（m^3）；
　　　H——拟定松铺厚度（m）。

如比亚迪纯电动重卡装载量为 10.6m^3，可画成 5m×7m 的方格，松铺控制为 30cm 厚。

4）临时排水

（1）情况概述：雨季施工中，为防止路堤边坡被雨水冲刷，保证已填筑路基质量和边坡稳定，需做好路基排水工作。

（2）适用范围：汛期路基土石方施工。

（3）施工优点：每层路基填筑后及时施作临时挡水埂和急流槽，急流槽中铺塑料布或彩条布，边坡采用绿网覆盖，快速、有效地建立临时排水系统，确保雨水尽快排出路基范围、不积水，成型路基不被雨水浸泡，降低雨季施工影响，如图 2-1-23 所示。

图 2-1-23　边坡覆盖及临时排水

（4）临时排水施工。

①在边坡沿路线方向每 20m 左右设置宽 30cm 的临时排水槽，采用铺塑料布或彩条布防护。

②路基填筑过程中，保证顶面横坡度 2.0% 左右，路堤顶面两边各设置一条纵向临时挡水埂，与路基顶面的边线整齐一致，高度不低于 15cm，宽度不小于 25cm。挡水埂设置时尽可能排紧密实，以更好地发挥挡水作用。

③临时排水槽进口与临时挡水埂相接处，做成圆顺簸箕形状，并采用 M7.5 水泥砂浆衬护。

④路堤继续填筑后，在雨天到来之前应重新设置临时挡水埂，并紧随接长临时排水槽。

⑤路基填筑到每级平台处，立即进行路基边坡修整，按超宽 30~50cm 进行刷坡修整，及时进行边坡绿化和防护施工。

⑥对于部分施工时间长的混凝土防护边坡，改变施工工艺，先进行绿化和边坡覆盖施工，待植被生长具备抗水土流失后，再进行人字形骨架或混凝土格梁的开槽施工。

2.1.4　改进提升建议

（1）路基工程在设计阶段时应注意将填筑过程中临时排水与永久排水系统共同设计，综合考虑雨水沉淀、过滤设施的设置数量、时间、地点、时效，减少公路建设对周边环境的影响。

（2）土方作业伴随着扬尘、土体裸露、水土流失等一系列环境污染，属于城市建设的"重"污染施工，在后续的城市道路建设中，应考虑进一步减少土方作业，增加裸土覆盖、扬尘治理、检测的措施投入，尽量选用湿法施工，降低土方作业污染，保护周边环境。

2.2　路基开挖

本节以深圳外环高速公路临近LNG管线和石油管线典型路基深挖石方为例，简述石方路基施工工艺技术，并侧重描述路基高边坡自动化监测系统的应用。

2.2.1　施工条件

本路段地处丘陵谷地~盆地地貌带，地形起伏较大。坡体地面高程为71~128m，自然坡度一般最大约为45°，山体植被发育，种植相思树、生长松树、各种灌木。中石化输油管道及大鹏天然气管道位于右侧坡体开挖线外，与路线基本平行，如图2-2-1所示。

K62+755~K62+825左侧、K62+942~K63+195右侧路堑高边坡与天然气及输油管道线位相邻，大鹏天然气及中石化输油管位于该边坡坡顶外侧。左侧距大鹏天然气管道最近距离约6.6m，距中石化输油管道最近距离约12.46m；右侧距大鹏天然气管道最近距离约13.6m，距中石化输油管道最近距离约8m，坡顶最大高度约64m。根据安全专项评估要求，距离管道50m范围内采用静力爆破，50m以外采用控制爆破。总爆破方量约171439m³，如图2-2-2所示。

图2-2-1　开挖前原始地貌图

图2-2-2　石方开挖完成实景图

2.2.2　资源配置

当现场实际情况发生变化时，可根据现场实际施工情况进行调整，人员、设备配置见表2-2-1、表2-2-2。

主要人员配置参考表　　　　　　　　　　表 2-2-1

序　号	工　种	单　位	数　量
1	钻孔工	人	12
2	爆破工	人	6
3	保管员	人	2
4	安全员	人	2
5	机械工	人	10
6	杂工	人	4

主要设备资源配置参考表　　　　　　　　表 2-2-2

序　号	机械设备	单　位	数　量
1	挖掘机	台	5
2	自卸车	台	5
3	潜孔钻机	台	3
4	洒水车	台	2
5	对讲机	台	12
6	警报器	个	2
7	1.5t 货车	辆	1

2.2.3　工艺控制

本段路堑高边坡施工主要以石方为主,存在坡度陡,高差大,距石油及天然气管道近等特点,坡面为 5 级边坡,防护形式主要有锚杆格梁、锚索框架梁、三维网植草、植生袋植草等。施工过程中要严格按照"开挖一级防护一级"的施工要求作业,严格控制边坡坡率并确保坡面稳定;钻孔过程中支架搭设及拆除严格按照施工方案施工,坡面铺设防护网,防止落石伤人,确保作业安全,施工流程及控制要点如图 2-2-3 所示。

2.2.4　品质创新

(1)表面位移监测

①监测目的:掌握边坡整体表面位置的变化及其变化速率(包括平面位移和垂直沉降),确定边坡整体位移变形的情况,是确定边坡稳定性的重要指标之一。

②监测手段:全球导航卫星系统(GNSS)。GNSS 包括空间部分、地面控制部分、用户部分。

③监测原理:空间部分主要为各轨道平面上的多颗卫星,每颗卫星都发出用于导航定位的信号。

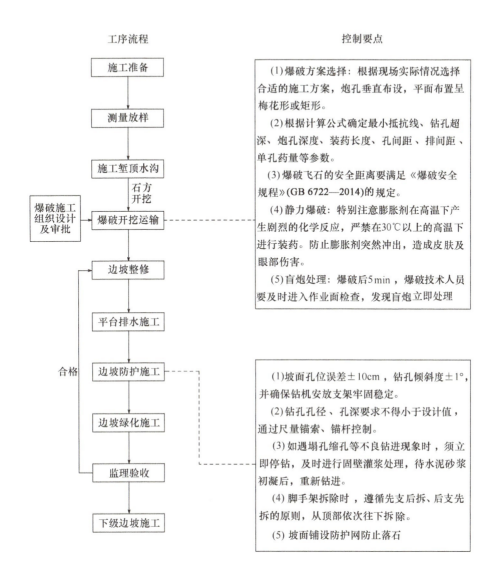

图 2-2-3 施工流程及控制要点图

地面控制部分由若干个跟踪站组成,通过各监控站对 GNSS 的观测数据计算卫星的星历和卫星钟的改正参数等,并将这些数据通过注入站注入卫星中;同时对卫星进行控制,对卫星发布指令。

GNSS 用户部分由 GNSS 接收机、数据处理软件及相应的用户设备,接收 GNSS 卫星所发出的信号,并利用这些信号,通过解算等进行导航定位等工作。地表位移观测墩施工图如图 2-2-4 所示。

(2)深层位移监测

①监测目的:掌握边坡内部的位移变化及其变化速率,结合表面综合位移信息可确定边坡整体位移变形情况,为边坡稳定性评价提供重要的数据参考。

②监测手段:导轮式固定测斜仪。

③监测原理:通过测得每一处的水平位移量,求出位移曲线,便可知道每一位置处的水平位移量。

图 2-2-4　地表位移观测墩施工图

(3)降雨量监测

①监测目的:掌握边坡区域环境参数情况,有较大降雨时进行报警。

②监测手段:雨量计。

③监测原理:数据采集仪用于读取雨量计的降雨量,然后把降雨量保存在内部的存储器中。通过数据发送器,还可以把保存在存储器中的雨量数据发送到数据中心。

④适用条件:高路堑边坡自动在线健康监测。

⑤施工优点:对岩土体内部沉降、倾斜、土壤湿度、孔隙水压力变化等进行连续监测,及时捕捉边坡性状变化的特征信息,通过有线或无线方式将监测数据及时发送到监测中心。并结合地表监测的雨量、位移等信息,由专用的计算机数据分析软件处理,对边坡的整体稳定性做出判断,快速做出诸如山体边坡崩塌、滑坡等灾害发生的预警预报,更加准确、有效地监测灾情发生,减少人员、财产损失。自动监测系统构成与工作原理如图 2-2-5 所示。

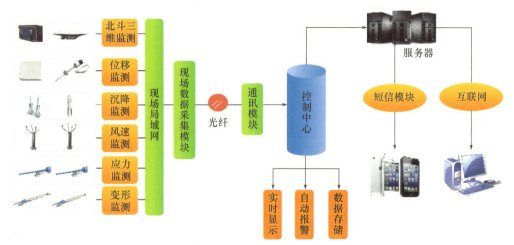

图 2-2-5　自动监测系统构成与工作原理

自动监测系统还可以识别支护结构的损伤程度，评定支护结构的安全性、可靠性与耐久性；验证边坡支护结构设计建造理论与方法，完善相关设计施工技术规程，提高边坡工程设计水平和安全可靠度，保障结构的使用安全，在施工期和运营期都可以使用，具有重要的社会意义、经济价值和广泛的应用前景。自动监测与人工监测对比优点见图2-2-6。

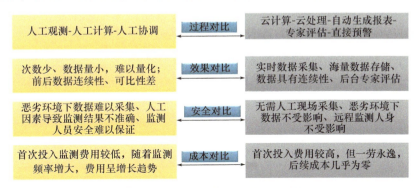

图2-2-6　自动监测与人工监测对比图

2.3　路床施工

2.3.1　施工条件

为深入贯彻交通运输部、广东省交通运输厅"品质工程"建设理念，切实提高深圳外环高速路基质量，结合高速公路沿线路基填料的土工检测报告，对主线填方路基96区采用整体性及稳定性更佳的水泥稳定土填筑，如图2-3-1所示。

图2-3-1　路床采用水泥稳定土填筑的函

由于深圳外环高速公路为特重交通,根据《公路路基设计规范》(JTG D30—2015),路床厚度为1.2m,为进一步提高路床CBR值、回弹模量及竖向压应变指标,对路床1.2m厚度范围采用5%水泥稳定土进行压实填筑,水泥采用强度等级为42.5的普通硅酸盐水泥,5%水泥稳定土的7d无侧限抗压强度不小于1.0MPa。

采用5%水泥稳定土处治路床,改良路床填土能够有效提高路床整体回弹模量,路床顶面弯沉按照$L_S \leq 180.00(0.01mm)$作为处治效果的判断依据。

根据现场施工条件,就近选择挖方段土方作为填料取样进行土工试验,液限为39%,塑性指数为16,为黏土质砂(SC)。该填料沿线分布范围广,主要来源于主线路堑工程挖方路段,方量大,可选择性强,可作为96区路基填料。

2.3.2 工艺流程

路床96区水泥稳定土填筑施工工艺流程如图2-3-2所示。

2.3.3 施工控制

1)施工准备

(1)组织技术人员认真阅读设计图纸和技术资料,熟悉合同文件和技术规范。编制路基96区施工方案,并进行施工技术交底。

(2)土工试验:对填料进行土工试验,以确定其类别、颗粒粒径、天然含水率、液限和塑限、标准击实次数、CBR等指标符合规范要求。

(3)路床施工期间统筹规划边坡防护及排水系统配套施工,做到路床施工与临时、永久边坡防护、排水系统相协调,根据施工现场地形适当调整,尽量做到永临结合,确保施工期间无积水、浸泡,损坏路床现象。

(4)在全面施工前选择有代表性的施工段落,确定满足施工要求的压实机具、所用填料及压实条件下合理的松铺厚度、压实遍数和施工最佳控制含水率等工艺参数,作为首件试验段,并报监理工程师批准作为控制指标,指导路基填筑施工。

2)底层复测

(1)对施工完成的路基94区进行高程、横坡等指标的检测。

(2)路基96区施工前根据监理工程师批准的导线点、水准点复测成果恢复路基中桩和左、右边桩,并沿道路方向每隔20m插设花杆控制填土厚度。

3)摊铺素土

测量人员在标定出的路基范围内按照拟定的填料松铺厚度、自卸车每车所装填料、路基平面面积等参数进行方格网的布设,然后用石灰撒出卸料网格。

装车时应使每次装载量大致相同,不能忽多忽少,每车可摊铺网格面积松铺厚度为30cm时为35m^2(5.0m×7m)。在挖方和填筑区内配备两名施工管理人员,分别负责指挥挖土装车和填筑区按网格卸料,按每一网格卸一车料控制,确保填料质量。施工人员要记录上料开始和结束时间、上料车数等数据。上料运输的同时,指挥人工配合推土机按拟定的填料松铺厚度30cm同步进行摊铺,严格控制摊铺厚度,及时把多余的填料推至前端没有上料的地方。整个上料过程中,保证每车装料方量基本相同,且保证同层填料土质相同,不得出现不同土质混填现象。

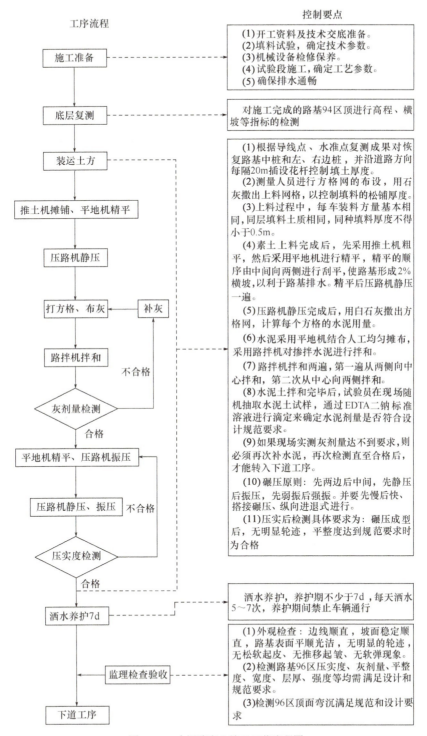

图 2-3-2 水泥稳定土施工工艺流程图

为保证路基边缘的压实度及稳定性,每层两侧填料摊铺宽度应比设计宽度多出 0.5m。摊铺施工中,为便于控制填料的摊铺整平厚度,在纵向每 20m 对应路基设计横断面左、中、右 5 个设计点设置一个竹片桩,竹片桩外露高度为 35cm(大于松铺层厚),并用红油漆标示出松铺厚度 30cm 位置,纵向拉线作为摊铺时的参照;并在计算放坡总宽度边缘超宽 50cm 处,设置插花杆,花杆上涂黑白相间标志每道 15~20cm,作为控制横向挂线厚度参照物。

素土上料完成后,先采用推土机粗平,然后采用平地机进行精平,精平顺序为由中间向两侧进行刮平,使路基形成 2% 横坡,以利于路基排水。精平后压路机静压一遍。

4)5% 水泥稳定土掺拌

压路机静压完成后,用白石灰撒出 4m×5m 方格,每个方格内放水泥用量如下:首先预定水泥稳定土的压实厚度为 24cm,土的最大干密度约为 1900kg/m³;则每方格用量为 $4 \times 5 \times 0.24 \times 1900 \times 0.05 = 456 (kg)$,约 9 袋水泥(每袋 50kg)。

水泥采用挖掘机、平地机结合人工均匀摊布,采用路拌机对水泥进行拌和,路拌机最大拌和深度 30cm。水泥均匀摊开后,使用路拌机拌和两遍,第一遍从两侧向中心拌和,第二遍从中心向两侧拌和,如图 2-3-3~图 2-3-5 所示。

图 2-3-3 用石灰撒出 4m×5m 方格,水泥均布方格内

图 2-3-4 挖掘机、平地机均匀摊布

水泥土拌和完毕后,试验员对现场随机抽取水泥土试样,通过 EDTA 二钠标准溶液进行滴定来确定水泥剂量是否符合设计规范要求,根据水泥稳定材料中水泥剂量标准曲线报告,符合要求后进行碾压。如果现场实测灰剂量达不到要求,则必须补水泥,再次检测直至合格后,才能转入下道工序。

图 2-3-5　灰土拌和机

5）碾压前检测

（1）含水率：对于土方路基的填筑，含水率要满足碾压要求。现场用酒精测试法测定填料含水率是否与最佳含水率有较大偏差，如含水率过高，则须摊开晾晒；过低则采用洒水车适量洒水。

（2）松铺厚度：碾压前，用钢钎插入松铺的土层至下层层面，测量松铺厚度（层厚为30cm）。

（3）水泥剂量：采用 EDTA 二钠标准溶液滴定法检测水泥剂量是否符合设计要求，如图 2-3-6、图 2-3-7 所示。

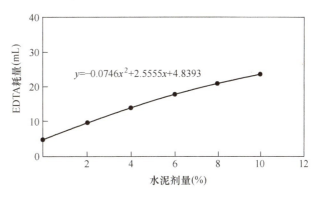

图 2-3-6　灰剂量检测报告　　　　图 2-3-7　水泥剂量与 EDTA 耗量关系图

6）振动碾压与试验检测

（1）碾压原则：先两边后中间，先静压后振压，先弱振后强振。并要先慢后快、搭接碾压、纵向进退式进行。

（2）按照路基碾压施工，进行第四遍振动碾压后，检测各测点压实度和高程，观察路基顶面有无松散，判断是否过振，若检测各点压实度未达到 96 区标准及未发现过振现象则进行第五遍振动碾压，如图 2-3-8 所示。

图 2-3-8　整平压实

（3）当第五遍振动碾压后检测压实度结果达到 96 区压实标准，可以停止振动碾压，最后进行一次压路机静压，收光路基顶面。

（4）测量人员采用 3m 直尺按单幅每 200m 抽 2 处检查路基表面平整度，平整度偏差值不大于 15mm。测量路基段最后一遍碾压后的各点高程，绘制压实厚度与压缩量的关系图，作为换算路基 96 区松铺系数的依据。

7）检查验收

由质检、试验、测量、监理工程师对路基 96 区路床做施工质量检查验收。

（1）外观检查：边线顺直，坡面稳定顺直，路基表面平顺光洁，无明显的轮迹，无松软起皮、推移起皱、软弹现象。

（2）检测路基 96 区压实度、灰剂量、平整度、宽度、层厚、强度等均须满足设计和规范要求。

（3）检测 96 区顶面弯沉满足规范和设计要求。

自检合格后准备自检资料，上报监理工程师进行检测抽检，符合规范要求，拍照存档，如图 2-3-9、图 2-3-10 所示。

图 2-3-9　路床顶弯沉检测　　　　　　　　图 2-3-10　压实度检测

8）养护

当路基 96 区第一层 5% 水泥稳定土铺筑完成且验收合格后即进行洒水养护，养护期不少于 7d，每天洒水 5~7 次，养护期间禁止车辆通行。

2.3.4 工效比较

水泥稳定土与素土工艺对比见表 2-3-1。

水泥稳定土与素土工艺对比表   表 2-3-1

工程名称	工艺对比	施工质量	施工便捷性	施工功效	施工造价
96区路基填筑施工	素土工艺	素土的强度低,路基的弯沉值变异性相对显著	压实达到设计规范要求压实度,需消耗较多重型压实机械台班,但受土质不稳定影响较大	易扰动下层土,易受雨雪、地面水、车辆等破坏	机械台班消耗高
	水泥稳定土工艺	水泥稳定土的强度高,较素填土路基的弯沉值变异性显著降低	水泥稳定土可以采用灰土拌和机路拌,便于施工	水泥稳定土的整体性好,承载力高	机械台班消耗低
	对比结论	强度高,较素填土路基的弯沉值变异性显著降低	便于施工	施工完成后路基整体形成板结,整体性好,承载力高,不易受雨水冲刷破坏	低

根据现场施工检测结果得出：
(1) 水泥稳定土的强度高,较素填土路基的弯沉值变异性显著降低。
(2) 水泥稳定土的整体性好,承载力高。
(3) 施工完成后路基整体形成板结,不易受雨水冲刷破坏。
(4) 水泥稳定土可以采用灰土拌和机路拌,便于施工。

2.4 路基排水工程

2.4.1 施工条件

深圳外环高速公路深圳段沿线多有丘陵沟谷,地形起伏较大;地处亚热带地区,雨量充沛,水系发达,沟渠纵横。

在高速公路建设过程中需要迅速地将可能留在路基范围内的地面水排除,并防止路基范围以外的地面水流入路基范围内,确保路基经常处于干燥、坚固和稳定状态。

高速排水体系遵循"安全、和谐、美观、环保"的原则,路基、路面排水自成体系,与沿线农田灌溉系统、水塘各成体系,尽可能结合沿线排洪渠、自然沟谷和环保排污设施。

2.4.2 工艺控制

一般路基设纵向边沟、排水沟、截水沟,挖方路段设置边沟,用于排泄路面及路堑坡面雨水。排水结构物均采用 C20 混凝土预制块拼装而成,线外涵采用 75cm 圆管涵,C20 预制块由小型构件加工场集中预制。

1)路基排水预制构件施工

混凝土预制边沟、平台排水沟、急流槽的预制块在小型构件预制场集中预制并运至现场进行安装。

(1)小型预制构件施工工艺流程

小型预制构件施工工艺流程,如图 2-4-1 所示。

(2)施工方法

对施工所需使用的原材料进行试验检测,选定最优原材,确定混凝土最优配合比。

①模板整理与安装。

按照小型预制构件设计尺寸及要求,由专业生产厂家加工生产混凝土小型预制构件的高强度塑性模具,模板进场时严格验收、试拼,检查其几何尺寸、接缝情况,保证接缝严密,严禁出现漏浆情况。

每次浇筑混凝土前,将模具表面混凝土残渣、灰尘打磨干净,均匀涂刷脱模剂,严禁采用废机油代替脱模剂;对于组合模具,模具接缝应严密,采用密封条封堵,防止漏浆。当模具出现变形时严禁采用。模具使用完成,统一存放,便于现场控制。

②混凝土浇筑。

a.混凝土生产及运输:混凝土采用拌和站集中拌和,罐车运至现场。检查混凝土坍落度,严格按照施工配合比施工,还应制作好试块。保证水泥、砂、石、拌和用水与配料单中的品种规格一致;检查每盘掺配的材料数量是否符合要求。

b.混凝土浇筑:混凝土预制构件采用振动台振捣,振动台应保持水平。振动台布置原则:振动台面积不宜过大,以防振动力在边角处衰减,振动台高度以人工操作方便为宜。振捣标准为表面出现浮浆,不再有气泡出现。振捣完成后初步收光,采用叉车运至存放平台,注意水平控制,模具倾斜会影响几何尺寸。待混凝土初凝时进行第二道收光,保证混凝土外观质量,防止表面开裂。

③拆模。

a.混凝土强度达到设计强度的 50% 即可进行拆模。

b.为了便于拆模,应在气温最高时脱模。拆模过程中应小心,确保不出现啃边、掉角以及磕碰现象,当拆模有困难时可用气泵拆模,可减少边角破损现象。

c.拆模后,模板上不可避免会沾上部分混凝土残渣,应用刮刀将残渣清除干净。

d.模具在使用前,应用毛巾将模内灰尘、杂质清除干净,并刷上优质脱模剂,模具要堆放整齐。

④养护。

预制块养护集中在养护区进行,过早养护会造成混凝土表层脱落,过晚养护会造成混凝土强度降低、出现裂纹,具体养护时间宜为混凝土初凝后。养护区采用自动喷淋养护系统结合土工布覆盖对构件进行养护,确保构件处于湿润状态。混凝土要求覆盖养护 7d 以上。

⑤小型预制构件存放如图 2-4-2、图 2-4-3 所示。

a.预制件养生期满后,成品按不同规格分层堆码。对于预制块、片(如防护衬砌肋、盖板等)堆码不得超过两层,对于整体式预制件(如缝隙式水沟等)不得超过四层。

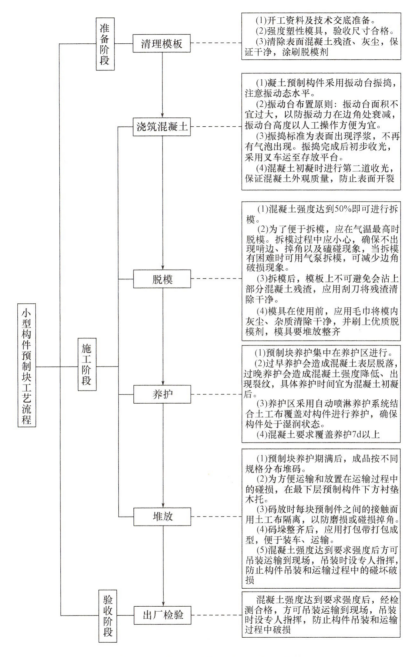

图 2-4-1 小型预制构件施工工艺流程图

b. 为方便运输和防止在运输过程中的碰损,在最下层预制构件下方衬垫木托。
c. 码放时每块预制件之间的接触面用土工布隔离,以防磨损或碰损掉角。
d. 码垛整齐后,应用打包带打包成型,便于装车、运输。

e. 混凝土强度达到要求后方可吊装运输到现场,吊装时设专人指挥,防止构件吊装和运输过程中破损。

图 2-4-2　小型预制场

图 2-4-3　预制块分类堆存

⑥小型预制构件运输。

小型预制构件采用运输车集中运输至施工现场,预制块在搬运的过程中应轻拿轻放,运输车行车速度不得大于 20km/h,防止出现棱角损伤及断裂现象,运输过程中出现的个别破损预制构件现场不得使用。

2)排水沟施工

外环高速项目主线一般填方段排水沟(包含平台排水沟及改沟)采用 M7.5 浆砌片石砌筑,排水沟尺寸分为矩形 60cm×60cm、80cm×80cm,梯形 40cm×30cm、80cm×80cm 四种。在路基填挖交界坡排水量较小的路段采用碟形排水沟,尺寸为 200cm×17.2cm,用 9cm 耕植土夯实,中间 60cm 采用 C20 预制混凝土填充。

(1)排水沟施工工艺流程

排水沟施工工艺流程,如图 2-4-4 所示。

(2)排水沟施工方法

排水沟施工在该段填方路基填筑一定高度后进行。

①测量放样。

用全站仪放出路基边缘作为排水沟的控制点,排水沟以挡土墙及护坡道作为控制点,打上有桩号的木桩并测出桩点高程,作为基坑开挖平面位置及设计高程的控制点,如图 2-4-5 所示。

②基坑开挖。

测量放样后,机械配合人工开挖,进行松动开挖。人工修整成型,弃土运至指定地点;基底应平整夯实。

③预制块砌筑。

沟槽开挖完成后,根据放样控制桩按每 10~20m 进行放样定位。测量桩点高程作为控制沟底高程段依据,然后按设计断面尺寸进行施工。

片石使用前清洗干净。第一层预制块砌筑时,先坐浆;砂浆缝必须饱满、密实,缝间不得直接紧靠。采取分段分层砌筑,分段位置宜设在沉降缝或伸缩缝处,如图 2-4-6 所示。

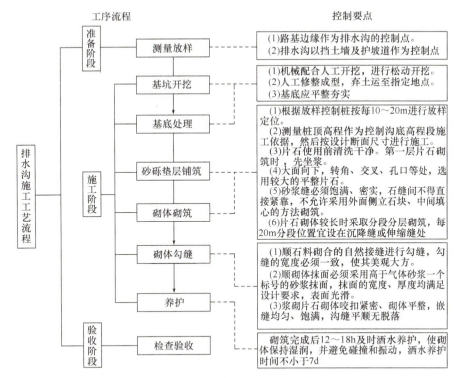

图 2-4-4 排水沟施工工艺流程图

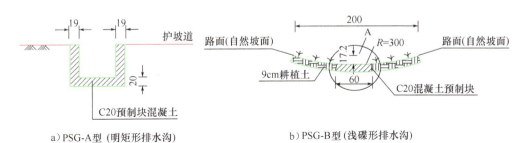

a) PSG-A 型（明矩形排水沟）　　b) PSG-B 型（浅碟形排水沟）

图 2-4-5 排水沟断面图（尺寸单位：cm）

图 2-4-6 排水沟砌筑

④勾缝。

砌筑完成后，在预制块间进行勾缝，勾缝的宽度必须一致，使其美观大方；砌体平整，嵌缝均匀、饱满，宽度为 1cm，勾缝平顺无脱落。

⑤养护。

砌筑完成后12~18h及时洒水养护,使砌体保持湿润,并避免碰撞和振动,洒水养护时间不少于7d。

3)边沟施工

对于单向排水长度较短的一般挖方路段与超高外侧挖方路段,采用碟形生态边沟形式(BG-A型)。浅碟形边沟宽260cm、深45cm,中间60cm采用C20预制混凝土块铺砌。

对于单向排水长度较长的一般挖方路段与超高外侧挖方路段,采用浅碟形+明矩形边沟形式(BG-B型)。浅碟形边沟宽260cm,深45cm;明矩形沟一般尺寸为40cm(宽)×40cm(深),沟身采用C20混凝土预制块拼接,如图2-4-7所示。

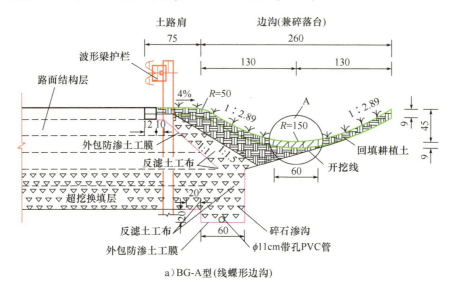

图2-4-7 排水边沟断面图(尺寸单位:cm)

(1)边沟施工工艺流程

边沟施工工艺流程如图 2-4-8 所示。

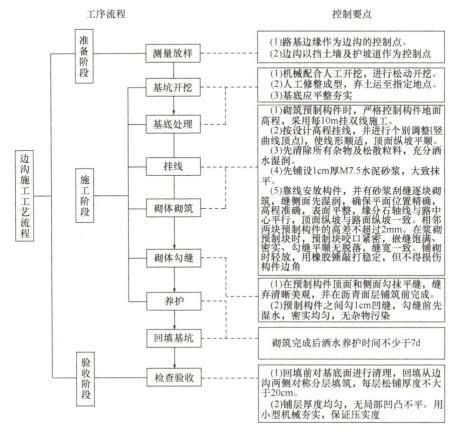

图 2-4-8　边沟施工工艺流程图

(2)边沟施工方法

①测量放样。

同"排水沟施工"。

②基坑开挖。

同"排水沟施工"。

③挂线。

砌筑预制构件时,严格控制构件底面高程,采用每 10m 挂双线施工,按设计高程挂线,并进行个别调整(竖曲线顶点),使线形顺适,顶面纵坡平顺。

④砌筑预制构件。

a. 先清除所有杂物及松散粒料,充分洒水湿润。

b. 先铺设 1cm 厚 M7.5 水泥砂浆,大致抹平。

c. 靠线安放构件,并用砂浆刮缝逐块砌筑,缝侧面先湿润,确保平面位置精确,高程准确,表面平整,缘石轴线与路中心平行,顶面纵坡与路面纵坡一致。相邻两块预制构件的高差不超过2mm。在浆砌预制块时，预制块咬口紧密、嵌缝饱满、密实、勾缝平顺无脱落、缝宽一致。铺砌时轻放，用橡胶锤敲打稳定，但不得损伤构件边角。

⑤勾缝。

a. 在预制构件顶面和侧面勾抹平缝，缝应整齐、清晰美观，并在沥青面层铺筑前完成。

b. 预制构件之间勾1cm凹缝，勾缝前先湿水，密实均匀，无杂物污染。

⑥养护。

砌筑后对砂浆和勾缝处洒水养护，养护期不少于7d。

⑦回填基坑。

回填前对基底面进行清理，回填从边沟两侧对称分层填筑，每层松铺厚度不大于20cm；铺层厚度均匀，无局部凹凸不平。用小型机械夯实，保证压实度。

4）急流槽施工

本项目共有五种急流槽类型：①路堤坡面急流槽JLC-A1，尺寸40cm×30cm，为正常路段和超高路段内侧急流槽，急流槽间设拦水缘石汇集雨水；②JLC-A2，尺寸40cm×30cm，为超高路段外侧急流槽，用于连接横向排水管；③踏步式急流槽，尺寸40cm×30cm，为检查踏步与坡面急流槽合并设置；④连接截水沟与排水沟急流槽JLC-B，尺寸40cm×30cm；⑤连接边沟与排水沟急流槽JLC-C，尺寸60cm×40cm。

急流槽包含浆砌片石基底、拦水墙身或拦水肋条（台阶型槽身、排水管出口、防滑平台、消力槛部分、入水口、矩形槽身部分）、基坑开挖等内容。

(1)急流槽施工工艺流程

急流槽施工工艺流程，如图2-4-9所示。

(2)急流槽施工方法

①基坑土石开挖。

测量放样后，人工开挖，人工修整成型，弃土运至指定地点。

②砌体砌筑。

急流槽浆砌片石同"M7.5浆砌片石排水沟施工"；急流槽预制构件砌筑同"边沟预制构件砌筑工艺"。

当槽身过长时，应隔5~10m分段砌筑，接头用防水材料填筑，密实无空隙。槽底面和消力槛底面做成粗糙面，以利于消力。急流槽立面如图2-4-10所示。

③养护。

砌筑后对砂浆和勾缝处洒水养护，养护期不少于7d。

5）截水沟施工

本项目截水沟采用M7.5浆砌片石及C20混凝土预制块砌筑，截面形式有矩形、倒梯形；堑顶截水沟为矩形形式（M7.5浆砌片石）。平台截水沟为倒梯形形式（C20混凝土预制块），尺寸为40cm×40cm。

(1)截水沟施工工艺流程

截水沟施工工艺流程，如图2-4-11所示。

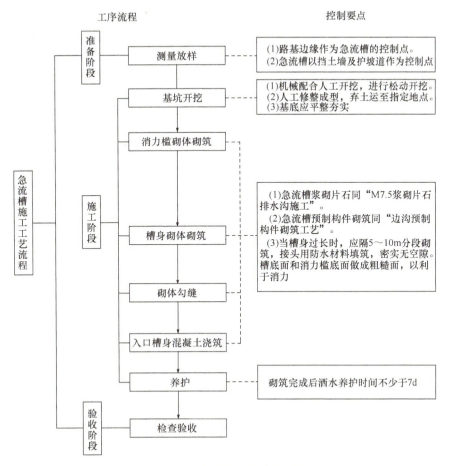

图 2-4-9 急流槽施工工艺流程图

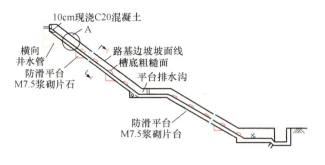

图 2-4-10 急流槽立面示意图

(2) 截水沟的施工方法

①测量放样。

山坡截水沟距开口线 5m 外,平台截水沟距边坡防护坡脚 0.4m,作为截水沟的平面控制线,在该位置打上有桩号的木桩,并测出桩点高程作为截水沟施工时轴线。截水沟和平台截水沟断面如图 2-4-12 所示。

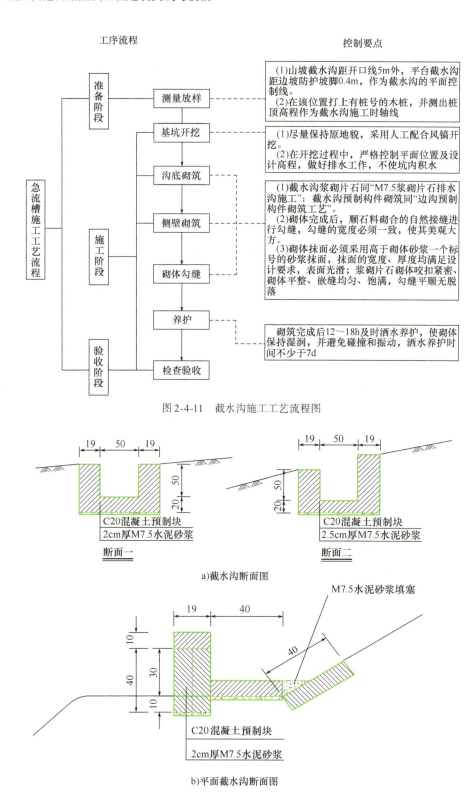

图 2-4-11 截水沟施工工艺流程图

图 2-4-12 截水沟、平台截水沟断面图(尺寸单位:cm)

②基坑开挖。

截水沟开挖时应尽量保持原地貌,采用人工配合风镐开挖,在开挖过程中,严格控制平面位置及设计高程,做好排水工作,不使坑内积水。

③砌体砌筑。

截水沟浆砌片石同"M7.5 浆砌片石排水沟施工";截水沟预制构件砌筑同"边沟预制构件砌筑工艺"。

④勾缝。

砌体完成后,顺石料砌合的自然接缝进行勾缝,勾缝的宽度必须一致,使其美观大方;砌体抹面必须采用高于砌体砂浆一个标号的砂浆抹面,抹面的宽度、厚度均满足设计要求,表面光滑;砌体平整,嵌缝均匀、饱满,勾缝平顺无脱落。

⑤养护。

砌筑完成后 12~18h 及时洒水养护,使砌体保持湿润,并避免碰撞和振动,洒水养护时间不少于 7d。

⑥回填基坑。

截水沟完成后,回填基坑至原地面。

2.4.3 品质创新

1) 采用"新型无棱化模具"制作预制块

(1) 情况概述:小型构件预制采用新型无棱化模具,有效避免缺棱掉角现象,采用打包机堆存,叉车装运,效率提高、场地整洁。

(2) 适用条件:"新型无棱化模具",小型构件采用木质托架脱模工艺,适用于路基防护工程多种类型小型构件的生产,并配合自动振实设备,可快速完成小型构件的预制生产,实现工厂化批量生产。快速脱模工艺如图 2-4-13 所示。

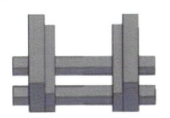

a) 木质托架　　　　　　　　　b) 拆模过程及拆模后

图 2-4-13　木质托架快速脱模

（3）施工优点：小型构件预制"新型无棱化模具"，材质坚固，可重复使用，构件尺寸精准、成型迅速、美观，满足标准化生产要求，创建品质工程。预制构件成品如图2-4-14、图2-4-15所示。

图2-4-14　无棱角构件外观

图2-4-15　预制构件展示

2）采用创新施工工艺预制块运送小车

（1）情况概述：路基排水防护工程，为边坡防护的重点。边坡较高，施工时预制块上下转运靠人工搬运，施工效率低，且边坡土质为砂性土，易打滑，存在安全隐患。结合"品质工程"创新要求加强"四新技术"应用，针对预制块转运方法进行改进及创新。

（2）适用条件：对边坡高的排水防护工程施工，提高施工效率，减少安全隐患，采用钢板焊制运送小车，将预制块送至坡顶。此创新方法已经运用灵活，能够缩减大量的施工时间，提升施工功效及降低安全隐患。

（3）施工优点：小车运输预制块，简易、便捷，改善了施工作业环境，从工艺上保障人字形骨架施工质量、安全，设备简易、便捷，直接运输就位，砌筑安装，整体质量美观。预制构件小车运输如图2-4-16所示。

图2-4-16　预制构件小车运输

2.4.4　改进提升建议

（1）建议优化矩形排水沟结构设计，在排水沟顶部间隔一定间距增加支撑措施，增强排水沟侧墙的抗倾倒能力，防止排水沟因回填土侧向压力造成水沟两侧墙壁破坏、开裂或倾倒。

(2) 在排水沟砌筑过程中，建议预留部分泄水孔，确保排水沟周边雨水能够及时排出，避免排水沟两侧的回填土因雨水形成"冲沟"。

2.5 台（涵、墙）背回填

2.5.1 施工条件

1) 台（涵、墙）背回填特性

台（涵、墙）背回填是路基工程施工的重要组成部分，在高速公路建设中涵台背、桥台背、挡墙背经常会因为设计方案、填料选择和施工工艺等，出现错台、沉降、结构物位移等现象，容易引起桥（涵）头跳车等不良后果（图2-5-1），直接影响高速车辆行驶的安全性和舒适度。

图 2-5-1　路基错台、桥台跳车

2) 台（涵、墙）背回填形式

台（涵、墙）背反开挖施工，采用1:1边坡坡度开挖至涵地基础边缘1m，台背采用无纺土工布包裹泄水管排水，用石粉渣填充密实，如图2-5-2所示。

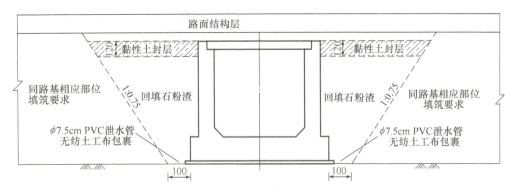

图 2-5-2　台（涵、墙）背反开挖回填（尺寸单位：cm）

台（涵、墙）背采用非反开挖施工，台背的填筑要求同路基相应部位填筑要求，距离涵背1.2m范围采用人工夯实，如图2-5-3所示。

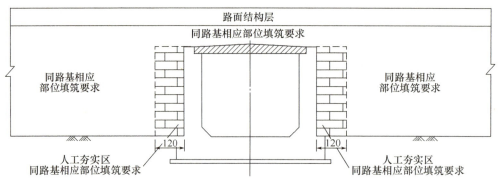

图 2-5-3　台(涵、墙)背非反开挖回填(尺寸单位:cm)

2.5.2　工艺控制

1) 工艺流程

台(涵、墙)背回填施工工艺流程,如图 2-5-4 所示。

2) 测量放样

涵背回填之前需要对涵洞基坑重新进行测量放样,使用白灰撒出台背施工范围;以 15cm 为单位在涵身侧面用红白油漆进行垂直标记,同时标记好层数,填筑时每层摊铺层厚不得超过标记的高度,如图 2-5-5 所示。

3) 隐蔽工程验收

(1)按照设计规定的回填范围进行清底并夯实,压实度不低于 90%。对于台前后有不良地质的地段应通知监理及项目公司,根据实际情况确定处理方案后再按照要求进行回填。

(2)三油两毡防水层和外侧整体防水施工完毕,经验收合格。

(3)沉降缝设置合理,必须符合设计规定,缝内嵌填沥青麻絮完毕,经验收合格。

(4)结构物位置、尺寸,混凝土强度,外观质量经验收合格,如图 2-5-6 所示。

4) 基坑修整

根据回填需要进行基坑修整,包括基坑尺寸以及边坡坡度等,从台背两侧 1m 距离处碎石垫层按照 1∶0.75 坡度进行边坡修整,边坡每 1m 高设置宽度为 1m 的台阶,台阶顶设置 4% 的内倾斜,两侧回填长度不小于填土高度的 1 倍,如图 2-5-7 所示。

基坑两侧做好临时排水沟,保证施工场地内不积水。

5) 分层、对称上料

结构物台背回填应采用有级配的透水性材料分层填筑并夯压密实,本项目台背回填采用透水性较好的石渣作为回填材料。对石渣母材的要求为饱水强度不低于 10MPa,石渣的含量不低于 70%,且粒径不大于 5cm。严禁使用风化岩或者石灰岩等软岩或者水溶性岩作为填料。所有材料进场前应进行严格的检验,不合格的填料坚决不予使用。

(1)结构物两侧的填土应严格分层、对称上料,防止对结构物造成单侧施压。

(2)每层上料厚度应控制在不超过结构物一侧标记,如图 2-5-8 所示。

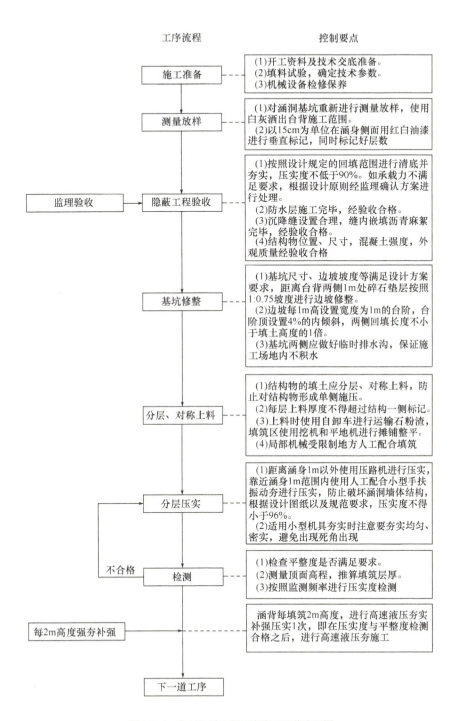

图 2-5-4 台(涵、墙)背回填施工工艺流程图

图 2-5-5　回填标尺

图 2-5-6　隐蔽工程验收

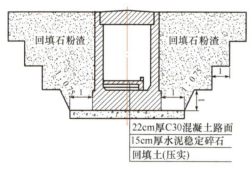
图 2-5-7　回填断面示意图(尺寸单位:m)

图 2-5-8　分层回填

(3)填筑上料时使用自卸车运输石粉渣,使用挖掘机和平地机摊铺整平,严禁采用大型推土机械摊铺,以防出现较大侧压力。

(4)局部机械受限制地方人工配合填筑。

6)压实

距离涵身1m以外使用压路机进行压实,靠近涵身1m范围内使用人工配合小型手扶振动夯进行压实,防止破坏涵洞墙体结构,根据设计图纸以及规范要求,压实度不得小于96%。使用小型机具夯实时注意要夯实均匀、密实,避免出现死角。最后,在桥涵顶50cm内台背填土作业,选择轻型静载压路机开展压实作业,如图2-5-9所示。

7)检测

(1)检查平整度是否满足要求。

(2)测量顶面高程,推算填筑层厚。

(3)按照检测频率进行压实度检测。

压实度、平整度等检测合格之后方可进行下一层或者下一道工序施工,否则应采取控制含水率或者重复压实等措施进行处理,使其能够满足压实规范及设计要求,如图2-5-10所示。

8)强夯补强

涵背每填筑2m高度,进行高速液压夯实补强压实1次,即在压实度与平整度检测合格之后,进行高速液压夯施工。

图 2-5-9　涵背压实

图 2-5-10　涵背检测

2.5.3　品质亮点

1) 高速液压夯实补强

(1) 情况概述：采用高速液压夯机对台(涵、墙)背回填进行补强，降低填料工后沉降。

(2) 适用条件：回填高度大于 2m 的结构物回填作业。

(3) 施工优点：台背填料采用透水性较好的石渣，其不仅含水率高，而且孔隙很大。如果作业环节无法降低颗粒之间的空隙，受到路堤自重和车辆震动荷载等各类因素的综合影响，极易出现压缩变形问题。一般来说，如果减少填料的孔隙率，那么压实度会增加，同时随着时间的增加，极易引发沉降、桥头跳车等问题。为防治桥头跳车等质量通病，采用高速液压夯实补强工艺可有效减少台(涵、墙)背施工狭小部位的路基工后沉降问题。

① 机械技术参数。

高速液压夯实机：夯锤质量 3.2t，行程 1.2m，夯机势能 36kJ，夯板直径 1.0m。

② 桥台、涵背。

a. 压实作业点布置。

夯击前的台(涵)背按照要求分层填筑，每填筑 2m 高度，进行高速液压夯实补强压实 1 次，回填压实度与平整度经检测合格之后，进行液压夯实机夯点布设。

桥涵台背按照锤心距离 1.5m 均匀布点，布设范围为超出台背填筑范围一排布点，夯锤边缘距台背最小距离 50cm，夯点布置如图 2-5-11 所示。

b. 夯实作业。

液压夯实机按照放样位置就位，使夯杆对准点位，将夯机调至强挡进行夯击。夯击从路基中间开始，采用扇形扩展作业方法施工，每次作业左、中、右三点，再进行下一排施工，直至完成全部夯点，如图 2-5-12 所示。

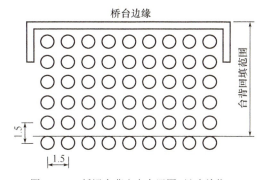
图 2-5-11　桥涵台背夯点布置图(尺寸单位：m)

图 2-5-12 涵背补强夯

c. 夯机次数标注。

每个夯点的强挡压实不得少于 18 锤（强夯挡位夯击能必须达到 36kJ）；夯实完成 15 锤及 18 锤后分别进行测量比对，若相对夯沉量差值大于 10mm 则需以 3 锤为单位追加夯实次数，直至最后 3 锤与其前 3 锤的相对夯沉量差值不大于 10mm。

d. 与结构物的施工距离。

液压高速夯实机夯锤外缘距桥、涵结构物最小距离应根据现场试验确定，建议强挡夯实，夯锤外缘距桥、涵结构物最小距离不小于 30cm。填料表面干燥时适当洒水，防止表面粉尘化影响夯实效果。

e. 夯后处理。

整个工作面的夯实完成之后必须将路基表面约 20cm 厚的冲击虚土全部铲除，并用机械刮平，小光轮压路机或者小型手扶振动夯受压平整，然后进行下一道工序。

③挡墙墙背。

a. 靠近墙背每填高 2.0m 用高速液压夯实机进行补强夯实，布点采取沿锤心距离 1.5m 均匀布点，布设范围纵向为沿挡墙长，横向为沿墙后填筑范围按照 1~2 排布点，夯锤边缘尽量靠近墙背，如图 2-5-13 所示。

b. 每个夯点的强挡夯实不得小于 18 锤（强夯挡位夯击能必须达到 36kJ）；夯实完成 15 锤及 18 锤后分别进行测量比对，若相对夯沉量差值大于 10mm 则需以 3 锤为单位追加夯实次数，直至最后 3 锤与其前 3 锤的相对夯沉量差值不大于 10mm。

c. 整个工作面的夯实完成之后必须将路基表面约 20cm 厚的冲击虚土全部铲除，并用小型机械夯压平整，将夯击沟槽回填土体压实，与周围路基齐平，然后进行下一道工序。

图 2-5-13 挡墙墙背补墙夯

④夯后检测。

由于强夯完成后台背均不平整，需要用压路机将顶面夯点间松散填料进行整平、复压，无法通过压实度检测体现夯实补强效果，故采用夯击前后高程观测沉降量的方法进行检测。

以坪地互通立交 M 匝道桥 0 号桥台台背为例,液压夯施工前,对台背填料范围沿纵、横方向每隔 3m 用水准仪测量各点位夯前高程(观测点布置如图 2-5-14 所示),记录数据;强夯完成后,用压路机整平、复压后测量相对应观测点位高程。记录数据如表 2-5-1 所示。

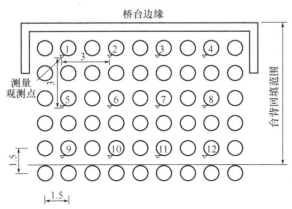

图 2-5-14 观测点布置(尺寸单位:m)

台背回填高程记录表(单位:mm)　　　　　　表 2-5-1

点编号	1	2	3	4	5	6	7	8	9	10	11	12	平均值
强夯前	62675	62692	62688	62676	62695	62639	62670	62617	62702	62688	62606	62658	62667.2
强夯后	62632	62651	62642	62634	62644	62591	62633	62575	62666	62644	62559	62615	62623.8
沉降量	43	41	46	42	51	48	37	42	36	44	47	43	43.4

2)检测结论

(1)液压夯补夯完成后,由测量观测强夯前后台背 12 个观测点平均沉降量为 43.3mm。

(2)桥涵背每填筑 2m 高度,进行高速液压夯实补强压实 1 次,假设台背回填范围内原基底无沉降,强夯回填石渣未发生横向位移,强夯前压实度检测合格为 96%,可推算出液压夯补强后的理论平均压实度为 98.1%,即 2m 范围内压实度提高了近 2.1%。

通过液压夯施工前后技术效果比对论证,高速液压强夯工艺对于减少台背回填工后沉降效果明显。

2.5.4　改进提升建议

台(涵、墙)背回填需要对回填方案、地基处理、填料、工艺、施工过程质量控制等多个要素进行全方位、全过程质量控制,建议以后的施工中选用轻质土等新型轻质填料,其透水性强、强度高、自重轻,可减小结构自重,降低负荷。

第3章 桥梁工程

3.1 桩基施工

3.1.1 施工条件

深圳外环高速公路(深圳段)项目桥梁桩基桩径为 1.2~2.4m,桩基长度集中在 21~50m 范围内;根据地层的不同,桩基种类整体分为摩擦桩、端承桩及嵌岩桩;桩基主要位于陆域,部分桩基位于水域环境。

3.1.2 组织管理

桩基施工涉及特殊工种作业,从安全管理上,单个桩基施工班组的特种作业人员基本配置见表 3-1-1,其余人员根据施工需求进行配置。当现场实际情况发生变化时,施工人员可根据现场实际进行调整。

桩基施工特种作业人员配置参考表 表 3-1-1

序号	工种	单位	数量	备注
1	操作工	人	2	日常操作钻机钻进
2	起重工	人	1	负责指挥现场起重作业

续上表

序 号	工 种	单 位	数 量	备 注
3	司索工	人	1	
4	电焊工	人	1	负责钢筋笼安装焊接作业

3.1.3 工艺控制

对于陆域施工环境的桩基,在场地条件允许的情况下,优先采用钻孔效率较高的旋挖钻进行成孔施工;对于岩层较硬或场地受限的区域,采用冲击钻进行成孔施工;对于机械成孔作业受限的桩基,采用人工挖孔桩进行施工;对于水域施工环境的桩基,搭设钢平台后采用冲击钻进行施工。

在终孔前对桩底高程、孔径、垂直度等进行检查,清孔后下放钢筋笼,导管进行水密性试验后下放,二次清孔后进行混凝土的浇筑,然后进行桩基检测。

1) 钻孔桩施工流程

钻孔桩施工作业流程如图 3-1-1 所示。

2) 挖孔桩施工流程

挖孔桩施工作业流程如图 3-1-2 所示。

3.1.4 品质创新

1) 砌筑式或可移动钢箱泥浆池

(1) 情况概述:采用砌筑式或可移动钢箱泥浆池(图 3-1-3、图 3-1-4),配备过塑钢丝网或定型化钢网作为围挡。

(2) 适用条件:可移动钢箱既适用于陆域桩基施工,也适用于水域桩基施工;砌筑式泥浆池仅适用于陆域桩基施工。

(3) 施工优点:可移动钢箱与装配式围挡安装方便快捷,实现装配化安装,安装功效高,可周转性高。同时,便于悬挂"施工重地,闲人免进""当心落物""当心坠落"等标识标牌与夜间警示灯,做到整齐划一。

2) 泥浆分离净化循环使用

(1) 情况概述:采用泥浆分离机对钻孔泥浆进行净化(图 3-1-5),净化后的泥浆循环使用。

(2) 适用条件:适用于所有桩基钻孔施工。

(3) 施工优点:采用泥浆分离机对钻孔泥浆进行净化,降低泥浆的密度和含砂率,有利于控制桩基施工质量。同时,净化后的泥浆可以循环使用,减少了废浆的产生,有利于环保。

3)"浮瓶法"定位钢筋笼

(1) 情况概述:在顶节钢筋笼上端中心位置吊挂一密封空瓶,钢筋笼下放后,空瓶浮于泥浆之上,利用浮瓶与十字定位光线的位置重叠控制钢筋笼安装精确度。

(2) 适用条件:适用于所有桩基钻孔施工。

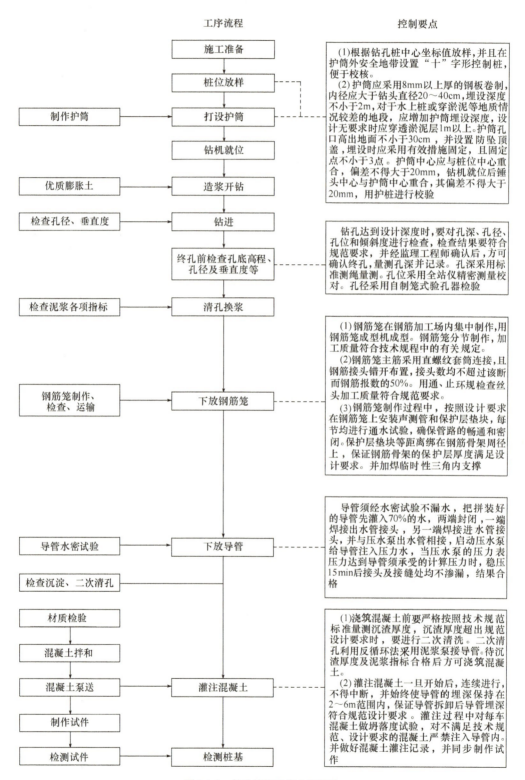

图 3-1-1　钻孔桩施工作业流程图

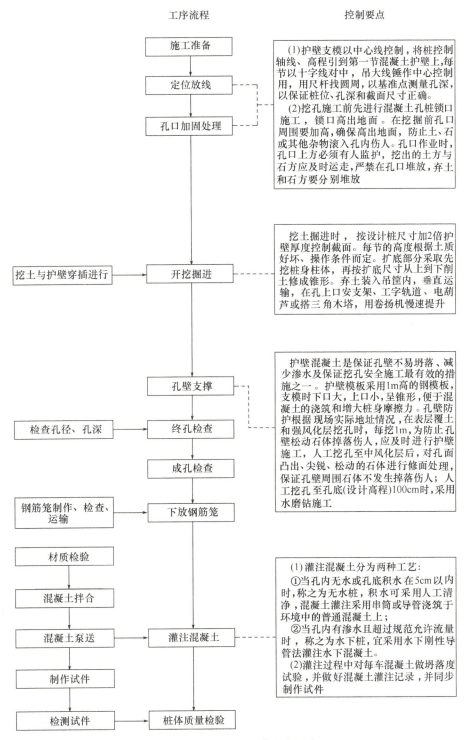

图 3-1-2 挖孔桩施工作业流程图

(3) 施工优点：采用"浮瓶法"对桩基钢筋笼安装进行定位（图 3-1-6），控制钢筋笼安装定位质量，使安装后的钢筋笼位置偏差符合规范要求。

图 3-1-3　砌筑式泥浆池

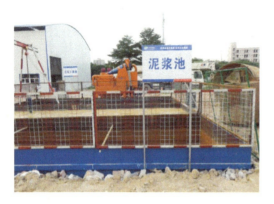 

图 3-1-4　可移动钢箱泥浆池

图 3-1-5　泥浆分离机净化泥浆　　　　　　图 3-1-6　浮瓶法定位钢筋笼

4）超声成孔成槽检测仪

（1）情况概述：成孔后，配备超声成孔成槽检测仪检测成孔质量。下放超声成孔成槽检测仪超声探头至孔内（图 3-1-7），测量钻孔灌注桩成孔孔径、垂直度、垮塌扩缩径位置和倾斜方位，根据检测结果指导现场施工。桩基检测结果见图 3-1-8。

（2）适用条件：适用于所有钻孔灌注桩成孔检测。

（3）施工优点：通过超声成孔成槽检测仪的检测（图 3-1-9），可全方位了解灌注桩成孔孔径、垂直度、垮塌扩缩径位置、倾斜方位及沉渣厚度。根据检测结果,指导现场对钻孔进行针对性修正或沉渣清理,保证成孔质量,有利于控制后续工序的施工质量,提高施工效率和成桩质量。

图 3-1-7　检测仪探头下放

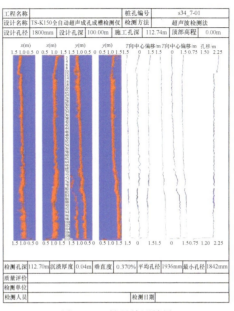

图 3-1-8　桩基检测结果

5)"环切法"破桩头

(1)情况概述:放样量测桩顶位置,先沿桩身四周切割一定深度,然后再进行桩头凿除。

(2)适用条件:适用于所有桩基施工。

(3)施工步骤:采用"环切法"破除桩头,环形切割后,在桩顶位置形成隔离带,防止桩头破除时桩头崩裂,保证桩头的完整性。具体施工工艺如下:

①施工准备及放样。

基坑开挖后,人工整平场地,将桩头四周附着物清理干净。测量人员对桩头位置进行放样,围绕桩头径向确定6处环切高程位置并做好标记,然

图 3-1-9　超声成孔成槽检测仪检测

后用线绳绕桩周将环切标记连接,在承台底高程位置用红油漆沿桩身画出第一道标记线,即切割线;在第一道标记线上方15cm左右处画第二道标记线,即粗凿线(图 3-1-10)。

②桩头钢筋保护层测定。

切割前用钢筋保护层测定仪测定切割线处具体钢筋位置及保护层厚度(图 3-1-11),做好数据记录及标记,并将数据向切割工人进行交底,确保无误后方可进行切割施工。

③环向切割。

图 3-1-10　粗凿线放样标记

用手持混凝土切割机沿切割线环向切割(图 3-1-12),切缝以钢筋保护层测定数据进行控制,不能大于钢筋保护层厚度,切缝深度一般为 3~5cm。切缝过程中,要避免割伤桩基钢筋。

图 3-1-11 桩头保护层厚度检测

图 3-1-12 环向切割

④剥离钢筋。

用风镐剥离切缝以上的钢筋保护层混凝土,剥离时由外向内进行,保证逐根剥离声测管及钢筋(图 3-1-13)。剥离过程中应缓慢,避免损伤声测管和钢筋。钢筋剥离完成后,将钢筋稍微往外压弯,方便桩头的吊离。

⑤打断桩头。

在桩头切割线上 1~2cm 处,沿桩四周均匀布置孔位,孔位设置应避开桩基钢筋。用凿岩打孔机进行打孔,孔深为 8~10cm。打孔完毕后,水平或稍向上插入钢钎,钢钎配置两个夹片,以便取出钢钎(图 3-1-14)。加钻顶断桩头后,及时取出钢钎。

图 3-1-13 钢筋剥离

图 3-1-14 插入钢钎顶断桩头

⑥桩头吊离。

在桩头混凝土侧壁的同一水平面位置的四个象限点位置对称钻眼,并打入钢钎。将钢丝绳固定在钢钎上,利用起重机垂直起吊,将桩头混凝土整体吊出基坑。吊离过程中人员保持安全距离,以防桩头掉落发生安全事故。

吊桩头施工示意图如图 3-1-15 所示,"环切法"破桩头成品如图 3-1-16 所示。

图 3-1-15 吊桩头施工示意图

图 3-1-16 "环切法"破桩头成品

6) 回填非密实土体桩基施工辅助措施

(1) 情况概述

深圳外环高速公路位于城市建成区,部分施工场地为近些年回填形成,土体固结时间短,回填土体采用钻渣、建筑垃圾、块石、生活垃圾等杂填而成,土体本身空隙大,芙蓉互通采石坑区域尤为典型,非常不利于桩基施工。芙蓉互通采石坑区采用杂填土在饱水状态下虚填至地表,虚填时间较短(均为半年至一年内)。通过查阅芙蓉互通详细地质勘察报告可知,场地揭露的特殊性岩土主要为松散状素填土、杂填土,组成不均匀,成分变化大,堆填时间短,未完成自重固结,呈松散状,工程性质差。桩基施工时容易出现缩径、塌孔、断桩等地质问题,成桩难度大、风险高。钻探过程中松散状填土塌孔明显,大部分钻孔需要下双重或多重套管才能钻进。

施工时,先后进行 7 根试桩,每根桩基均出现频繁塌孔、漏浆等现象。在多次调整泥浆性能指标后,因土质条件太差,未取得实质性效果,无法成孔。其中位于采石坑边缘位置、地质条件相对较好的芙蓉互通主线桥 14-3 号桩基,在浇筑过程中因土体松散,出现塌孔导致浇筑中断。

(2) 辅助措施

对于回填松散土体,在桩基数量较少时,常用且可靠的辅助措施为设置全钢护筒。因芙蓉互通涉及桩基数量较多(约 400 根),且最大深度超过 40m,若采用全钢护筒措施,建设成本较高,经专家论证后,采用高压旋喷桩加固桩基周边土体的辅助措施,以确保桩基成孔与成桩。

辅助措施方案:高压旋喷桩 $\phi 600mm$,以钻孔灌注桩为中心,按照约 60cm 等距布置(图 3-1-17),布置半径为桩径外扩 40cm,共布设 6 根。

(3) 施工步骤

①施工准备。

开工前完成施工现场通路、通电、通水及场地平整。清除障碍物,然后整平、夯实。使用全站仪放出桩基中心点位置,并将桩中心引至四周后插打定位桩,之后定出护筒位置,埋设钢护筒,并反算出旋喷桩中心点位。每根旋喷桩单独插打钢筋对中(图 3-1-18),确保桩孔位置精确。

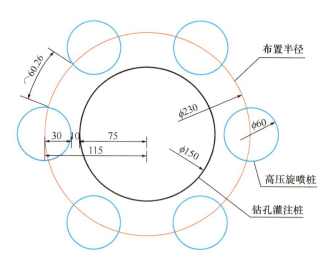

图 3-1-17　高压旋喷桩布置平面图(尺寸单位:cm)

图 3-1-18　旋喷桩钢筋对中

②引孔钻进施工前,对钻机调平、钻杆竖直度再次进行复核,确定无误后进行钻进施工。钻孔时,根据地质勘察报告的相关描述(钻探过程中松散状填土塌孔明显,大部分钻孔需要下双重或多重套管才能钻进),为防止引孔塌孔而卡钻,设置套管。钻杆预先套在套管内,钻进一节再整体拼接钻孔、套管(图 3-1-19)继续钻进。钻进过程中因采石坑土体孔隙率大、地下水丰富(图 3-1-20)且存在砖块等建筑垃圾,反复提钻与钻进增强护壁,避免大范围塌孔卡钻。钻进过程中,根据土层需要,采用射水法辅助钻进。钻到孔底后,及时下放 PVC 管护壁,防止因土质松散导致塌孔。

图 3-1-19　钻杆、套管拼接

图 3-1-20　地下水丰富,钻进冒水量大

③下放 PVC 管。

引孔至设计岩面后,复核孔深是否满足要求,确认无误后引孔钻机提升拆卸钻杆。套管暂时留在孔内,起到保护孔壁作用,并方便 PVC 管下放安装,确保 PVC 管竖直度。

PVC 管下放（图 3-1-21）至孔底后，顶节管口用塑料盖封盖严实（图 3-1-22），防止杂物掉落堵塞 PVC 管，影响旋喷钻杆下放。PVC 管安装完毕后拔出套管，进行旋喷注浆施工。

图 3-1-21　PVC 管下放

图 3-1-22　塑料盖封盖顶节管口

④水泥浆拌制。

旋喷桩喷射的水泥浆利用搅拌机在现场拌制，水灰比为 1∶1。现场拌制完成的水泥浆工作性能检测合格后，方可进行注浆施工。

⑤旋喷注浆。

当钻进设计深度后，由下向上旋喷，同时将多余浆液清理排出。旋喷施工前需进行射水试验，检验旋喷机工作性能，机械试运行正常后方能进行旋喷注浆施工（图 3-1-23）。

旋喷过程中遇到孔隙率较大的地层时，放缓提升速度，并反复旋喷。

图 3-1-23　旋喷机注浆

3.1.5　改进提升建议

（1）桩基在设计阶段时应注意尽量将桩径统一，以便实现钢筋笼全部采用智能化设备进行生产，同时减少护筒、钻头、探孔器等的投入量，降低生产成本。

（2）城市区域地下管线较多，在设计阶段应对地下管线进行充分的调查，设计时尽量规避冲突。同时，对于需要采取防护措施的管线，应同步对管线的防护措施进行设计，确保施工过程安全。

（3）在城市区域，可处置泥浆与钻渣的场地非常受限，使得泥浆与钻渣的处置成本高，在后续项目建设时，在清单中设置专项费用，有利于项目文明施工与环保管控。

（4）在城市建成区，勘察阶段若发现存在非常不利于桩基施工质量的土体，常规工艺已无法满足桩基施工的需求，应在设计阶段进行相关专项施工辅助措施设计，以保障工程顺利施工。同时，将增加专项施工辅助措施的费用纳入概算中，防止出现超概算现象。

3.2 承台(系梁)施工

3.2.1 施工条件

城市桥梁跨越地方道路时,墩位大多布置在道路两侧,特别是跨越道路交叉口时,临近路口、人行道和市政地下管网等设施。承台基坑开挖和结构施工过程中面临道路和管网结构受损破坏、占道施工导致交通受阻不畅、引发道路交通事故等风险隐患,这就要求施工单位在承台施工准备和施工阶段要本着"快速、安全、优质"的原则,制定详细的施工组织方案和施工控制要点来指导施工。

路口承台典型平面位置如图 3-2-1 所示。

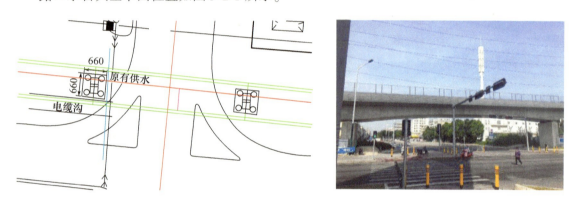

图 3-2-1　路口承台典型平面位置图(尺寸单位:mm)

3.2.2 施工组织重难点

1)地下管线保护

(1)风控分析

因城市地下管网(燃气、给水、排水、通信、电力、监控)往往布设于市政道路两侧,虽然建设单位可能提供有关管线平面位置及高程,但往往由于城市地下管线的变迁,竣工图和实际情况不同,新建跨(临)路桥梁基础施工前如盲目开挖破坏既有管网,轻则给当地居民生活带来不便,重则引发安全事故。

(2)采取措施

进场前必须优先探明地下管线埋设分布和准确位置。通过物探和人工挖探沟方式,对照复核管网布置图或改迁设计图的合理性和完整性,确定该基础开挖范围确无管线或有管线迁移后,做好地面标识,方可进行施工。

对于不需迁改或改移后已不在安全保护范围但位于安全控制范围内的基础,开挖施工采取钢板桩支护、严禁在管线周边堆放材料等保护措施,避免周边土受到扰动对管线造成破坏。

2）交通组织

（1）风控分析

基础紧邻道路，基坑开挖后和材料运输、吊装等过程中存在基坑坍塌、临边坠落、侵限碰撞、易发生交通事故等风险。

（2）采取措施

做好地面标识和路口交通疏导，设置醒目交通警示提醒标志，专人指挥协调施工路口车辆出入，吊装作业专人指挥，占道施工做好警戒标识和交通疏导。

基坑采用钢板桩支护，钢板桩高出地面1.2m，临路侧设置防撞墩，对钢板桩围堰支护进行位移和变形监测，避免路面塌陷或周边管网偏压受损。

场地周边做好封闭围挡，设置标准工地出入口，不具备设计封闭围挡条件的，设置水马、铁马等隔离设置，并挂设警示标志。

3）环境保护及水土保持

（1）风控分析

基坑开挖土方和施工场地雨后易导致泥水漫流和车辆带泥上路，污染道路和堵塞排水管道。

（2）采取措施

基坑开挖土直接装车运至弃土场，严禁在现场堆积，消除污染源。

场地进行平整，周边设置场内排水沟和沉淀池，临路侧设置拦水坎，严禁场内雨水和施工用水直接流入道路，阻断污染路径。

根据施工出入口管辖段落内的工作量大小，在路口设置自动洗车槽或路口硬化人工冲洗设施，严禁车辆带泥上路。洒水车每日对施工便道和路口进行洒水降尘除污。

4）结构施工

（1）风控分析

在路口交通组织、地下管线保护、水土保持等安全环保压力下，常规承台施工方法已不满足城市建设要求，需采取快速、安全的工艺措施，缩短施工周期，最大限度降低施工安全风险，做到环保和文明施工。

（2）采取措施

基坑开挖采取钢板桩围堰支护措施，钢板桩围堰净尺寸大于承台设计尺寸，代替模板采取满灌法，以最大限度确保道路和管网结构安全，缩短施工时间。

钢板桩围堰满灌法平面、断面图如图3-2-2所示。

采用环切法破桩头，可提高桩头质量，降低桩头返工处理风险。

钢筋在钢筋加工厂弯曲中心集中加工，确保钢筋加工成型尺寸准确和弯曲精度，提高钢筋绑扎和安装工效。

承台、墩柱钢筋安装采用整体绑扎吊装工艺，缩短现场安装时间。钢筋笼在钢筋加工场整体绑扎成型、运输车运至现场，汽车起重机整体吊装安装到位。对于不满足道路运输的大尺寸承台钢筋笼，通过现场整体绑扎成型后再进行吊装。

城区临路承台施工工艺流程如图3-2-3所示。

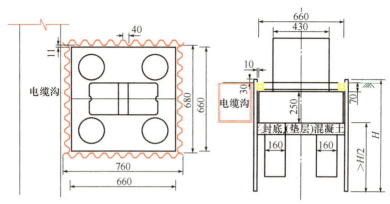

图 3-2-2 钢板桩围堰满灌法平面、断面图(尺寸单位:cm)

注:1. 承台开挖时,如涌水量大可采用水下混凝土封底,如渗水量不大则按承台垫层施工,均设置集水井排除基坑积水。

2. 钢板桩长度根据地质情况设置,原则上钢板桩悬臂部分少于整个长度的1/2。

3. 钢板桩高出地面30cm,避免地表水流入基坑,及防止杂物等落入基坑。

4. 由于混凝土满灌,承台与钢板桩间距以 10~25cm 为宜,横撑只在承台顶设置一道,根据现场实际情况决定是否需要设置。

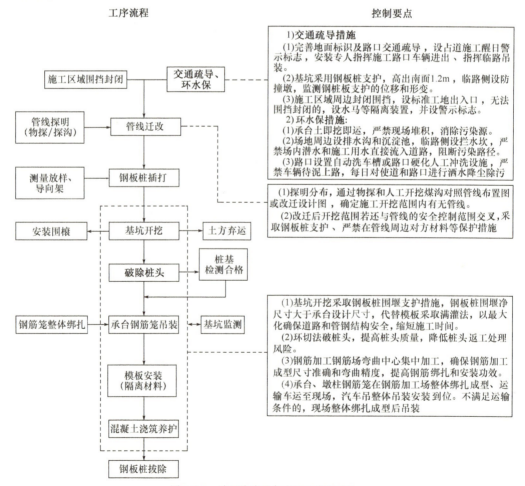

图 3-2-3 城区临路承台施工工艺流程图

3.3 墩柱、盖梁施工

3.3.1 施工条件

深圳外环高速公路(深圳段)项目主线桥梁平均墩高约22m。部分墩高甚至达到25m左右。高墩数量居多,且墩柱形式多样化,此外部分区域为躲避现有管涵等构造物,导致墩柱距离过大,盖梁只能做成大跨径的门式墩预应力盖梁,给墩柱、盖梁施工造成了很大困难。

3.3.2 组织管理

1) 资源配置

当现场实际情况发生变化时,可根据现场实际施工情况对单个墩位墩柱、盖梁施工的资源配置进行调整,主要人员配置如表3-3-1所示,主要设备资源配置如表3-3-2所示。

主要人员配置参考表　　　　　　　　表3-3-1

序号	工 种	单 位	数 量	备 注
1	起重工	人	2	负责指挥现场起重作业
2	司索工	人	1	
3	钢筋工	人	4	含钢筋安装工作
4	模板工	人	4	包括混凝土浇筑
5	电工	人	1	负责机械设备及用电修理
6	杂工	人	1	

主要设备资源配置参考表　　　　　　　　表3-3-2

序号	机械设备	单 位	数 量	备 注
1	汽车起重机	台	1	
2	混凝土运输车	台	8	混凝土运输
3	平板车	台	1	钢筋运输
4	泵车	台	2	混凝土浇筑
5	振动棒	个	8	混凝土振捣
6	电焊机	台	2	钢筋工程
7	装配式安全爬梯	套	1	

2) 安全行为管理

班组与工种划分:

单个墩位墩柱、盖梁施工共一个施工队伍,分为4个作业班组,具体划分如表3-3-3所示。

墩柱、盖梁施工班组划分参考表　　　　　　　　　　表3-3-3

班　组	工　种	单　位	数　量	备　注
班组1	电焊工	人	1	
班组2	钢筋工	人	4	
班组3	模板工	人	4	包括混凝土浇筑
班组4	杂工	人	1	负责临时工作及养护

3.3.3　工艺控制

为确保墩柱施工安全、顺利进行，墩柱采用装配式施工平台+一模到顶、包围支架+翻模法进行施工，具体施工方式如表3-3-4所示。

盖梁施工方式分类统计表　　　　　　　　　　表3-3-4

序　号	影响因素	防护方式
1	矮墩、方柱	装配式施工平台+一模到顶
2	高墩、花瓶墩	包围支架+翻模施工

可根据实际情况采用落地支架法、穿心钢棒法、抱箍法方式进行盖梁施工，具体施工方式如表3-3-5所示。

盖梁施工方式分类统计表　　　　　　　　　　表3-3-5

序　号	影响因素	支撑形式	备　注
1	高墩+小墩间距+方柱	穿心钢棒+型钢承重梁	型钢承重梁可替换为321型贝雷架
2	高墩+小墩间距+圆柱	抱箍+型钢承重梁	
3	大墩间距+门式墩盖梁	盘扣支架	

1）墩柱施工流程

墩柱施工流程如图3-3-1所示。

2）盖梁施工流程

盖梁施工流程如图3-3-2所示。

3.3.4　品质创新

1）墩柱装配式施工平台

情况概述：采用装配式施工平台，可与墩柱模板一同安装，形成施工与防护一体的平台，进行模板螺栓安装等工作，如图3-3-3所示。

适用条件：该装配式施工平台适用于墩高较低、形式较为常见的方柱形式的墩柱施工。

施工优点：占用空间少，自带施工操作平台，安装方便快捷，缩短了施工时间；实现装配化安装，安装工效高，安拆成本低，周转性高。

2）墩柱包围支架施工平台

情况概述：采用包围支架施工平台，在处理过的基础上搭设包围支架，然后在工作层安装通道,铺设防坠网进行墩柱施工,如图3-3-4所示。

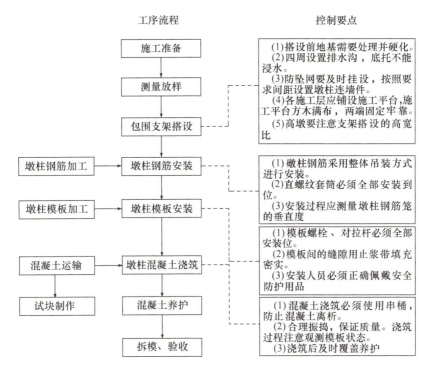

图3-3-1 墩柱施工流程图

适用条件:该装配式施工平台适用于高墩、花瓶墩等异形墩柱施工。

施工优点:应用范围广,尤其适用于非常规样式的墩柱施工;安全性高,对模板用量需求较少,可采用翻模施工。

施工缺点:对基础要求较高,搭设时间较长,必须考虑支架搭设时的高宽比。

3) 钢棒+型钢盖梁承重体系

情况概述:盖梁采用钢棒或者抱箍+型钢或贝雷架作为盖梁施工的承重体系,放弃落地支架施工方式。

适用条件:适用于高墩且墩间距不大、落地支架搭设受地形限制条件下的盖梁施工。

施工优点:能最大限度地减少支架投入,占用空间小。支撑体系做成装配式,实现装配化安装,安装工效高,安拆成本低,可重复利用,周转性高。

盖梁支撑体系施工步骤详细分解如下:

(1)高空作业车辅助安装钢棒

盖梁采用ϕ140mm钢棒作为基础承重构件,单根钢棒质量 $m = 0.7 \times 0.7 \times 3.14 \times 7850 = 362.4$(kg),质量过大导致移动困难,加之在高空作业,难度系数更大。为解决钢棒安装问题,项目采用起重机+高空作业车进行安装。采用起重机起吊钢棒,人员通过高空作业车进行安装操作。吊装过程中人员全程在高空作业车笼中并系挂安全带。采用这种安装模式,省时省力,提高了钢棒安装效率,如图3-3-5所示。

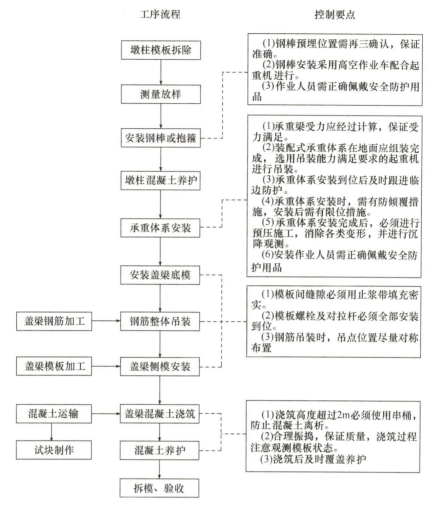

图 3-3-2 盖梁施工流程图

图 3-3-3 装配式施工平台

(2) 定型钢棒垫板

钢棒为圆形体,为防止安装后的钢棒不转动,在钢棒顶部安装一块带圆弧的钢垫板(图 3-3-6),钢垫板不仅能限制钢棒转动,还可以将上部传递下来的力均匀分布到钢棒上。

图 3-3-4　包围支架施工平台

图 3-3-5　钢棒安装

图 3-3-6　钢棒垫板

(3) 型钢行走平台

为保证施工人员在型钢吊装到位后,可以在型钢上行走进行后续操作,在型钢吊装之前,在地面给型钢底部翼板上焊接长 60cm、间距为 50cm 的槽 10 型钢,然后在槽 10 型钢顶部焊接镀锌钢丝网,形成人员行走的初步平台,进行后续施工操作,如图 3-3-7 所示。

图 3-3-7　外侧型钢行走平台

(4) 单侧型钢防侧翻装置

单侧型钢吊装到位后,由于单侧槽10型钢悬臂,整个构件体系处于偏心受力状态,为保证其稳定性,利用5t的手拉葫芦将型钢连在墩柱钢筋上,防止侧翻,如图3-3-8所示。

图 3-3-8　型钢防侧翻手拉葫芦

(5) 增强型钢整体稳定性装置

墩柱两侧的承重梁安装到位以后,采用精轧螺纹钢对拉,增强承重梁的整体稳定性,精轧螺纹钢对拉间距可根据现场实际情况而定,如图3-3-9所示。

(6) 型钢平台防坠措施

除外侧型钢行走平台外,为防止作业人员从内部空档掉落,在两侧型钢之间挂设防坠网(图3-3-10、图3-3-11),这样型钢两侧、型钢内侧防坠措施全部防护到位,可最大限度保证施工人员安全。

图 3-3-9　精轧螺纹钢对拉

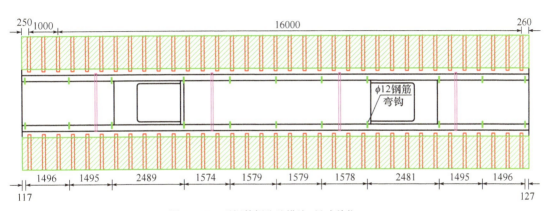

图 3-3-10　型钢外侧防坠措施(尺寸单位:mm)

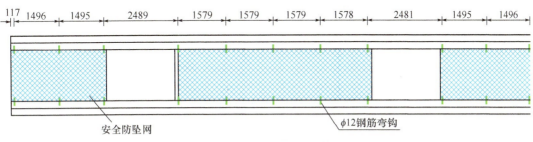

图 3-3-11　型钢内侧防坠网(尺寸单位:mm)

4) 全封闭装配式爬梯

情况概述:爬梯基础必须经过夯实处理,并设置排水沟保证排水通畅。装配式爬梯应与已完工墩柱间隔 4m 设置一道"井"字连墙件,连墙件采用槽钢制作,爬梯通过槽钢与墩柱固定在一起。爬梯安装完必须经验收合格方可投入使用,如图 3-3-12 所示。

适用条件:适用于盖梁施工时人员上下。

施工优点:装配式爬梯可周转使用,装配式爬梯拆卸方便,安装快捷,周转性高,能大幅降低盖梁施工时的材料投入。

5) 承重体系拆除防坠落安全绳

情况概述:盖梁施工完毕,模板及承重体系拆除时,搭设时采取的各项安全设施会逐步被拆除,人员面临高空坠落的风险。因此在盖梁挡块预埋环形筋,设置封闭的环形安全绳,将安全带系挂在安全绳上进行拆除作业,如图3-3-13所示。

图3-3-12 装配式爬梯

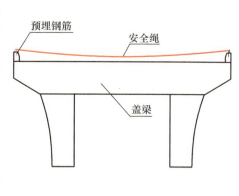

图3-3-13 盖梁挡块安全绳设置

适用条件:适用于盖梁模板及支撑体系拆除施工。

施工优点:安全绳的设置简单易操作,安全带系在安全绳上可保证施工人员拆除全程的安全性。

6) 支座安装平台

情况概述:一般情况下,垫石必须在盖梁施工支架及平台拆除前完成施工,特殊情况下,需要设置垫石施工防护平台,如图3-3-14所示。

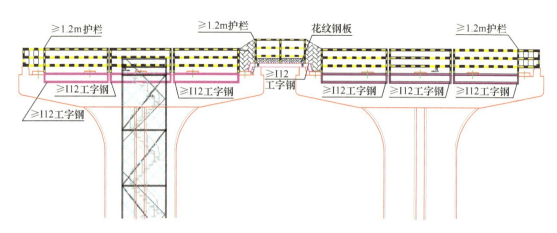

图3-3-14 垫石施工防护平台

适用条件:部分垫石施工在盖梁支架平台拆除后的情况下。

施工优点:采用装配式防护栏杆,安装工效高,安拆成本低,可重复利用,周转性高。

3.3.5 改进提升建议

墩柱在设计阶段时应注意尽量形式统一,以便能减少模板投入量,降低生产成本。

3.4 悬浇梁施工

3.4.1 施工条件

深圳外环高速公路(深圳段)项目松岗南互通立交是全线最为复杂的一处4层互通立交,主桥在上跨广深高速公路和107国道时上部结构采用50m+2×88m+50m的预应力混凝土连续箱梁,采用挂篮悬浇施工。其中广深高速公路交通流每10min约540辆,107国道交通流每10min约1600辆,如图3-4-1、图3-4-2所示。

图3-4-1 挂篮悬浇施工过程图　　　　　图3-4-2 挂篮悬浇完成效果图

因地处繁华街区,同时上跨高速公路和城市主干道,施工条件受限。在施工组织时必须考虑下述因素。

1)挂篮拼装空间不足

(1)原因分析:单肢挂篮长度为5m,挂篮前端距离主墩距离为8.4m,而广深高速公路护栏距离主墩距离只有7.5m,挂篮拼装空间不足。

(2)导致结果:常规施工方法无法满足有限施工空间下的挂篮拼装作业,需采取其他措施,在保证安全的前提下,进行挂篮拼装作业。

2)禁止任何物体掉落在路面上

(1)原因分析:由于连续刚构施工上跨广深高速公路和107国道,车流量大、车速高,即使小体积物体掉落碰到高速行驶的车辆也极易引发事故,造成的负面影响不可估量。若采用设计图中给出的在广深高速公路和107国道上方设置防护棚施工方法,存在施工工期过长、材料损耗大、安装过程跨路吊装风险大,并且在连续刚构施工完成后,拆除防护棚时会出现净空不足的风险。

(2)导致结果:对连续刚构挂篮悬浇施工采用专门的安全防护措施,充分考虑上跨施工的安全性。做到万无一失,确保任何物品不会掉落。

3）挂篮需后退至 0 号块位置拆除

（1）原因分析：中跨合龙后，合龙所用挂篮正好位于广深高速公路和 107 国道的正上方，若直接下放至地面，会导致广深高速公路及 107 国道交通瘫痪，后果严重。

（2）导致结果：挂篮合龙后，只能采取其他措施，避开广深高速公路及 107 国道，在有合适空间的地方下放。

3.4.2 组织管理

1）资源配置

0 号块、悬臂浇筑、合龙段施工一个作业面资源配置见表 3-4-1、表 3-4-2。当现场实际情况发生变化时，可根据现场实际施工情况进行调整。

主要人员配置参考表　　　　　　　　　　　　　　　表 3-4-1

序号	工种	单位	数量	备注
1	起重工	人	2	负责指挥现场起重作业
2	司索工	人	1	
3	电焊工	人	2	
4	钢筋工	人	10	含预应力施工
5	模板工	人	6	包括混凝土浇筑
6	电工	人	1	负责机械设备及用电修理
7	张拉压浆工	人	6	
8	杂工	人	1	

主要设备资源配置参考表　　　　　　　　　　　　　表 3-4-2

序号	机械设备	单位	数量	备注
1	塔式起重机	套	1	
2	挂篮	套	1	
3	千斤顶	台	8	
4	汽车起重机	台	1	
5	混凝土运输车	台	8	混凝土运输
6	平板车	台	1	钢筋运输
7	泵车	台	2	混凝土浇筑
8	振动棒	个	8	混凝土振捣
9	电焊机	台	2	钢筋工程
10	智能张拉设备	套	1	张拉
11	全站仪	台	1	
12	水准仪	台	1	
13	螺旋千斤顶	台	4	挂篮吊杆调整
14	智能压浆机	套	1	压紧
15	张拉机具	套	1	
16	装配式安全爬梯	套	1	

2）安全管理

（1）班组与工种划分。单个墩位两个悬臂段共一个施工队伍，分为 5 个作业班组，具体划分见表 3-4-3。

挂篮悬浇班组划分参考表　　　　　　　　　　表 3-4-3

班组	工　种	单　位	数　量	备　注
班组 1	电焊工	人	4	
班组 2	钢筋工	人	10	含预应力管道、穿束施工
班组 3	模板工	人	6	包括混凝土浇筑
班组 4	张拉压浆工	人	6	负责机械设备及用电修理
班组 5	杂工	人	1	负责临时工作及养护

（2）挂篮行走工序如图 3-4-3 所示。

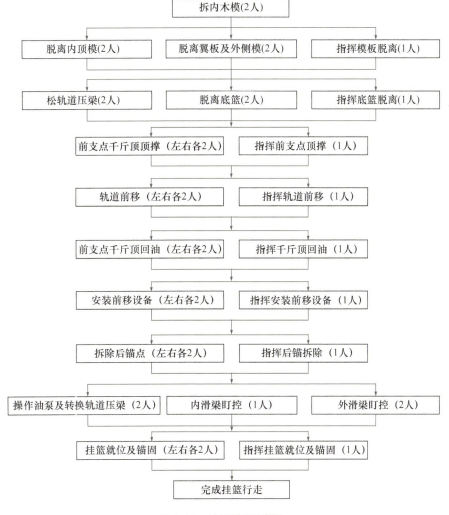

图 3-4-3　挂篮行走工序图

(3)为保证施工人员稳定,建议采取以下措施:
①根据作业人员自身特点划分为不同的施工班组及工种。
②为各工种人员分别进行安全技术交底。
③以老带新,力争尽快熟悉各自岗位工作。
④熟悉岗位后,各个岗位定岗工作,不允许替换交叉作业。
⑤制作单兵技术交底卡,各人员按照交底卡进行各自工作。

3.4.3 工艺控制

为确保连续刚构悬浇梁的顺利进行,0号块施工采用占地面积更少、施工更高效的装配化托架进行施工。

连续刚构悬浇梁施工采用挂篮悬浇施工方式,挂篮采用全封闭防护网,保证跨路施工过程中的安全性。

挂篮中跨合龙时,采用单肢挂篮,另一肢的挂篮需要退回至0号块位置。

挂篮拆除时,由于合龙位置均位于广深高速公路及107国道中分带,无法直接下放,挂篮需退回至各自墩位0号块位置,再进行拆解下放施工。

1)0号块施工流程

0号块施工流程如图3-4-4所示。

2)挂篮悬臂浇筑施工流程

挂篮悬臂浇筑施工流程如图3-4-5所示。

3.4.4 品质创新

1)0号块装配化托架

(1)情况概述:连续刚构0号块采用装配化托架施工,利用预埋钢箱+精轧螺纹对拉杆+装配化托架施工0号块,如图3-4-6、图3-4-7所示。

(2)适用条件:该装配化托架适用于无充足空间搭设落地支架的情况。

(3)施工优点:占用空间少,不需设置落地式钢管支架,减少了耗材,提升了施工时间。托架全部机械连接,实现装配化安装,安装工效高,安拆成本低,周转性高。

2)反力架+千斤顶预压

(1)情况概述:千斤顶反压式预压施工,采用在墩顶设置预埋筋+反力架+千斤顶形式进行,如图3-4-8所示。

(2)适用条件:适用于普通连续刚构0号块预压,不受空间限制。

(3)施工优点:千斤顶反压式分级预压,构件成本低,工期短,周转性高,有效提高了预压精度,降低了吊装作业及小范围内大量堆载的安全风险,节约了预压的施工时间,实现了预压工程的高效施工。

3)全封闭防护网

(1)方案概述:挂篮施工过程中,侧面及底部全部采用整体全封闭防护网,如图3-4-9所示。

(2)适用条件:适用于跨河、跨路等影响交通位置的挂篮悬浇施工防护。

(3)施工优点:适用于交通流量巨大的道路跨线施工,既能保证下方道路通行不受影响,又能保证施工的正常进行,实现跨路工程的安全施工。

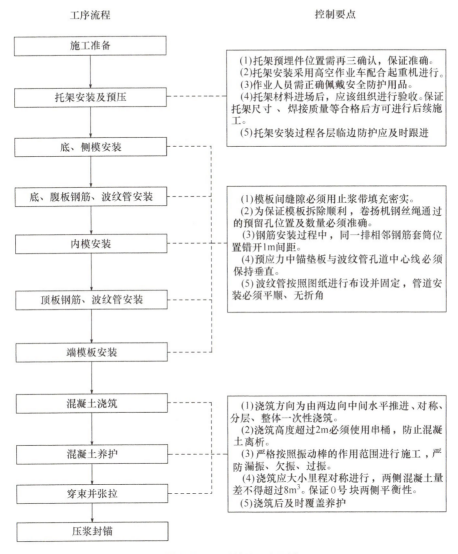

图 3-4-4　0 号块施工流程图

4)狭小空间挂篮提升

(1)方案概述:由于单侧 0 号块长度 5m,1 号块长度 3m,单肢挂篮长度 5m。挂篮底模垂直上吊时,会碰撞广深高速公路护栏,存在严重安全隐患,如图 3-4-10 所示。

(2)适用条件:适用于挂篮拼装空间不足的情况。

(3)施工优点:在有限的施工作业范围内,保证挂篮提升到位。

为确保底模吊装安全顺利,采取"三步走"的方式进行吊装作业:

(1)吊具 A、吊具 B 保持同步提升速度,挂篮底模同步提升,如图 3-4-11 所示。

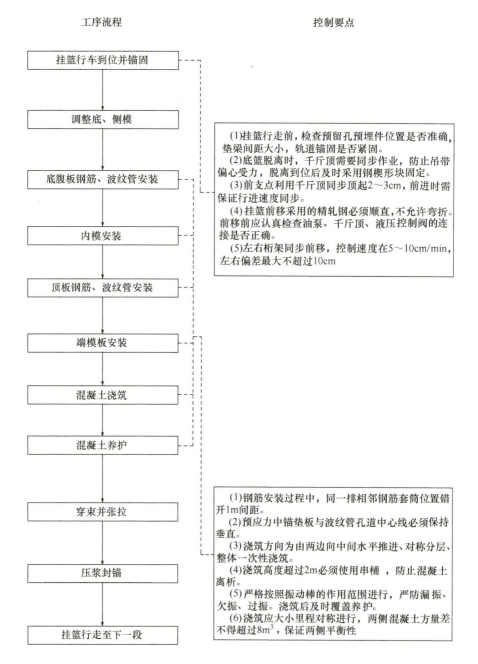

图 3-4-5 挂篮悬臂浇筑施工作业流程

(2)靠近广深高速公路护栏时,吊具 B 速度提升,吊具 A 速度降低,形成速度差,将底模由水平状态提升至倾斜状态,如图 3-4-12 所示。

(3)顺利通过广深高速公路护栏位置后,提升吊具 A 起升速度,降低吊具 B 起升速度,待底模由倾斜运动至水平状态后,再同步提升,至底模顺利落位,如图 3-4-13、图 3-4-14 所示。

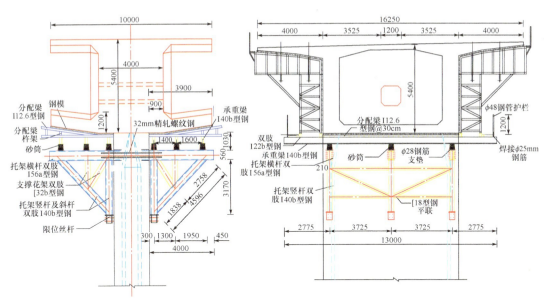

图 3-4-6 装配化托架构造图(尺寸单位:mm)

图 3-4-7 现场实际施工图

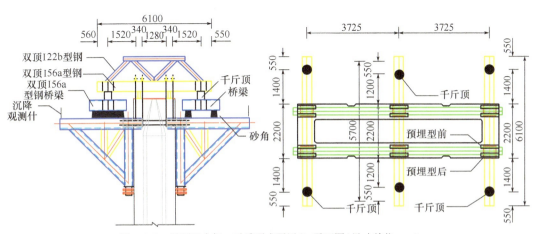

图 3-4-8 墩顶反力架+千斤顶式预压立、平面图(尺寸单位:mm)

图 3-4-9　挂篮全封闭防护网

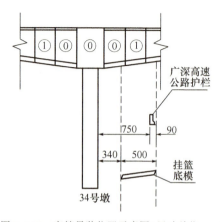

图 3-4-10　底篮吊装位置示意图（尺寸单位：mm）

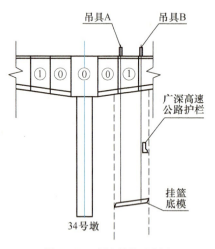

图 3-4-11　同步吊装示意图

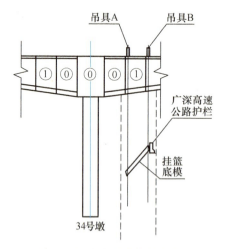

图 3-4-12　倾斜吊装状态示意图

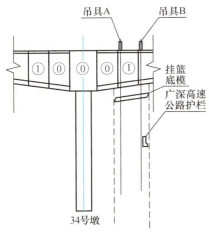

图 3-4-13 底模落位状态示意图　　图 3-4-14 底模落位状态示意图

5）平衡法合龙施工

(1) 方案概述：边跨合龙后，中跨合龙采用单肢挂篮进行，单肢挂篮合龙施工过程中，与之相邻的挂篮需要后退，为合龙施工腾出空间，如图 3-4-15 所示。

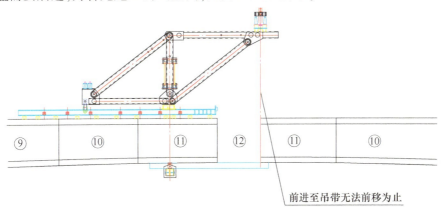

图 3-4-15 合龙挂篮前进示意图

挂篮前移到位后，根据桥梁线型设置合龙段平衡水袋。平衡水袋上设置流量表，根据挂篮后退速度控制水袋进水量。合龙段施工时，一边进行混凝土浇筑，一边减小平衡水袋自重，使合龙段处于平衡加载过程中，如图 3-4-16 所示。

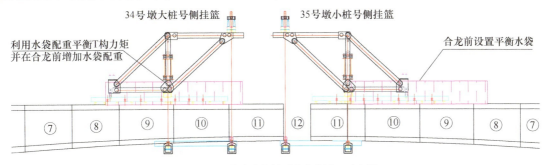

图 3-4-16 中跨合龙前平衡水袋设置示意图

相邻位置挂篮后退时,也应该设置平衡水袋来抵消支墩两侧因挂篮后退导致的不平衡弯矩,每后退 10m,应对挂篮线形高程进行一次复测,根据高程数据控制平衡水袋注水量,保证挂篮悬臂的平衡性,如图 3-4-17 所示。

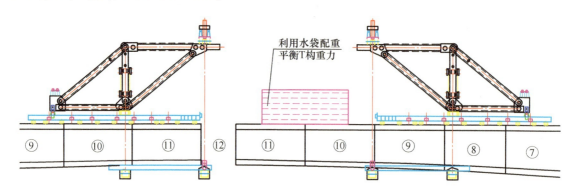

图 3-4-17 挂篮后退时平衡水袋设置示意图

合龙前注意观测气温变化及气温引起的梁体竖向和水平向相对位置变化的关系,连续观测时间不小于 48h,以确定浇筑合龙段混凝土的时间区段。

(2)适用条件:适用于合龙位于既有道路上方的情况。

(3)施工优点:通过水袋及高程测控,实现挂篮悬臂端的精确平衡,保证在挂篮行走过程中两个悬臂端的稳定性,提升悬臂施工未合龙之前的安全性。

6)挂篮移动拆除

(1)方案概述:挂篮受到广深高速公路、107 国道影响,导致挂篮无法直接下放,根据现场作业空间,拟定 33 号墩、37 号墩边跨合龙采用位于边跨上的挂篮进行施工,合龙完后原地拆除挂篮;34～35 号墩中跨合龙段采用 35 号墩小桩号侧挂篮进行合龙,合龙完成后,34 号大桩号侧挂篮、35 号墩小桩号侧挂篮移动至 35 号墩箱梁根部位置进行拆除作业;35～36 号墩中跨合龙段采用 35 号墩大桩号侧挂篮进行合龙,36 号墩小桩号侧的挂篮后退至 36 号墩箱梁根部位置进行拆除作业。合龙完成后,35 号墩大桩号侧挂篮前移至 36 号墩箱梁根部位置进行拆除作业。各墩位挂篮下放位置统计如表 3-4-4 所示,挂篮下放及后退如图 3-4-18、图 3-4-19 所示。

各墩位挂篮下放位置统计表　　　　　　表 3-4-4

序　号	挂篮位置	下 放 位 置
1	34 号小里程	在 33 号墩位置下放
2	34 号大里程	待 34～35 号中跨合龙后,移至 35 号墩下放
3	35 号小里程	合龙 34～35 号中跨后,移至 35 号墩下放
4	35 号大里程	合龙 35～36 号中跨后,移至 36 号墩下放
5	36 号小里程	移至 36 号墩下放
6	36 号大里程	在 37 号墩位置下放

(2) 适用条件：适用于合龙位置位于既有道路上方，无法直接拆除下放的情况。

(3) 施工优点：通过挂篮行走至安全位置拆除，避免了在既有高速公路正上方拆除的危险作业情况，提升了施工安全性。

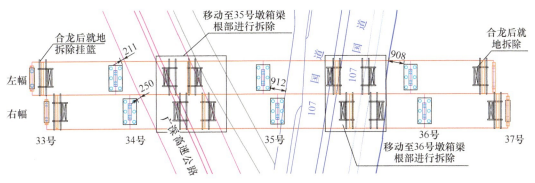

图 3-4-18　挂篮下放及后退示意图（尺寸单位：mm）

3.4.5　改进提升建议

(1) 全封闭防护网在遇到超过一定规模的台风来临前（六级及以上），除底模防护网外，需要拆除侧面及正面高于 1.2m 位置的防护网，待台风过后再设置防护网。因此，建议与专业设计厂家对接，将全封闭防护网设计为装配式外挂网，将台风来临后需要拆除的部分设计成可拆卸式，这样可大幅提升安拆速度及安全性。

(2) 对于跨越繁忙交通高速公路或国道位置的连续箱梁施工，设计上应完善全封闭式的防护结构，以符合《安全生产法》的相关规定，即建设项目的安全设施，必须与主体工程同时设计、同时施工、同时投入生产和使用的"三同时"要求。

图 3-4-19　挂篮下放及后退现场照片

3.5　预制梁施工

3.5.1　施工条件

深圳外环高速公路（深圳段）项目桥梁预制梁跨径分布在 20~40m 范围，结构上分为结构连续与桥面连续两种构造形式。田园立交互通施工范围内，部分匝道平曲线半径较小，最小平曲线半径仅为 200m，属于小半径架梁。预制梁架设作业时，需从工艺上采取针对性措施，以保证小半径架梁的作业安全。

3.5.2 组织管理

预制梁生产与架设涉及特殊工种作业,从安全管理上,单条预制梁生产线与单个架桥班组的特种作业人员基本配置见表 3-5-1、表 3-5-2,其余人员根据施工需求进行配置。当现场实际情况发生变化时,施工人员可根据现场实际进行调整。

预制梁生产特种作业人员配置参考表　　　　　表 3-5-1

序号	工种	单位	数量	备注
1	起重工	人	2	负责指挥现场起重作业
2	司索工	人	2	
3	张拉工	人	3	
4	电焊工	人	3	

预制梁架设特种作业人员配置参考表　　　　　表 3-5-2

序号	工种	单位	数量	备注
1	起重工	人	3	负责指挥现场起重作业
2	司索工	人	2	
3	电焊工	人	2	负责机械设备及用电维修

3.5.3 工艺控制

为确保箱梁施工质量,钢筋采用胎架绑扎整体吊装、外侧模自行式液压模板进行施工,底模使用不锈钢面板。

为确保小半径架梁的安全、顺利进行,采用主梁为三角桁架式结构,配备长度调节、角度调节装置的架桥机进行架梁施工。

1)预制梁施工流程

预制梁施工流程如图 3-5-1 所示。

2)预制梁架设施工流程

预制梁架设施工流程如图 3-5-2 所示。

3.5.4 品质创新

1)自行式液压模板

(1)情况概述:箱梁侧模在台车上拼装成整体,根据梁板实际尺寸使用双向液压油缸进行调节,通过行走轨道模板可移动至生产线的任一台座进行施工。

(2)适用条件:自行式液压模板(图 3-5-3)适用于数量较多的预制梁标准化施工。

(3)施工优点:采用液压系统控制模板的纵横向调节及移动,节约劳动力,提高施工效率。面板采用不锈钢复合板,不易生锈,减少了模板清理等辅助时间,提高了作业效率,缩短了单片箱梁的预制时间,而且模板平整拼缝严密极大,提高了预制箱梁的外观质量。

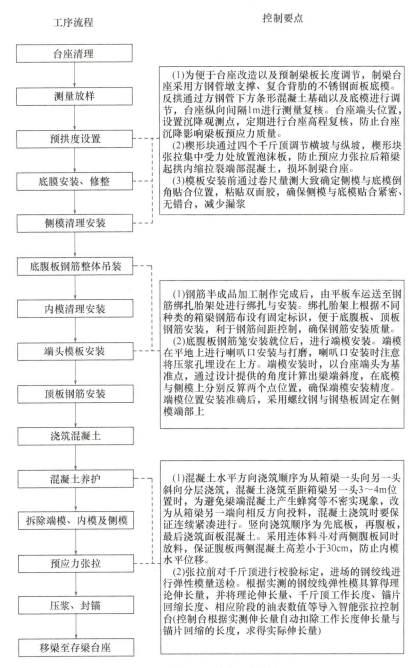

图 3-5-1 预制梁施工流程图

2) 整体式液压抽拔内模

(1) 情况概述: 内模从中间整体分为两段, 配备拆装台车, 将两段内容分别从两端整体抽出。拆除时, 人工拆除模板顶杆及撑杆, 启动单侧模板收缩油缸推动传动杆, 连杆沿着传动杆在竖直面内旋转, 模板收缩, 单侧模板与箱梁脱离; 当单侧模板完全与箱梁脱离, 将模板与拆装台车上的卷扬机连接,利用卷扬机将模板从箱梁内拔出,置于事先准备好的拔模平台上,抽出的内模在拆装台车上整修、拼装,然后整体吊装周转至下一片梁施工。

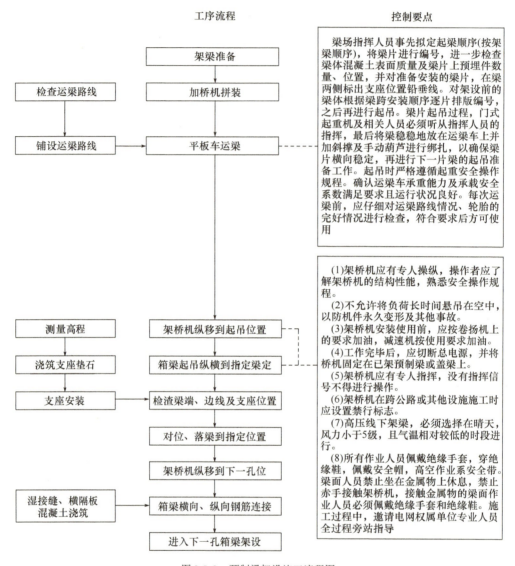

图 3-5-2　预制梁架设施工流程图

(2)适用条件:整体式液压抽拔内模适用于具备场地条件的预制梁标准化施工。

(3)施工步骤:箱梁内模是由箱梁内模、拆装台车、卷扬机三大体系组成。

①整体式液压抽拔内模的设计。

a.箱梁内模。箱梁每节内模分别由模板系统、液压油缸、传动杆、连杆、铰接系统、顶杆、撑杆等组成。

内模液压油缸和液压管道主要控制传动杆带动连杆来掌控内模的收缩和张开(油泵安装在拆装台车上)。内模顶杆采用销接的方法安装到两块内模模板连接处的顶部;内模撑杆由两侧可以调整长度的丝杆和钢管组成。内模撑杆由两侧可以调节的丝杠和钢管组成。

图 3-5-3 自行式液压模板

内模横断面如图 3-5-4 所示。

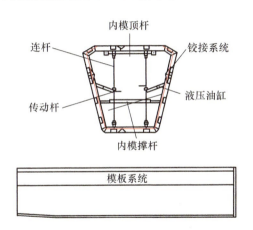 

图 3-5-4 内模横断面

  b. 拆装台车(图 3-5-5)。由平台框架、油泵、模板滑动轮、开合装置、调高装置组成。油泵可以输油、回油,控制内模的收缩与张开。模板滑动轮安装在拔模平台的顶面和侧面,内模落在滑动轮上以后,随着滑动轮的旋转,可以让内模板更容易拔出。开合装置:台车的一侧固定、一侧可以滑动,采用液压油缸缓慢推进可滑动一侧来拼装两块内模形成整体。调高装置设置在拔模平台底部的四角和中部,是可以调整平台高度的丝扣,使拔模平台与内模在同一水平高度。

  c. 卷扬机。作用是箱内模板用液压装置收缩后,卷扬机钢丝绳穿过拆装台车挂住内模,将其缓慢拉出。

  ② 整体式液压抽拔内模安拆施工方法。

  拆除内模时,工人事先钻入内模取下顶杆与撑杆,将取下的顶杆与撑杆取出,分类堆放整齐。检查内模内没有顶杆与撑杆,启动液压油泵,收缩油缸工作,收缩油缸推动传动杆横梁水平运动,连杆绕传动杆上的轴旋转,严格控制液压油泵的速度,确保模板正在收缩的箱梁内模缓慢脱离箱梁混凝土,避免损伤箱梁。

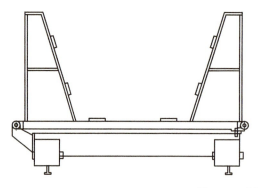

图 3-5-5　内模拆装台车

待模板完全与混凝土脱离、模板折叠缩小、模板之间也相互脱离为止,拆除油泵与收缩油缸之间的油管。启动卷扬机,要求速度缓慢,以免模板触碰箱梁侧壁。模板进入拆装台车,台车底板上设有底滑轮,侧面设有侧滑轮,模板沿着台车侧壁缓慢拔出,全部拔出后置于拆装台车上。将箱梁内模缓慢拉出箱室,采用同样的方法将另一半模板拔出,放置在拆装台车上。

箱梁一端的内模全部拔出,平稳放置在拆装台车上,两块模板两端对齐,启动拆装台车液压油缸,拆装台车两侧板顶着模板缓缓向一起靠拢,拆装台车设有横向限位键的位置为模板合模位置,人工安装顶杆、撑杆,对内模进行再次拼装。整体式液压抽拔内模解决了传统箱梁内模施工人员工作环境恶劣、劳动强度高、工作量大的问题。在箱梁施工过程中整体式液压抽拔内模施工可减少工人在箱梁内的作业时间,改善工人的工作环境,保证工人的职业健康与安全;采用机械化操作,可减少工人人数,提高工作效率,降低施工成本。

内模收缩、台车上拼装如图 3-5-6 所示。

图 3-5-6　内模收缩、台车上拼装

3)门式起重机触滑槽走线

(1)情况概述:通过集电器随着门式起重机行走在线槽内的滑动,实现对多台门式起重机的实时供电(图 3-5-7)。

(2)适用条件:供电安全滑触线装置可用于电动葫芦、电动梁式起重机和桥式起重机。

(3)施工优点:供电安全滑触线外壳由高绝缘性能的工程塑料制成。外壳防护等级可根据需要达到 IP13～IP55 级,能防护雨、雪、霜和冰冻袭击以及异物触及。导电器移动灵活,定向性能好,可有效控制接触电弧和串弧现象。供电安全滑触线装置将多极母线集合于一根导管之中,组装简便。其固定支架、连接夹、悬吊装置,均以通用件供应,装拆、调整、维修十分方便。

图 3-5-7　门式起重机触滑槽走线

4)预制梁钢台座

(1)情况概述:为便于制梁台座建设、后续各类梁板的适应性改造,制梁台座采用方钢管支墩支撑、复合背肋钢模,方钢管通过与基础中预埋的角钢焊接固定作为支撑体系(图3-5-8),底模面板采用组合不锈钢板。

图 3-5-8　预制梁方钢管台座

(2)适用条件:各类预制箱梁台座施工。

(3)施工优点:便于预制梁板长度调节,预制梁反拱通过方钢管下方条形混凝土基础及底模进行调节。钢制台座可提高材料的利用率,有利于周转使用,方便定期进行台座高程复核、调整。

5)编束、穿束

(1)情况概述:预制梁钢绞线采用单根编号整体穿束,确保钢绞线之间贴合紧密,根与根之间不扭绞(图3-5-9、图3-5-10)。

图 3-5-9　钢绞线逐根编号

图 3-5-10　锚片梳理钢绞线避免扭绞

(2)适用条件:各类预制箱梁张拉施工。

(3)施工步骤。

①将钢绞线逐根编号并粘贴至端头位置(图3-5-11),记号笔与便利贴双重标记确保无误。

②钢绞线逐根穿过锚片,钢绞线编号与锚片标记相对应。

③钢绞线端头整束用胶带缠裹,方便穿孔的同时避免穿束时损伤波纹管。

④人工进行穿孔(图3-5-12),穿孔过程中每隔1.0m用扎丝将钢绞线扎成一束。

图3-5-11 钢绞线端头用胶带缠裹

图3-5-12 人工穿束

6)PVC套管封锚

(1)情况概述:使用PVC套管进行封锚施工(图3-5-13)。

(2)适用条件:预制梁封锚施工。

(3)施工优点:提高封锚施工的质量与效率,避免压浆时浆液从锚片与钢绞线缝隙中流出,有利于控制压浆施工质量。

图3-5-13 PVC套管封锚

7)专用机具凿毛

梁体混凝土拆模养护至规定强度后,采用手持式凿毛机,对箱梁横隔板、翼板箱室内横隔板位置等连接位置进行凿毛处理,凿毛以露出新鲜粗集料为宜(图3-5-14)。

8)小半径架梁

(1)情况概述:常规架桥机能架设半径大于400m的平曲线预制梁,本项目架设半径小于400m(含前后位于缓和曲线上的梁)、拼宽桥与老桥交界处的斜交梁共9处280片,全部位于海域内。项目架桥机采用主梁为三角桁架式结构调节长度、中托轮可调节角度进行架梁施工。

图 3-5-14　连接位置凿毛

（2）适用条件：架设半径小于 400m 的平曲线预制箱梁。

针对箱梁架设中存在的不安全因素，从架桥机选型、架桥机拼装、架桥机的过孔与预制梁架设四个方面提出针对性技术措施。通过上述技术措施，成功解决了深圳外环项目小半径架梁施工难题，可为其他类似工程提供参考。

（3）施工步骤：架设方案以半径最小（$R=200m$）为例。

①架桥机选型。

选用具备架设斜交桥和小半径桥梁的功能架桥机，并具备相应资质。其各部位连接构件说明如图 3-5-15、图 3-5-16 所示。

图 3-5-15　架桥机前、中支腿处桁联结构　　　图 3-5-16　架桥机中支腿处桁联结构

②架桥机拼装步骤（表 3-5-3）。

架桥机拼装步骤　　　　　　　　　表 3-5-3

序号	步　骤	说　明	附　图
1	中支腿横移轨道安装	架桥机在横移梁轨道上运行架设预制梁，所以横移轨道安装很重要，基础必须坚实牢靠，纵向和横向均应校平后方可使用	

续上表

序号	步骤	说明	附图
2	中支腿安装	中支腿进场时已安装成一个整体,采用50t起重机直接起吊中支腿,安放在桥面中支腿横移轨道上。安放到位后,在两侧轨道轮与轨道之间插入铁鞋,防止中支腿横向滑移	
3	后托安装	后托进场时已安装成一个整体,采用50t汽车起重机直接起吊安装至主梁投影线一下,距离中支腿约30m。后托下垫枕木,使其安装后的高度与中支腿等高	
4	主梁及后支腿安装	每节主梁连接处堆码与中支腿等高的木垛,分节段依次拼装主梁及后支腿。首节主梁前端超出中支腿约1.5m	
5	前支腿安装	在桥面上安装前框架、横移轨道及前支腿,前支腿也可选择在盖梁上安装(后续图示均示意在盖梁上的安装方式)。安装前,接通电源,将前支腿通过液压系统抬升或下降至合适安装位置,安装完毕后,悬吊横移轨道及前支腿,将其提升至距离盖梁挡块或桥面约20cm位置	

续上表

序号	步骤	说明	附图
6	天车安装	先将两个纵移桁架(进场时已安装成整体)分别整体吊装至主梁上,再将天车分别吊装至纵移桁架上	
7	电气系统安装	按照电气原理图、配线图、电气总图和有关技术文件,进行电气系统的安装;安装前应检查各电气元件是否完好,安装方法和位置符合相关规定	—
8	限位及监控系统安装	按照设计图纸,完善主梁、纵移桁架、提升小车、吊具等的纵横向、上下限位系统,并安装监控装置	—
9	检查、调试	检查确认所有零部件是否已全部安装,移装的架桥机必须更换所有连接螺栓和钢丝绳,无误后调试各电气设备和控制系统,准备进行荷载试验	—

③架桥机过孔。

第一步:过孔前,松动各法兰连接点(螺母不能脱离螺杆),分别微驱动单条主梁以及横移,将前支腿与中支腿调至平行,支腿及横向连接结构长度由6.5m拉伸至6.512m,支腿及横向连接与主梁之间的角度由90°调至93°,小车跨度6.5m保持不变,并与主梁垂直。架桥机角度调整到位后锁定各个法兰连接点,并经过检查验收后方过孔,如图3-5-17所示。

第二步:小车全部退后至主梁尾端,按照架桥机操作手册,不带配重先前行15m,运梁车将配重梁运输至架桥机尾部,如图3-5-18所示。

第三步:运梁炮车开进主梁内15m,前小车挂钩配重梁前段,配重梁固定不动,驱动主梁过孔,如图3-5-19所示。

第四步:架桥机过孔到位,移动前小车,接着后小车起吊配重梁,开始架设内边梁,如图3-5-20、图3-5-21所示。

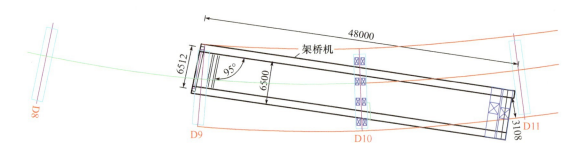

图 3-5-17　前、中支腿调至平行(尺寸单位:mm)

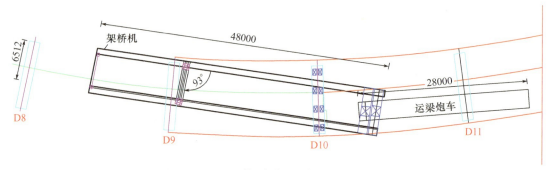

图 3-5-18　配重运输至架桥机尾部(尺寸单位:mm)

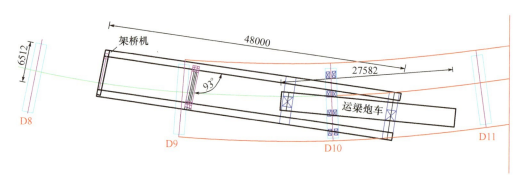

图 3-5-19　驱动主梁过孔(尺寸单位:mm)

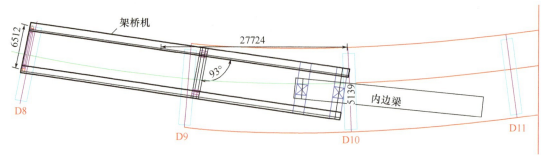

图 3-5-20　架设内边梁(尺寸单位:mm)

第五步:架设内边梁,之后横移架桥机架设外边梁,如图 3-5-22 所示。

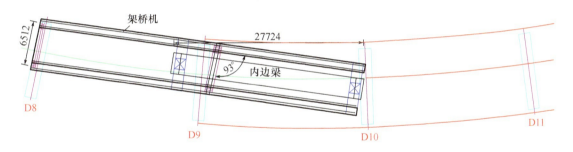

图 3-5-21 内边梁架设过程(尺寸单位:mm)

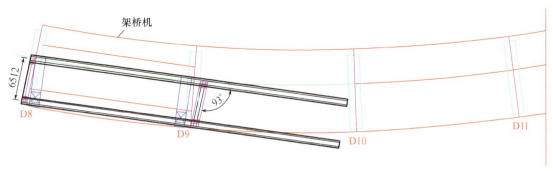

图 3-5-22 架桥机横移架设外边梁(尺寸单位:mm)

④预制梁架设。

以最长最重的外边梁为例,此时架桥机已过孔到位。运梁车运梁时前车控制方向,后车驱动并配置有方向轮与前车方向保持一致,运梁车平面结构尺寸如图 3-5-23 所示。

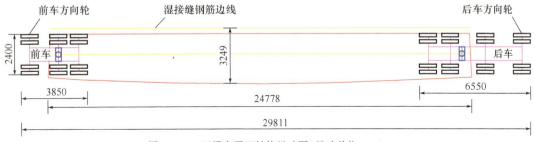

图 3-5-23 运梁车平面结构尺寸图(尺寸单位:mm)

第一步:运梁车启动前车前轮、后车后轮转向,将梁车行驶至架桥机尾部(所有设备、构件尺寸均按1:1比例模拟),如图 3-5-24 所示。

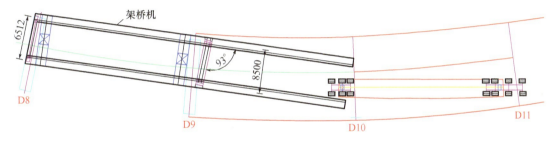

图 3-5-24 梁车行驶至架桥机尾部(尺寸单位:mm)

第二步：运梁车继续调整前车前轮方向，随后车驱动边调整方向，边往前行驶，直至前后轮行驶方向基本与架桥机主梁方向平行，如图3-5-25所示。

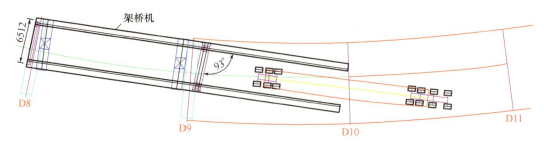

图3-5-25　梁车与架桥机主梁方向平行(尺寸单位:mm)

第三步：架桥机前天车起吊箱梁前端，后车跟进，待后车进入架桥机范围后，后天车起吊箱梁后端，之后完成箱梁架设。

⑤运输安全措施。

a. 模拟运梁行驶转弯半径，确保运输过程中运梁车车轮在已架设完成的预制梁范围内行驶。运梁路线转弯半径81m，能满足运梁车行驶要求。架桥过程中，运梁车行走路线如图3-5-26所示。

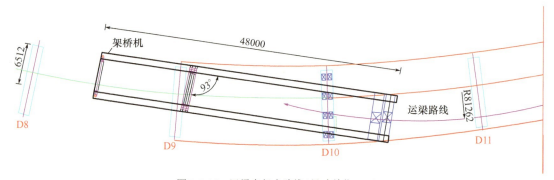

图3-5-26　运梁车行走路线(尺寸单位:mm)

b. 大横坡区域调平。由于小半径曲线的半径为200m，路线的最大纵坡为4%，因此在输运过程中，梁体的重心会偏高。为防止出现梁车倾覆现象，采用碎石对坡度进行放缓，并对个别漏空地方铺钢板；在箱梁架设运输中，弯道内侧采用碎石铺设，使得箱梁运输车的内外车轮处在同一水平位置(图3-5-27)。箱梁运输中前、后各有两人手持对讲机进行安全提示；在运输中控制运输车的速度。

⑥架桥机工作状态安全监控。

通过架桥机监控系统不仅能够实现对架桥机视频安全监控和数据监控的管理，还能对架桥机的危险进行预警(图3-5-28)。

9) 架梁后防护

(1) 边梁稳定性措施：边梁就位后，立即用方木斜撑撑好，同时将边梁端横隔板主筋与中梁端横隔板主筋及时焊接，方可脱开钢丝绳。

图 3-5-27　架梁路线铺设碎石、钢板

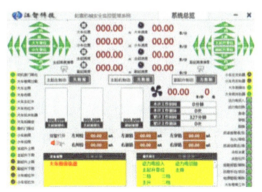
图 3-5-28　架桥机实时监控

（2）每孔第一片梁体就位后,先在墩顶小箱梁横隔板处加设防倾支撑,才能解除吊具;第二片梁就位后,相邻两片梁及时焊接,且连接点不少于 5 个,防止梁体倾覆。一跨梁板架设完成后,应尽快完成湿接缝、横隔板的连接。

（3）预制梁架设完成后应及时对临边、湿接缝、中分带设置临时防护措施,临边护栏应采用钢管或定型围栏,设置高度不得低于 1.5m,湿接缝、中分带应采用密目网＋安全兜网（图 3-5-29）,跨既有道路上方接缝处铺设模板等防落物设施。

图 3-5-29　预制梁临时防护

10）架设后梁端呈"锯齿状"或桥面呈"波浪线"的预防

（1）梁端呈"锯齿状"

①现象描述:箱梁架设之后同跨梁端之间不在同一竖直水平线上,呈现"锯齿状"现象,如图 3-5-30 所示。

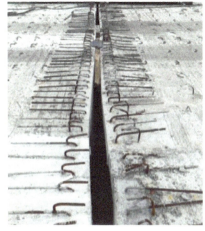

图 3-5-30　梁端呈"锯齿状"

②原因分析:端头模板安装时与侧模的角度不符合设计要求,或箱梁浇筑时端模发生移位,导致箱梁同跨之间架设后梁端呈"锯齿状"。

③预防措施:现场技术员在端模安装后及时对角度进行复测,检查与侧模连接处连接是否紧固,对不符合设计要求的及时处理。

(2)桥面呈"波浪线"

①现象描述:箱梁架设后同跨或相邻跨之间桥面顺桥方向、横桥方向出现高低不平,呈现"波浪线"现象,如图 3-5-31 所示。

②原因分析:

a. 因支座垫石的高程与设计不符,导致箱梁同跨或相邻跨之间架设后桥面呈"波浪线"。

b. 因箱梁预制楔形参数与设计不符,导致箱梁同跨或相邻跨之间架设后桥面呈"波浪线"。

c. 预制箱梁模板安装时两边侧模高度不符合设计要求,面板横坡不满足设计要求,导致箱梁同跨之间架设后桥面呈"波浪线"。

③预防措施:

a. 支座垫石在浇筑后及时进行复测,不符合设计要求的及时处理。

图 3-5-31　桥面呈"波浪线"

b. 现场技术员在底膜安装后及时进行复测,不符合设计要求的及时处理。

c. 现场技术员在侧膜安装后及时进行复测,不符合设计要求的及时处理。

3.5.5　改进提升建议

(1)预制梁在设计阶段时应注意尽量将跨径和结构形式统一,以便实现预制梁全部采用自行式模板进行规模化生产,避免过程中模板反复拆装,同时减少模板投入量,降低生产成本。

(2)在预制梁吊装的底板与翼缘板位置设置专用的保护装置,作为永久预埋件浇筑到混凝土中,在设计阶段纳入施工图设计范畴,以便实现对箱梁的固定吊装位置及梁体的保护,避免因操作人员技术水平不佳、人员更换、吊装位置不固定而损坏梁体,同时减少梁体边角的修补工作,提升施工工效。

第4章
隧道工程

4.1 开挖及初期支护施工

随着城市化进程的不断深入,高速公路隧道修建已不再局限于偏远山区,而是逐渐与城市化建设融为一体。高速公路城市隧道进出口选址一般设置在城市边缘采石场、混凝土拌和站和垃圾填埋场等区域,进出洞存在较大施工干扰和施工难度;另外,受设计选线的制约,隧道不可避免地会穿越断裂带和采空区等不良地层,开挖存在较高施工风险;当前国家对品质工程建设要求也越来越高。在这种情况下,传统的施工方式已难满足现阶段对隧道开挖的施工要求,需要在传统工艺基础上采用新材料、新工艺、新设备来应对隧道施工过程中出现的各种难题,并打造建设单位满意的精品工程。本章以深圳外环高速公路红花岭隧道(图4-1-1)的开挖及支护为例,介绍隧道施工工艺技术。

4.1.1 施工条件

红花岭隧道位于深圳市龙岗区境内,分左线(三车道)、右线(四车道)布置。长度分别为998m和999m,隧道进出口为Ⅴ级围岩,洞内Ⅱ级围岩为主。隧道出口下穿龙岗垃圾填埋场,其渗出的地下水对隧道衬砌有腐蚀作用,可能存在有毒有害气体;同时隧道出入口仰坡陡峭,接近垂直,且岩体节理发育,裸露岩体较破碎,自稳性差,洞口施工风险较大;另外,隧道还穿越断裂带和破碎带等不良地质。在施工组织时对上述不利因素必须予以考虑。

图 4-1-1　隧道实景图

隧道进出口原始地貌、隧道出口洞顶垃圾填埋场分别如图 4-1-2、图 4-1-3 所示。

图 4-1-2　隧道进出口原始地貌图

图 4-1-3　隧道出口洞顶垃圾填埋场

4.1.2 资源配置

一个循环施工的资源配置见表 4-1-1 和表 4-1-2。当现场实际情况发生变化时，可根据现场实际施工情况进行调整。

主要人员配置参考表　　　　　　　　　　　　　　　　　　　　　　表 4-1-1

序　号	工　　种	单　位	数　量
1	开挖作业班	人	10
2	初期支护作业班	人	10
3	衬砌作业班	人	10
4	机械作业班	人	8
5	钢筋作业班	人	8

主要设备资源配置参考　　　　　　　　　　　　　　　　　　　　　表 4-1-2

序号	机械设备	单位	数量	序号	机械设备	单位	数量
1	挖掘机	台	2	9	发电机	台	1
2	装载机	台	2	10	湿喷机	台	1
3	渣土车	台	10	11	喷浆料运输车	台	1
4	板车	台	1	12	注浆泵	台	1
5	空压机	台	5	13	浆液搅拌机	台	1
6	水车	台	1	14	有害气体检测仪	台	2
7	通风机	台	1	15	钢筋网片焊接机	台	1
8	气腿式凿岩机	台	4	16	型钢弯曲机	台	1

4.1.3 工艺控制

根据隧道围岩等级情况选择开挖施工方法，按照"短开挖、弱爆破、管超前、强支护、早衬砌、勤量测"原则进行施工。洞内围岩等级较好的采用全断面法、台阶法等施工方法；洞口围岩等级差的选用单侧壁、双侧壁、留核心土等施工方法。施工过程中进行超前地质预报，发现围岩变化及时调整开挖方法。施工流程及控制要点如图 4-1-4 所示。

4.1.4 开挖方式

1）双侧壁导坑法

双侧壁导坑法开挖示意图如图 4-1-5 所示，其开挖流程如下。

洞口第一环 $\phi50mm$ 双层短管棚超前支护施工完成后，采用双侧壁导坑法开挖进洞。双侧壁导坑法施工原理是基于新奥法基本原理，利用两个中隔壁把隧道大断面分成左、中、右 3 个施工作业面，左、右导洞采用台阶法先行开挖，中间断面紧跟其后开挖的施工方法。

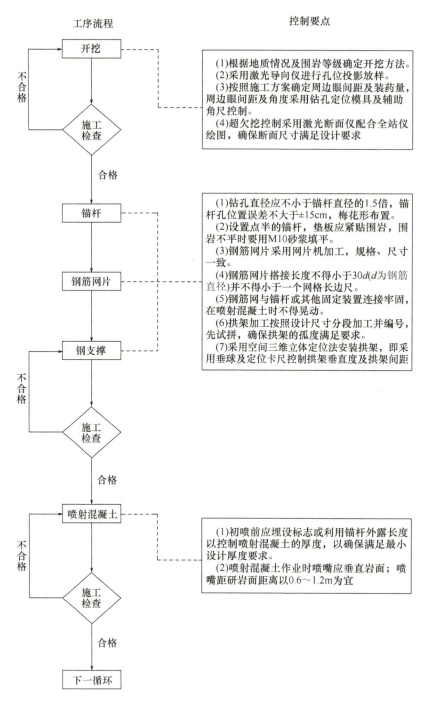

图 4-1-4 施工流程及控制要点图

(1) 左侧导洞上半断面开挖

左侧上部导洞采用以非爆破为主弱爆破为辅的开挖方式,开挖高度约 6m,每循环进尺满足一榀拱架距离,施作初期支护和临时支护先初喷 5cm 厚混凝土,并且在导坑侧壁施作长度

2.5m、ϕ22mm 药卷锚杆,主洞施作 ϕ50mm 超前小导管支护及 ϕ25mm 中空注浆锚杆;安设 ϕ8mm 钢筋网。主洞架立 I22b 型钢拱架,纵向间距 65cm,导坑内侧设置 I18 型钢拱架,顶、底部与主洞钢拱架螺栓连接,钢拱架尽量紧贴开挖岩面设置,采用 ϕ8mm 钢筋网与其焊接。主洞钢支撑由 I22b 型钢拱架组成,临时钢支撑由 I18 型钢拱架组成。段与段之间采用螺栓连接,I22b 型钢拱架焊接在钢板上。钢支撑纵向连接采用 ϕ25mm 钢筋焊接固定,纵向连接钢筋的环向间距为 1m,与钢支撑焊接。对导坑周边喷射 22cm 厚 C25 混凝土,主洞喷射 28cm 厚 C25 混凝土(含初喷 5cm 厚混凝土)。当左侧双侧壁导洞上半断面开挖至Ⅳ级围岩位置时,可直接开挖左侧上部单侧壁导洞施工。

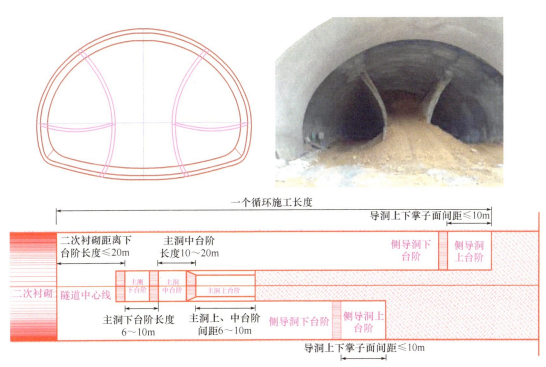

图 4-1-5 双侧壁导坑法开挖示意图

(2)左侧导洞下半断面开挖

左侧下部导洞开挖需在左侧上部施工 5m 后施工;若设置 I18 临时横向支撑,需拆除后,采用以非爆破为主、弱爆破为辅的方法开挖,导坑周边初喷 5cm 厚混凝土。

主洞施工长度 5m 的 ϕ25mm 中空注浆锚杆加固中岩柱,安装 ϕ8mm 钢筋网,导洞施作临时 ϕ22mm 药卷锚杆,安设 ϕ8mm 钢筋网。主洞架立 I22b 型钢拱架,纵向间距 65cm,导坑内侧设置 I18 型钢拱架,顶、底部与主洞型拱架螺栓连接,型钢拱架尽量紧贴开挖岩面设置。主洞钢支撑由 I22b 型钢拱架组成,临时钢支撑由 I18 型钢拱架组成。段与段之间采用螺栓连接,I22b 型钢拱架焊接在钢板上。钢支撑底部采用 ϕ22mm 药卷锁脚锚杆固定,锚杆长 3m。钢支撑纵向连接采用 ϕ25mm 钢筋焊接固定,纵向连接钢筋的环向间距为 1m,与钢支撑焊接。对导坑周边喷射 22cm 厚 C25 混凝土,主洞喷射 28cm 厚 C25 混凝土(含初喷 5cm 厚混凝土),使左侧导洞闭合。

(3)右侧导洞上半断面开挖

右侧导坑施工时,左侧导坑进洞不小于15m,并施作导坑周边的初期支护及临时支护,尽早形成封闭环;侧壁导坑形状应近似于椭圆形,导坑跨度宜为整个隧道跨度的1/3;导坑与中间土体同时施工时,导坑应超前30~50m。施工步骤与工序同左侧导坑上半断面。

(4)右侧导洞下半断面开挖

右侧导坑开挖并施作导坑周边的初期支护(含中岩柱低预应力锚杆支护)和临时支护,施工步骤与工序同左侧导坑下半断面。

(5)主洞上部开挖

主洞开挖采用预留核心土三台阶法施工,上部以非爆破为主、弱爆破为辅开挖。施作上部导坑周边初期支护,即初喷5cm厚混凝土,施工主洞顶部 $\phi 25mm$ 中空注浆锚杆,安设 $\phi 8mm$ 钢筋网,架立I22b型钢拱架与左右两侧拱架连接,并且喷射28cm厚C25混凝土(含初喷5cm厚混凝土)。

(6)主洞中部开挖

主洞中部采用以非爆破为主、弱爆破为辅的施工方法,拆除临时药卷锚杆及 $\phi 50mm$ 注浆小导管,正常出渣。

(7)主洞下部开挖

施作主洞下部初期支护,即隧道底部初喷4cm厚混凝土,安设I22b型钢拱架形成主洞封闭成环,安装仰拱二次衬砌钢筋、模板、一次浇筑仰拱混凝土。待围岩稳定后,一般在拱顶下沉7d内增量在2mm以下,可拆除导坑两侧壁临时钢拱架,并立即施作二次衬砌。

2)单侧壁导坑开挖法

单侧壁导坑法开挖如图4-1-6所示,其开挖流程如下。

图4-1-6 单侧壁导坑法开挖

开挖施工前应做好超前支护和临时支护,减少一次开挖面积,优化结构受力状况,单侧导洞完成初期支护后,继续向前开挖,进行下一循环;先行导洞掌子面与另一侧导洞掌子面间距不宜小于15m,从而尽可能减少两侧壁导坑之间的相互影响。单侧壁导洞均采用上下台阶开挖,下台阶开挖时上台阶必须完成初期支护。施工过程中严格控制超、欠挖,确保初期支护及时可靠,仰拱及仰拱填充及时跟进施工,二次衬砌根据监控量测结果适时施作。

(1)左侧上部导洞开挖

①施工左侧上部主洞超前支护:开挖前先进行超前支护,施工左洞上拱部角度为12°,每根导管长4.5m,环向间距40cm的 $\phi 22mm$ 的超前锚杆支护。

②左侧导洞上台阶采用弱爆破开挖,初期支护。喷射3cm厚导洞周边混凝土。

③施工主洞上拱部 $\phi 25mm$ 中空注浆锚杆、$\phi 50mm$ 超前小导管支护,安设 $20cm \times 20cm$ 的

ϕ8mm 钢筋网;导洞壁施工临时 ϕ22mm 早强砂浆锚杆,长度 2m,间距 100cm×100cm。安装临时 ϕ8mm 钢筋网。

④主洞架立 H15×20 格栅拱架,采用药卷锁脚锚杆固定。导洞架立纵向间距 75cm 的临时 I18 钢拱架,采用临时钢拱架顶、尾部焊接钢板,在与临时钢拱架相连接的永久型钢上焊接钢板,使用配套连接螺栓、螺母将临时 I18 钢拱架顶部与 H15×20 格栅拱架连接,同时每两榀临时 I18 钢拱架之间采用 ϕ25mm 螺纹钢焊接在一起,采用锁脚锚杆固定临时型钢拱架。

⑤主洞壁处喷射 22cm 厚 C25 混凝土,导洞处喷射 18cm 厚临时 C25 混凝土。当左侧单侧壁导洞上部开挖至Ⅲ级围岩位置时,可直接采用上下台阶施工。

(2)左侧下部导洞开挖

左侧上部导洞施工 5m 后,开挖下部导洞。下部导洞开挖选择弱爆破开挖,开挖完成后及时支护导坑,防止坍塌。主洞施工长度 4.5m 的 ϕ25mm 中空注浆锚杆,以加固中岩柱。

①导坑周围喷射 3cm 厚混凝土。施工导洞侧壁 ϕ22mm 早强砂浆锚杆,安设 ϕ8mm 钢筋网,接长临时 I18 钢拱架及永久 H15×20 格栅拱架,并且在隧道底部将临时钢拱架与永久钢拱架采用连接钢板及配套螺栓、螺母连接,同时每两榀临时 I18 钢拱架之间采用 ϕ25mm 螺纹钢焊接在一起,且采用锁脚锚杆固定临时钢拱架。

②主洞喷射 22cm 厚 C25 混凝土,导洞侧壁喷射 18cm 厚 C25 混凝土,完成右侧导洞闭合。

(3)右侧上部导洞开挖

右侧上部导洞开挖前,采用 ϕ22mm 超前锚杆支护,左、右侧导洞距离保持不小于 15m。开挖采用弱爆破,开挖完成后,主洞施工 ϕ22mm 药卷锚杆。其余施工步骤与左侧上部导洞开挖相同,此处不再叙述。

(4)右侧下部导洞开挖

开挖采用弱爆破施工,施工步骤与左侧下部导洞开挖相同,此处不再叙述。

右侧主洞与左侧主洞永久 H15×20 格栅拱架在拱顶及底部相连接,形成封闭受力闭合环。

主洞围岩稳定后,拆除导洞临时支护 I18 钢,最后先分次浇筑仰拱及隧底填充,再根据监控量测分析结果,利用衬砌模板台车一次性浇筑拱墙衬砌混凝土。

3)台阶开挖法

台阶法开挖示意图如图 4-1-7 所示,其开挖流程为:

(1)三台阶法开挖采用光面爆破法施工,上台阶开挖后,采用搭建钻机平台施作上拱部 ϕ22mm 超前砂浆锚杆。中、上台阶保持 30~50m 间距。

(2)喷射 4cm 厚混凝土,安装 ϕ8mm 钢筋网及架设纵向间距为 1m 的 H15×20 格栅拱架,打设 ϕ25mm 中空注浆锚杆,并喷射 22cm 厚 C25 混凝土。

(3)中下台阶长度不大于 30m 间距。采用光面爆破法开挖,中台阶开挖后,施作右洞左侧(左洞右侧)下拱部 ϕ25mm 中空注浆锚杆,长 4.5m,间距 120cm×100cm。

(4)喷射 4cm 厚混凝土,安装两侧 ϕ8mm 钢筋网及架设纵向间距为 1m 的 H15×20 格栅拱架,并喷射 22cm 厚 C25 混凝土。

(5)根据监控测量结果及时施工防水板,并采用模板台车全断面一次模筑二次衬砌混凝土。

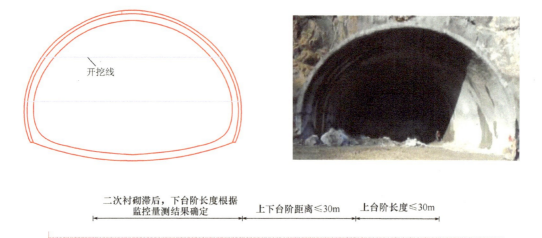

图 4-1-7　台阶法开挖示意图

4) 全断面开挖法

全断面开挖法示意图如图 4-1-8 所示,其开挖流程为:

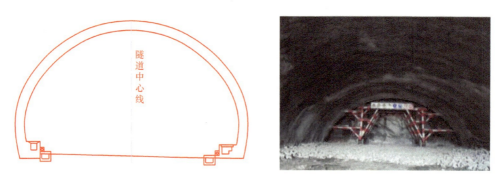

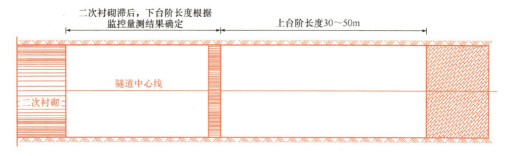

图 4-1-8　全断面开挖法示意图

（1）全断面法开挖采用光面爆破法施工，开挖后，采用搭建钻机平台施作上拱部 $\phi 22mm$ 药卷锚杆。

（2）初喷 4cm 厚混凝土，安装 $\phi 8mm$ 钢筋网，网格间距 25cm×25cm，并喷射 10cm 厚 C25 混凝土。

（3）施工 C20 混凝土整平层。

（4）根据监控测量结果及时施工防水板，并采用模板台车全断面一次模筑二次衬砌混凝土。

4.1.5 品质创新

1）光面爆破毛竹片辅助成型施工工艺

（1）情况概述：使用毛竹片结合光面爆破进行隧道开挖施工。

（2）适用条件：隧道光面爆破施工。

（3）施工优点：采用毛竹片装药工艺，利用毛竹片强度高、韧性好的特点，让毛竹片在围岩和爆破药卷之间起到缓冲和均匀传递爆破冲击力的作用，使爆破后的围岩面成型更规则，并可减少围岩裂隙，同时在毛竹片使用前用水浸泡，能够让存在于毛竹片内，毛细水对控制隧道爆破粉尘可起到一定作用，如图4-1-9和图4-1-10所示。

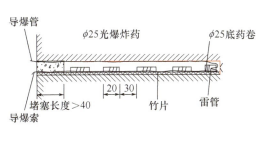

图 4-1-9　装药结构及现场安装（尺寸单位：cm）

图 4-1-10　光面爆破实景图

2)周边眼炮孔模具定位施工工艺

(1)情况概述:隧道钻孔施工时,利用定位模具确定孔位间距,利用辅助角尺控制钻杆方向。

(2)适用条件:隧道钻爆法炮孔定位工艺。

(3)施工优点:根据不同围岩等级,制作相应大小的掌子面炮孔控制模具,模具采用铝合金或轻质不锈钢材质,采取分块拼装,分块大小与相应围岩的导坑开挖相一致,每块模具均有两个定位点,首先在掌子面放样出固定模具的两个定位点,在控制模具上按照设计炮孔间距将周边炮孔位置打好孔,待控制模具定位后,直接通过模具上的炮孔标记进行炮孔放线定位,操作便捷,准确率高。

为了保证钻孔倾斜度,控制隧道周边眼爆破超欠挖情况,施工时制作辅助角尺控制钻杆方向,见图 4-1-11。

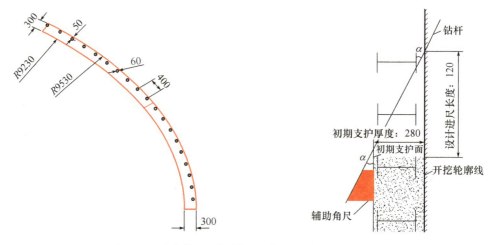

图 4-1-11 定位模具及辅助角尺示意图(尺寸单位:mm)

3)钢拱架安装三维空间定位施工工艺

(1)情况概述:拱架安装定位采取垂直度和间距双控措施,在立设拱架施工中,利用拱架拱顶悬挂垂球控制拱架垂直度(图 4-1-12),利用拱架间距卡尺控制每榀拱架间距(图 4-1-13)。

图 4-1-12 钢拱架垂直度检测

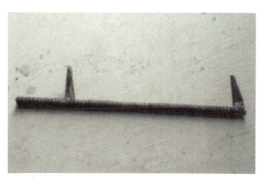

图 4-1-13 拱架卡尺

(2)适用条件:隧道拱架架设施工。

(3)施工优点:利用拱架中线悬挂锤球,控制拱架位置及垂直度,使用拱架间距卡尺随时检测拱架间距,实用、便捷。

4)初期钢筋网片自动焊接工艺

(1)情况概述:隧道使用的 $\phi 8mm$ 钢筋网片采用钢筋网片机(图4-1-14)进行加工。

(2)适用条件:隧道钢筋网片加工。

(3)施工优点:该设备径丝可调,纬丝的孔径输入计算机就能达到相应孔距,在焊网中如想变化焊接孔距,可把孔距输入计算机,以达到所需要的孔距,孔距可调。数控网排焊机所焊的网片平整,对角线误差小,机械化程度高,成本低,投入小,可确保钢筋网片质量。

加工成型的钢筋网如图4-1-15所示。

图4-1-14 钢筋网片机

图4-1-15 加工成型的钢筋网

4.2 仰拱施工

4.2.1 施工条件

仰拱宜尽快施工封闭成环,宜跳格开挖,须严防一次开挖范围过大,造成隧道侧墙部位收敛变形过大,影响施工安全。

为确保仰拱、填充混凝土施工质量,避免施工运输对混凝土造成破坏,采用搭设栈桥进行混凝土浇筑,避免仰拱、填充施工和运输之间相互干扰。仰拱施工紧跟隧道下部开挖面进行,待喷锚支护全断面施作完成后,开挖仰拱,模筑混凝土,填充在仰拱混凝土终凝后开始。

4.2.2 资源配置

资源配置见表4-2-1和表4-2-2。当现场实际情况发生变化时,可根据现场实际施工情况进行调整。

主要人员配置参考表   表 4-2-1

序号	工种	单位	数量
1	开挖作业班	人	5
2	混凝土作业班	人	5
3	钢筋作业班	人	8
4	机械作业班	人	5

主要设备资源配置参考表   表 4-2-2

序号	机械设备	单位	数量	序号	机械设备	单位	数量
1	挖掘机	台	2	5	通风机	台	1
2	装载机	台	2	6	雾炮	台	2
3	板车	台	1	7	发电机	台	1
4	水车	台	1				

4.2.3 工艺控制

仰拱施工流程如图 4-2-1 所示。

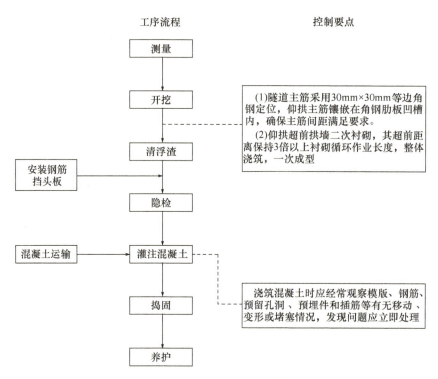

图 4-2-1 仰拱施工作业流程图

4.2.4 品质创新

角钢定位仰拱主筋工艺如下:

(1)情况概述:仰拱工程主筋 φ25mm 螺纹钢采用 30mm×30mm 等边角钢定位,纵向设置长度为 6m,环向在拱脚、仰拱底部内外层各设置 3 处,仰拱主筋镶嵌在角钢肋板凹槽内。

(2)适用条件:隧道仰拱钢筋绑扎施工。

(3)施工优点:仰拱钢筋绑扎使用定位角钢能够控制好主筋间距,钢筋检查方便快捷,间距合格率高,同时可以防止仰拱混凝土浇筑过程中主筋移位。定位角钢制作简单,能够周转使用,成本较低,方便实用,如图 4-2-2 和图 4-2-3 所示。

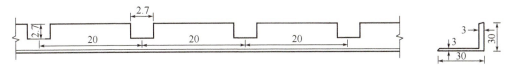

图 4-2-2 定位角钢大样图(尺寸单位:mm)

注:本图适用于主筋间距 20cm。

图 4-2-3 钢筋定位成果图

4.3 防水层及二次衬砌施工

4.3.1 施工条件

隧道防水板在初喷混凝土完成后设置,二次衬砌背后防水层采用 $350g/m^2$ 土工布 +1.2mm 厚乙烯-醋酸乙烯共聚物(EVA)防水板;防水板必须遵循"防、排、截、堵相结合"中的"防"字诀,防止隧道环向水渗透至二次衬砌中,隧道环向水应经环向盲管排出隧道。

隧道按新奥法原理进行设计和施工,采用复合式衬砌结构,初期支护采用锚杆、钢筋网、喷射混凝土和钢(或格栅)拱架,二次衬砌采用模筑钢筋混凝土衬砌。二次衬砌模板采用整体式衬砌台车,台车长度根据实际情况选用。

4.3.2 资源配置

施工的资源配置见表4-3-1～表4-3-4。当现场实际情况发生变化时,可根据现场实际施工情况进行调整。

防水板施工主要人员配置参考表　　表4-3-1

序　号	工　种	单　位	数　量
1	防水层施工班	人	6
2	杂工班	人	3

防水板施工主要设备资源配置参考表　　表4-3-2

序　号	机械设备	单　位	数　量
1	简易作业台车	台	1
2	热熔爬焊机	台	1
3	发电机	台	1
4	超声波焊接机	台	1

二次衬砌施工主要人员配置参考表　　表4-3-3

序　号	工　种	单　位	数　量
1	钢筋施工班	人	6
2	混凝土施工班	人	6
3	机械作业班	人	4
4	混凝土养护工	人	2

二次衬砌施工主要设备资源配置参考表　　表4-3-4

序　号	机械设备	单　位	数　量
1	衬砌台车	台	1
2	混凝土运输车	台	1
3	混凝土输送泵	台	1
4	振捣棒	台	6
5	模板砂轮机	台	2
6	手动打磨机	台	2
7	钢筋连接挤压设备	台	2
8	洒水车	台	1
9	有害气体检测仪	台	2

4.3.3 工艺控制

防水板搭接采用爬焊机焊接,防水板搭接宽度不小于10cm,双道焊接间距不小于10mm,采用"充气法"检测,防水板挂设采用超声波焊接,施工质量好,合格率高。

二次衬砌采用无轨式液压行走台车,台车支架应具备足够的强度和稳定性,便于整体移动、准确就位。二次衬砌浇筑使用分流器分层对称浇筑,确保混凝土施工质量。施工前检查防水系统是否完善,预埋管线位置是否准确,有无遗漏。

防水板施工流程如图4-3-1所示,二次衬砌施工流程如图4-3-2所示。

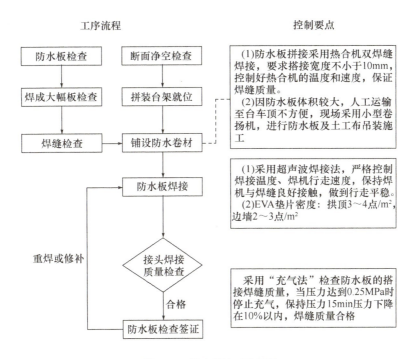

图4-3-1 防水板施工流程图

4.3.4 技术创新

1) 防护板与热熔垫片超声波焊接工艺

(1) 情况概述:红花岭隧道为山岭公路隧道,防水板施工的质量直接影响隧道的防水质量,影响隧道的使用功能,因此防水板挂设是隧道防水施工的重中之重。传统防水板挂设工艺采用吊带挂设或热熔焊机焊接的施工方法,吊带挂设防水板速度慢,防水板不密贴初期支护混凝土面,容易造成二次衬砌背后空腔,热熔焊机存在操作不稳定性,对工人焊接技术要求高,容易发生焊穿、焊焦、焊接不牢固的情况。针对这些问题,本工程研发了防护板与热熔垫片超声波焊接工艺,应用效果良好,如图4-3-3~图4-3-5所示。

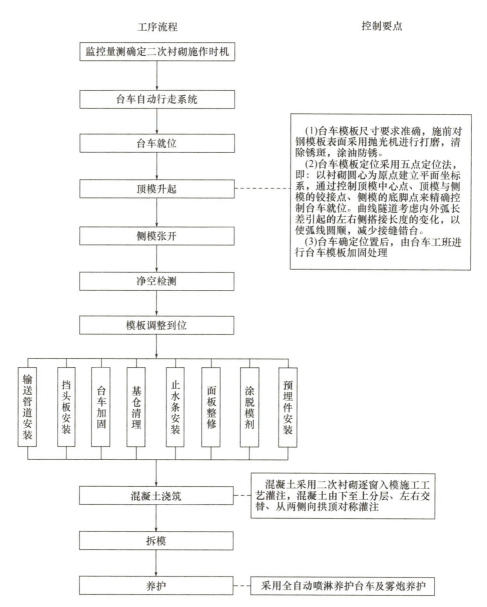

图 4-3-2　二次衬砌施工流程图

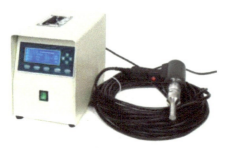

图 4-3-3　超声波焊接仪器

图 4-3-4　超声波焊接施工

图 4-3-5 超声波焊接成果

（2）适用条件：本方法适用于隧道乙烯-醋酸乙烯共聚物（EVA）防水板与热熔垫片间的固定施工。

（3）施工优点：超声波焊接不需加溶剂、黏结剂或其他辅助品，使用成本低。超声波焊接一次性投入较大，但设备使用寿命长（按 10 板/月二次衬砌计算，枪头寿命 16.3 个月，焊枪寿命 49 个月），分摊成本仅为电热压力焊焊枪成本的 7.5%，经济效益明显。超声波焊接开机即可焊接，正常情况下焊接枪头不会烫伤操作人员，安全性好。超声波焊接节约了电热压力焊的预热等待时间，一个接触点仅需 3s，生产率高，也不会因出现焊点破洞修补而浪费时间。焊点外观质量和熔接程度好，焊点不破损，防水板铺设质量好。

2）二次衬砌混凝土浇筑滑膜入槽工艺

（1）情况概述：二次衬砌逐窗入模施工工艺主要采用地泵将混凝土泵送至拱顶，通过主料斗、主溜槽、"三通分流槽"、分流串筒和入窗溜槽相结合的方式，使混凝土流向各工作窗口，实现二次衬砌拱墙混凝土的逐窗进料。

（2）适用条件：隧道二次衬砌浇筑施工。

（3）施工优点：台车布料口优化后保证衬砌台车每个布料窗口全部利用，避免了跳层浇筑和集中布料。通过主料斗、分流槽、三通分流槽、分流串筒、入窗分流槽相结合的方式，可有效解决隧道衬砌边墙混凝土分层连续浇筑，缩短二次衬砌混凝土浇筑时间等，避免隧道二次衬砌混凝土浇筑出现集料窝、施工冷缝、"人字坡"、两侧拱墙混凝土浇筑高度控制不当导致台车偏位而产生错台等质量通病，提高了二次衬砌的施工质量。分流器、分流槽分别如图 4-3-6 和图 4-3-7 所示。

图 4-3-6 分流器　　　　　　　　　　图 4-3-7 分流槽

3)隧道全断面自动喷淋养护台车

(1)情况概述:隧道二次衬砌全断面自动喷淋养护台车,包括门形承重架、设于门形承重架底部的行走装置以及设于门形承重架上的喷淋组件;喷淋组件包括架设于门形承重架上的拱形喷水管以及设于拱形喷水管下方的集水槽;拱形喷水管下端依次与加压水泵及储水箱相连;集水槽通过回收管与储水箱相连。

(2)适用条件:隧道二次衬砌养护施工。

(3)施工优点:拱形喷水管下方设置集水槽,可有效收集台车喷淋过程中洒落的水雾,并且通过回收管回收至储水箱内进行循环利用。

前侧两行走轮外侧设有行进导向装置,配合行走轮轮轴上固定的活动转轴,使得隧道二次衬砌养护除尘喷淋台车在曲线隧道中能灵活转弯。

拱形喷水管由两条上端封口的半拱形喷水管对称设置而成,且每条半拱形喷水管下端各设置加压水泵和储水箱,使得各半拱形喷水管上喷头处的水压足够大,喷淋效果好。

拱形喷水管前侧设有与隧道内轮廓配合的弧形除尘组件,在喷淋的同时可对隧道进行除尘,提高养护效果。二次衬砌全断面自动喷淋养护台车如图4-3-8所示。

图4-3-8 二次衬砌全断面自动喷淋养护台车

4.4 洞门施工

4.4.1 施工条件

隧址位于丘陵区,地面相对高差较大,山体地形起伏较大,山体植被发育。隧道口位置地形陡峭,隧道进出口植被破坏,表层土体受雨水冲刷流失,坡积土、碎石流失堆积于坡脚。隧道口均为高陡坡,设计采用加长明洞的措施,以保证行车安全。加长明洞可以有效减缓滑坡落石的冲击,并利于同时进洞;加长明洞主要回填素土,覆土较浅,有利于减轻结构受力;采用端墙式洞门,自然美观。

4.4.2 资源配置

单洞端墙施工的资源配置见表 4-4-1 和表 4-4-2。当现场实际情况发生变化时,可根据现场实际施工情况进行调整。

主要人员配置参考表　　　　　　　表 4-4-1

序 号	工 种	单 位	数 量
1	开挖作业班	人	8
2	衬砌作业班	人	9
3	机械作业班	人	9
4	钢筋作业班	人	9

主要设备资源配置参考表　　　　　　　表 4-4-2

序 号	机械设备	单 位	数 量
1	挖掘机	台	1
2	装载机	台	2
3	渣土车	台	4
4	板车	台	1
5	起重机	台	1
6	空压机	台	2
7	水车	台	1
8	夯实机	台	2
9	热熔爬焊机	台	2
10	发电机	台	1
11	台车	台	2
12	卷扬机	台	1
13	混凝土凿毛机	台	2
14	电焊机	台	4

4.4.3 工艺控制

明洞及端墙施工流程如图 4-4-1 所示。

4.4.4 品质创新

1) 聚苯乙烯泡沫管钢筋防锈工艺

(1) 情况概述：隧道明洞施工过程中外露钢筋容易受到雨水等环境因素影响而发生锈蚀,采用聚苯乙烯泡沫管包裹钢筋,使钢筋避免雨水冲刷产生的锈蚀。

(2) 适用条件：外露预埋钢筋防锈处理。

(3) 施工优点：常规方法采用涂刷水泥浆防锈,涂刷水泥浆如果操作不细致会导致局部涂刷不到位,局部钢筋锈蚀。外露钢筋聚苯乙烯管相对涂刷水泥浆具有安装方便快捷、拆除方便等优点,如图 4-4-2 所示。

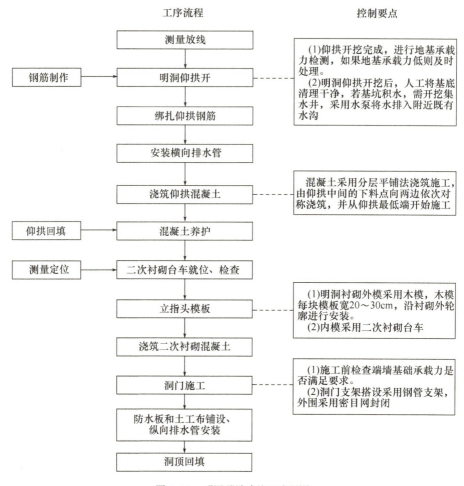

图 4-4-1　明洞及端墙施工流程图

图 4-4-2　钢筋防锈保护措施

2)凿毛机凿毛

(1)情况概述:预埋钢筋根部采用手持式三头凿毛机凿毛。

(2)适用条件:混凝土凿毛施工。

(3)施工优点:凿毛机安装简单,灵活轻巧,操作方便;成本低,凿毛效果好,使用寿命长;凿击频率高,对混凝土的破坏程度小。凿毛机凿毛施工及施工效果分别如图4-4-3和图4-4-4所示。

图4-4-3 凿毛机凿毛施工

图4-4-4 凿毛效果实景图

3)隧道洞口偏压挡墙垂直绿化

(1)情况概述:隧道洞口存在明显偏压,进洞施工会对边坡稳定性产生影响,为保证隧道施工洞口段山体稳定,在隧道边坡坡脚处增设偏压挡墙。同时对挡墙进行垂直绿化,挡墙垂直绿化由镀锌方通骨架、聚丙烯(PP)模板、陶粒、特制培养基、人工种植花卉及灌溉系统组成。

(2)适用条件:隧道洞口存在偏压地段及绿化工程。

(3)施工优点:洞口增设偏压挡墙,可保证隧道施工洞口段山体稳定。骨架由镀锌方通焊接,坚固耐用,承重力强,整套系统整体效果好,使用寿命强,安全系数高。

该系统可使整个墙面的种植系统连成一个整体,使植物生长更加稳定,良好。该设计具有透水、透气、生长稳定、防止水土流失的功能;特制培养基专为垂直绿化研制,具有重量轻、防暑抗冻、营养成分丰富、保水透气性好、节水、适宜垂直绿化的植物充分扎根等特点,可多年保持垂直绿化效果。

施工过程及施工效果如图4-4-5~图4-4-8所示。

图4-4-5 边仰挡墙施工

图4-4-6 边仰坡绿化施工效果

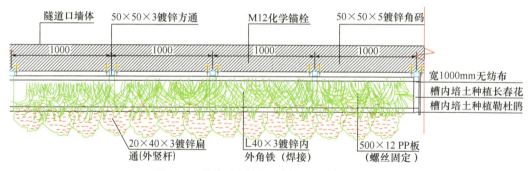

图 4-4-7 挡墙垂直绿化示意图(尺寸单位:mm)

图 4-4-8 挡墙垂直绿化实景图

4)隧道洞口设置加固便道

(1)情况概述:隧道洞口便道位于半填半挖地段,且附近有桥梁桩基施工,对填方边坡稳定性造成影响。采用插打钢管桩、路面加筋、路基防排水处理及修筑挡墙等形式修筑施工便道,确保便道满足施工运输及安全要求,如图4-4-9所示。

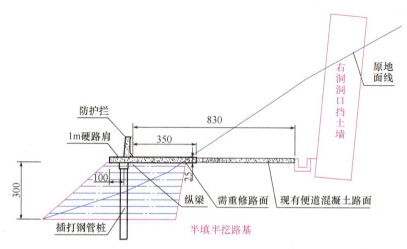

图 4-4-9 便道设计图(尺寸单位:cm)

①在填土路基侧间距6m插打一排φ42mm钢管桩,钢管桩采用25t汽车起重机配合45t

振动锤进行插打。为保证钢管桩的整体受力,钢管桩顶设置一根截面尺寸为50cm×50cm的配筋混凝土通长纵梁,如图4-4-10所示。

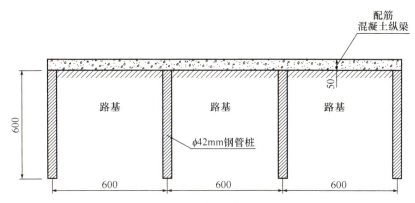

图4-4-10 便道钢管桩设计图(尺寸单位:cm)

②在混凝土路面内部设置一层钢筋网,钢筋的交叉点宜采用直径0.7~2.0mm的钢丝扎牢,必要时可采用电焊焊牢。绑扎宜采取逐点改变绕丝方向的8字形方式交错绑扎,对直径25mm及以上的钢筋,宜采取双对角线的十字形方式绑扎,如图4-4-11所示。

③便道防水处理。为做好施工便道路面排水,防止雨水通过混凝土接缝渗入路基,在新建混凝土板之间设置一层防水油毡纸,同时靠近空压机房侧设置1.5m宽、8cm厚的M7.5砂浆硬路肩,

图4-4-11 便道路面钢筋绑扎

硬路肩内设置一条20cm×10cm便道,保证便道地面雨水沿水沟流向排水,如图4-4-12所示。

图4-4-12 路面接缝、水沟防水实景图

④防撞护栏浇筑。便道防护栏以便道配筋混凝土路面结构层作为基础,浇筑路面结构层时按间距15cm预埋φ16mm防护栏基础钢筋。钢筋绑扎完成后采用1.1m×1.2m标准防护栏

模板浇筑混凝土。防撞护栏如图 4-4-13 所示。

图 4-4-13　防撞护栏实景图

(2) 适用条件：隧道进出口为桥隧过渡段，洞口便道位于半填半挖地段并距桩基孔位较近。

(3) 施工优点：利用钢管桩加固填方边坡土体，起到抗滑作用。抗滑桩与填土形成整体，抗滑效果明显。

路面通过设置钢筋网增强混凝土面板抗拉强度，防止混凝土板断裂。

填方路基外侧设置挡土墙起到安全防护作用，尤其雨季及夜间施工，对行驶车辆起到防护作用。

4.5　电缆槽施工

4.5.1　施工条件

定制 9m 水沟槽模板台车，通过液压千斤顶悬挂模板，可以前后移动模板至设计的平面位置。通过液压油缸上下调整模板高度，使模板与设计高程一致。在模板调整到设计位置后，通过液压千斤顶固定模板之间的相对位置和模板与模架的相对位置，模板固定后，浇筑结构混凝土，待结构成型后采用液压油缸脱模，通过电机减速机自动行走到下一模板混凝土浇筑的位置。

4.5.2　资源配置

单幅 9m 水沟、电缆槽施工的资源配置见表 4-5-1 和表 4-5-2。当现场实际情况发生变化时，可根据现场实际施工情况进行调整。

主要人员配置参考表　　　　　　　　　　　　　　　表 4-5-1

序　号	工　种	单位	数量	备　注
1	台车操作手	人	2	负责水沟、电缆槽台车的操作、维修、养护
2	钢筋工	人	3	负责水沟、电缆槽钢筋的加工及安装
3	混凝土工	人	2	负责水沟、电缆槽混凝土浇筑、振捣等工作

主要设备资源配置参考表   表 4-5-2

序 号	机 械 设 备	单位	数量	备 注
1	沟槽模板台车	台	1	用于水沟、电缆槽施工
2	小型振动棒	台	2	用于混凝土振捣
3	电焊机	台	2	用于钢筋施工
4	发电机	台	1	提供电力

4.5.3 工艺控制

电缆槽施工流程如图 4-5-1 所示。

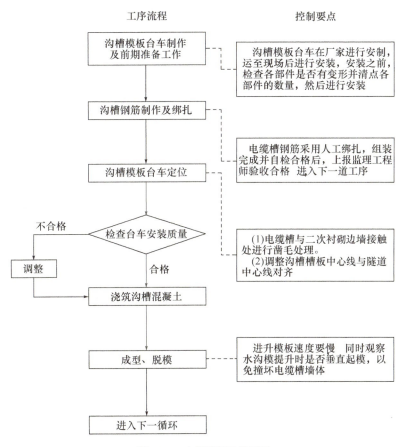

图 4-5-1 电缆槽施工流程图

4.5.4 品质创新

自行式一次浇筑成形水沟电缆槽液压台车工艺如下：

(1)情况概述：自行式一次浇筑成形水沟电缆槽液压台车主要由桁架支撑系统、走行系统、液压系统、模板系统等组成。水沟电缆槽台车如图 4-5-2 所示。

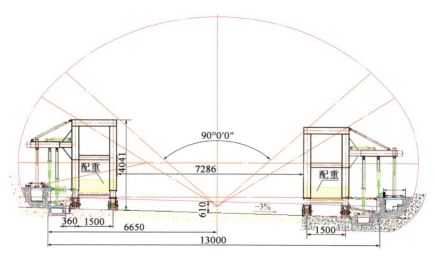

图 4-5-2　水沟电缆槽台车设计图（尺寸单位：mm）

（2）适用条件：适用于隧道水沟电缆槽施工。
（3）施工优点：
①质量控制好。
自行式一次浇筑成形水沟电缆槽液压台车采用整体钢模设计，模板强度大、稳定性好，避免施工过程中出现"跑模"现象；在钢模上设置附着式振动器，振动时间采用数控方式，确保振动效果，避免出现蜂窝麻面、流砂等现象。
②施工效率高。
隧道水沟电缆槽传统施工方法采用小块模板进行拼装，整体性差，模板安装及加固支撑、模板拆除耗时较长，每循环施工模板采用人工倒运，施工效率低；而采用自行式一次浇筑成型水沟电缆槽液压台车进行施工，台车拼装就位后，全自动操作实现模板就位，不需拼装和拆除模板，施工快捷。
③技术应用效果。
实现了隧道水沟电缆槽高效、高质量施工，效果良好。
水沟电缆槽台车施工过程及施工效果分别如图 4-5-3 和图 4-5-4 所示。

图 4-5-3　现场使用水沟电缆槽台车施工

图 4-5-4　水沟电缆槽完工实景图

4.6　隧道 BIM 技术应用

(1) 方案概述

红花岭隧道开挖断面大、两隧道净距小,施工工序组织复杂并伴有一定不良地质的施工潜在风险,洞口岩层易崩塌,有落石的危险。通过对本项目工程特点的分析,以实现图纸可视化、施工工序模拟、优化施工组织等为基本目标,将 BIM 技术应用于隧道施工全过程管理。

(2) 施工优点

BIM 技术应用相对于传统的施工具有提前发现问题、避免在施工过程出现返工、通过施工工艺模拟及碰撞检测来进行施工图纸审查等优点。使用 Navisworks、3DSMA 等软件模拟隧道施工中多种开挖法的交错与衔接,最终实现可视化技术交底,有利于项目在实施阶段的管理与施工优化。BIM 应用流程如图 4-6-1 所示。

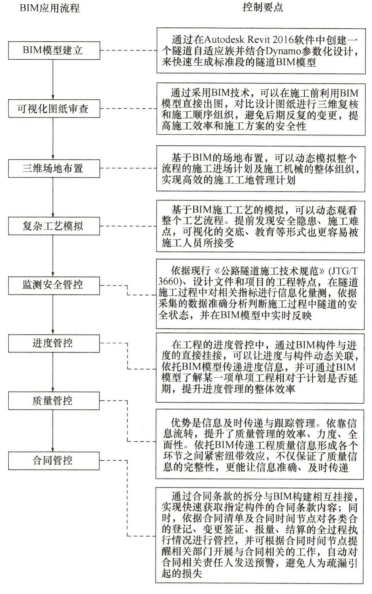

图 4-6-1　BIM 应用流程

第5章
路面工程

5.1 原材料管理

深圳外环高速公路地处发达市区,受环保限制,石场产量有限,且级配碎石、水稳碎石集料需求量大,地材处于卖方市场,供不应求,后期材料需从不同料场采购,因此对原材料的质量控制和使用的管理是项目材料控制的重难点。严格执行材料准入制度,安排专人驻场,从源头控制,对集料的原石、生产、质量检测、运输过程进行监管。

5.1.1 地材管理

地材管控流程如图 5-1-1 所示。

5.1.2 沥青材料管理

沥青材料管控流程如图 5-1-2 所示。

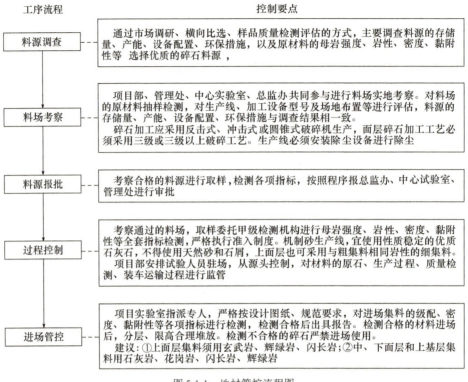

图 5-1-1　地材管控流程图

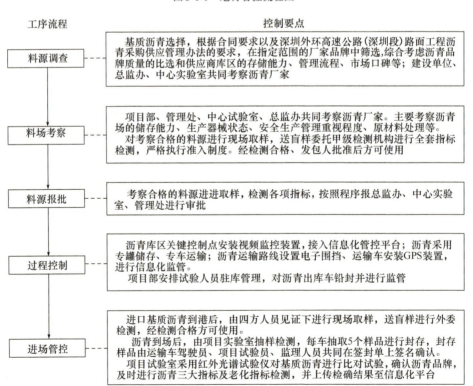

图 5-1-2　沥青材料管控流程图

5.2 拌和站建设

5.2.1 施工条件

项目处于城市建成区,穿城而过,沿线水库分布较多,多属于中、小型水库,长流陂等个别水库为附近居民饮用水源地,有水源保护要求。

拌和站建设选址应远离居民区、环境敏感区,当无法避免时,应选在环境敏感区主风向的下风口并采取相应措施,拌和站应选择交通、水电便利、靠近施工主线、便于组织生产的开阔位置。

5.2.2 组织管理

根据项目生产计划和建设规模,从技术、现场施工管理、测控、质量检测、试验检测、设备、物资、安全等方面配备合理的施工设备、管理人员和施工班组,对进场人员进行相应的安全技术交底培训,培训考核合格后组织上岗。

主要施工作业人员配备计划表、拌和站施工机械设备表见分别见表5-2-1、表5-2-2。

主要施工作业人员配备计划表 表 5-2-1

序 号	工 种	数 量	备 注
1	砌筑工	10	隔墙砌筑等
2	架子工	10	模板支立等
3	混凝土工	8	基础、场地硬化等
4	水电工	4	场地内水电布置安装
5	钢筋工	6	钢筋切割加工等
6	大棚安装工人	10	大棚安装
7	拌和楼安装工人	15	拌和楼安装
8	杂工	10	其他

拌和站施工机械设备表 表 5-2-2

序 号	设备名称	型号规格	数量(台)
1	推土机	—	1
2	挖掘机	卡特320	2
3	装载机	50	2
4	单钢轮压路机	洛建LT223	1
5	起重机	徐工25t	1
6	自卸车	—	3
7	切割机	—	2
8	发电机	—	3

续上表

序号	设备名称	型号规格	数量(台)
9	振捣棒	—	2
10	电焊机	—	6

5.2.3 工艺控制

拌和站临建施工工艺流程如图 5-2-1 所示。

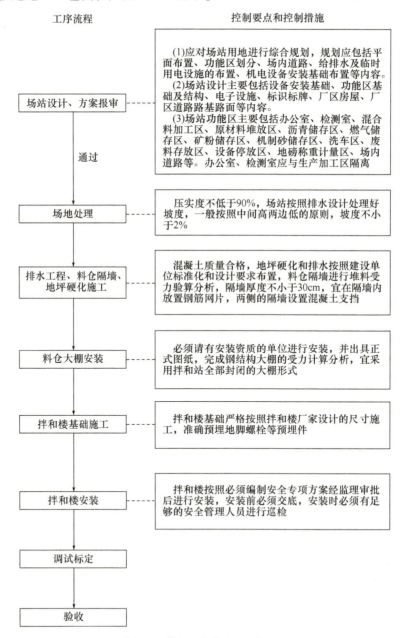

图 5-2-1 拌和站临建施工工艺流程图

5.2.4 品质创新

1)电子材料标识牌

(1)情况概述:拌和站料仓内材料标识牌采用发光二极管(LED)电子显示屏,能够清晰显示材料状态、产地等信息。

(2)适用条件:拌和站储料仓。

(3)优点:与电子材料标识牌相比,LED电子显示屏美观大方、内容更换方便、字迹清晰、明亮醒目。电子材料标识牌见图5-2-2。

2)拌和站自动监控系统

(1)情况概述:在拌和站下料口、烘干筒、热料仓安装温度传感器,截取称重系统数据,实时监控沥青拌和站生产中每盘沥青混合料的质量、温度、级配等信息,并将数据实时发送至负责接收的计算机服务器上,通过实时处理软件对数据进行分析,通过图表形式显示级配变化过程,发现问题及时报警。

图5-2-2 电子材料标识牌

(2)适用条件:沥青混凝土拌和站。

(3)优点:对混合料生产过程的各种参数进行全维度动态监控,及时发现问题,进行报警处理,有效保障沥青混合料质量。拌和站自动监控系统界面见图5-2-3。

3)环保型下沉式冷料斗

(1)情况概述:冷料斗基础采用下沉式,使上料口高出地面50cm,冷料斗顶部安装吸尘器,及时收集灰尘,避免扬尘,各冷料斗完全隔离。

(2)适用条件:水泥稳定碎石拌和站、沥青混凝土拌和站。

(3)优点:可提高上料速度,降低油耗,节约能源,改善操作手视线,减少视线盲区,减少安全隐患。环保型下沉式冷料斗见图5-2-4。

图5-2-3 拌和站自动监控系统界面

图5-2-4 环保型下沉式冷料斗

4)智能环保系统应用

(1)情况概述:对拌和楼进行包封,在冷料斗顶部、成品料仓下料口、沥青存储管排气口、溢料口等产生烟、气、尘的区域安装大功率吸尘器,收集烟、气、尘,然后通过水喷淋、光氧净化等先进的净化技术和设备进行集中处理。对拌和站生产区域进行全封闭,降低噪声扩散。智能环保设备见图5-2-5、图5-2-6。

图5-2-5 烟尘初步水喷淋处理设备

图5-2-6 烟气光氧净化处理设备

(2)适用条件:沥青混凝土拌和站(图5-2-7)。

(3)优点:拌和楼的包封能有效对噪声进行隔离,消除部分噪声,同时密闭空间有利于对生产过程中产生的废烟、气、尘进行收集处理,避免影响周边环境。

5)新能源液化天然气(LNG)应用

(1)情况概述:沥青拌和楼燃烧系统采用天然气清洁能源作为燃料。

(2)适用条件:沥青混凝土拌和站。

(3)优点:天然气可以充分燃烧,解决了以往采用重油和柴油燃烧不充分造成沥青混合料里面有残留物,使得沥青混合料内在质量不稳定问题;降低了设备的故障率,提高了施工功效,同时起到节能、环保的作用,降低项目的碳排放量。

LNG存储罐见图5-2-8。

图5-2-7 沥青混凝土拌和站

图5-2-8 LNG存储罐

5.3 水泥稳定碎石底基层、基层施工

5.3.1 施工条件

项目处于城市建成区,穿城而过,临近居民区,经济快速发展,当地交通网络发达,周边居民法律维权意识较强,路基断点较多,老式"泥头车"禁止驶入地方道路,通过地方道路运输必须采用新型运输车,施工过程中对环保措施要求较高。

5.3.2 组织管理

水泥稳定碎石底基层、基层施工一个作业面资源配置见表5-3-1、表5-3-2。当现场实际情况发生变化时,可根据现场实际施工情况进行调整。

主要人员配置参考表　　　　　　　　　　　　　　表5-3-1

序号	工种	单位	数量	备注
1	拌和站操作手	人	12	负责拌和站拌和操作、指挥料车接料
2	运输车驾驶员	人	20	负责混合料覆盖运输
3	测量员	人	4	测量放样、三维摊铺系统操作
4	摊铺机操作手	人	4	负责摊铺机行进和操作
5	压路机操作手	人	7	负责混合料碾压成型
6	普工	人	12	负责工作面处理、钢模支立、养护、交通管制
7	水车驾驶员	人	2	负责便道降尘、养护补水

主要设备资源配置参考表　　　　　　　　　　　　表5-3-2

序号	工序		机械设备	规格、型号	单位	数量
1	拌和		水稳拌和楼	WDB800	座	1
2	运输		运输车	30t	辆	20
3	摊铺		摊铺机	徐工 RP953	台	2
4	碾压	初压	双钢轮压路机	BW203AD-4	台	1
5		复压	单钢轮压路机	山推 SR26M-3	台	1
6		终压	单钢轮压路机	山推 SR22MA2	台	2
7			轮胎式压路机	P303K	台	1
8	降尘养护		洒水车	12m³	辆	2

5.3.3 工艺控制

水泥稳定碎石施工工艺流程见图5-3-1、图5-3-2。

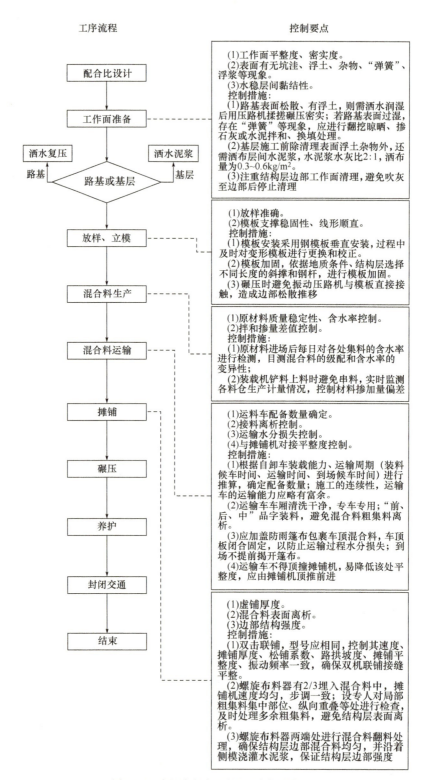

图 5-3-1 水泥稳定碎石施工工艺流程图(一)

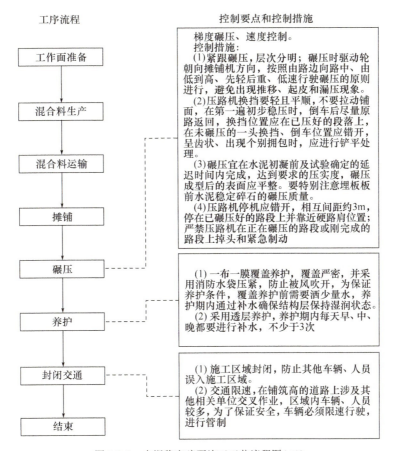

图 5-3-2 水泥稳定碎石施工工艺流程图(二)

5.3.4 品质创新

1) 层间洒布水泥浆

(1) 情况概述:使用水泥浆洒布车洒布层间水泥浆,控制水泥浆水灰比2:1,洒布量为 1~2kg/m²。
(2) 适用条件:水泥稳定结构层之间。
(3) 优点:自动化、洒布均匀、方便,加强结构层间连接,使之成为一个整体。
层间水泥浆洒布见图5-3-3、图5-3-4。

图 5-3-3 层间水泥浆洒布(一)

图 5-3-4 层间水泥浆洒布(二)

2)边部立模施工

(1)情况概述:按摊铺宽度在两侧立长×宽×高=300cm×5cm×结构层厚度的钢模,每块模板采用3根三角钢钎固定,钢钎钉在模板外侧两端及中间处。

(2)适用条件:各路面结构层现场施工。

(3)优点:边部密实度高、线形好。

模板采用钢钎斜撑加固支撑,见图5-3-5、图5-3-6。

图5-3-5 模板采用钢钎斜撑加固支撑实景图

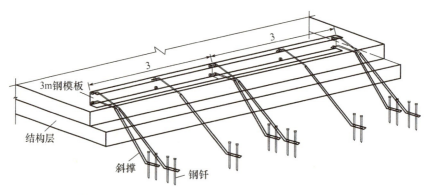

图5-3-6 模板采用钢钎斜撑加固支撑效果图(尺寸单位:m)

3)混合料五步接料、篷布覆盖

(1)情况概述:按"前、后、中、前、后"五步接料法装料,出场前覆盖防雨篷布。运输车五步接料见图5-3-7~图5-3-9,运输车篷布覆盖见图5-3-10。

(2)适用条件:各路面结构层混合料运输。

(3)优点:可有效防止离析,减少运输过程中混合料水分的散失,防雨、防污染。

4)边部精细化处理

(1)情况概述:摊铺过程中采用边部人工翻料和浇筑水泥浆的措施,见图5-3-11、图5-3-12。

（2）适用条件：水稳混合料摊铺。

（3）优点：人工翻料可保证边部密实度，浇筑水泥浆提高了边部强度，可提前拆除模板，提高模板使用效率。

图 5-3-7　运输车五步接料

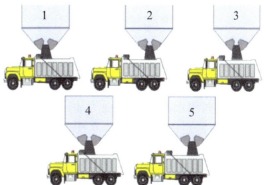

图 5-3-8　运输车五步接料法示意图

图 5-3-9　运输车五步接料法示意图

图 5-3-10　运输车篷布覆盖

图 5-3-11　边部翻料

图 5-3-12　边部浇筑水泥浆

5.4 路肩及路缘石施工

5.4.1 路肩施工

1) 资源配置

原材料的质量是保证工程质量的第一关,把好材料关是实现优质工程的前提。在工程开工前,认真调查材料来源,主要包括水泥、机制砂、碎石等的来源。在施工过程中,按技术规范要求对原材料进行抽检,对不符合技术要求的材料坚决不予采用。合格的材料进场后分堆堆放,不得混杂,做好排水通道,防止泥土等的污染。对原材料的质量要求均应符合技术规范的要求。

(1) 水泥:采用 P·O 42.5 级普通硅酸盐水泥,水泥分批进料,工地储存足够数量的水泥以满足工程进度需要,并应留有充分的试验时间,采取有效的措施,防止水泥淋雨或受潮。

(2) 砂:级配良好、质地坚硬、颗粒洁净、质量符合要求。采用细度模式 2.6 的 Ⅱ 级中砂,含泥量等各项指标应符合设计要求。

(3) 碎石:应采用石质坚硬、清洁、不含风化颗粒的碎石。碎石压碎值、针片状等各项指标应符合要求。

投入的主要设备见表 5-4-1。

投入的主要设备一览表　　　　　表 5-4-1

序 号	机械名称	单 位	数 量
1	混凝土搅拌机	套	1
2	装载机	台	1
3	磅秤	台	1
4	运输车	辆	3
5	小推车	辆	2
6	全站仪	台	1
7	水平尺	个	2
8	振动机	台	1
9	水准仪	台	1

2) 工艺控制

路肩施工工艺流程如图 5-4-1 所示。

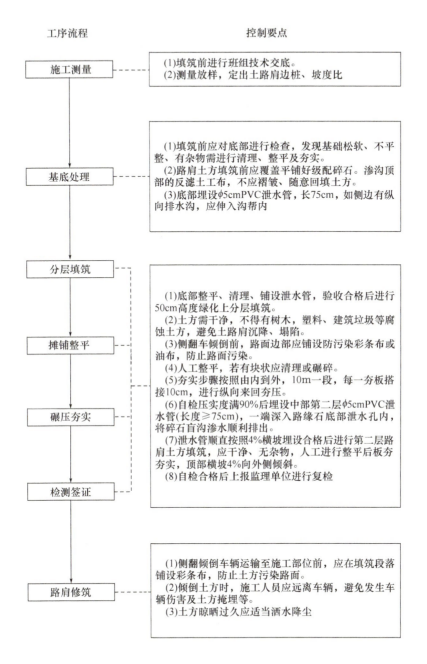

图 5-4-1　路肩施工工艺流程图

5.4.2　路缘石施工

路缘石施工工艺流程如图 5-4-2 所示。

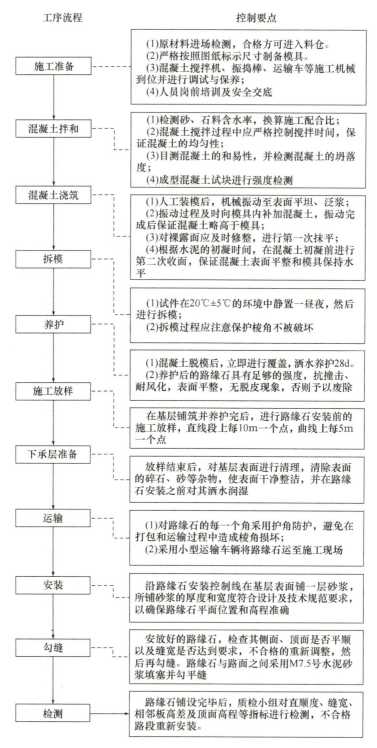

图 5-4-2 路缘石施工工艺流程图

5.5 透层、封层和黏层施工

5.5.1 施工条件

深圳外环高速公路(深圳段)项目沿线环境复杂,路线周边居民区和工厂较多,在透层、封层、黏层的施工中,尤其要注意对周边环境的影响。

5.5.2 资源配置

透层、封层和黏层施工的资源配置见表 5-5-1、表 5-5-2。当现场实际情况发生变化时,可根据现场实际施工情况进行调整。

主要设备资源配置参考表　　　　表 5-5-1

机械设备名称	规格型号	数量	备注
沥青洒布车	—	1辆	洒布透层、黏层
同步碎石封层车	—	1辆	洒布封层
轮胎式压路机	P303K	1台	碾压封层
装载机	50	1台	封层车填装碎石
森林灭火器		4台	工作面清扫
小型运输车	—	1辆	人员、工具运输
凯斯清扫车	SR175	1辆	工作面清扫

主要人员配置参考表　　　　表 5-5-2

工 种	单 位	数 量	备 注
沥青洒布车驾驶员	人	1	洒布透层、黏层
同步碎石封层车驾驶员	人	1	洒布封层
清扫车驾驶员	人	1	工作面清扫
装载机驾驶员	人	1	封层车填装碎石
小型运输车驾驶员	人	4	人员、工具运输
清扫工人	人	1	工作面清扫

5.5.3 工艺控制

透层施工工艺流程见图 5-5-1,封层施工工艺流程见图 5-5-2,黏层施工工艺流程见图 5-5-3。

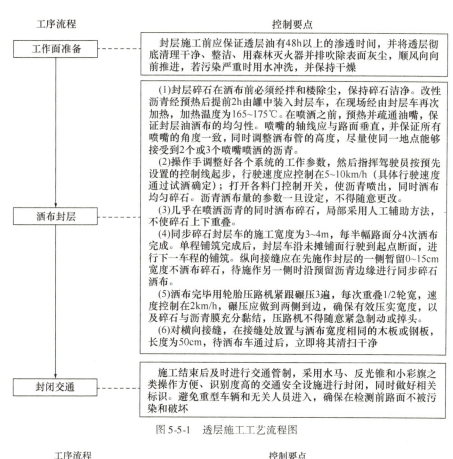

图 5-5-1　透层施工工艺流程图

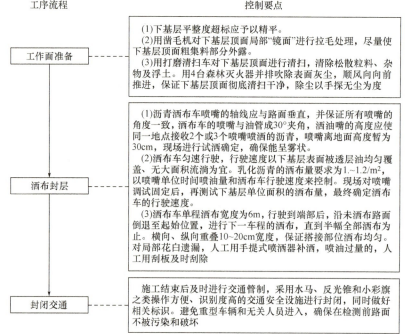

图 5-5-2　封层施工工艺流程图

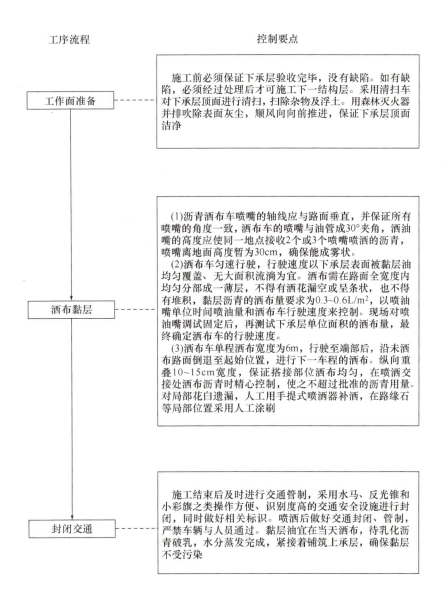

图 5-5-3 黏层施工工艺流程图

5.6 沥青混凝土面层施工

5.6.1 资源配置

沥青混凝土面层施工一个作业面资源配置见表 5-6-1、表 5-6-2。当现场实际情况发生变化时，可根据现场实际施工情况进行调整。

主要人员配置参考表　　　　　　　　　　　　　　表 5-6-1

序号	工种	单位	数量	备注
1	拌和站操作手	人	12	负责拌和操作、指挥料车接料、混合料出场检测
2	运输车驾驶员	人	20	负责混合料覆盖运输
3	摊铺机操作手	人	4	负责摊铺机行进和操作
4	压路机操作手	人	7	负责混合料碾压成型
5	普工	人	15	负责工作面处理、结构物处理、交通管制、到场测温、运输卸料
6	水车、清扫车驾驶员	人	2	负责便道降尘、成品路面清扫

主要设备资源配置参考表　　　　　　　　　　　　　表 5-6-2

序号	工序		机械设备	规格、型号	单位	数量
1	拌和		沥青拌和楼	玛连尼 4500	座	1
2	运输		运输车	30t	辆	20
3	摊铺		摊铺机	福格勒 2100	台	2
4	沥青混凝土（AC）面层碾压	初压	双钢轮压路机	BW203AD-4	台	2
		复压	轮胎式压路机	P303K	台	4
		终压	双钢轮压路机	BW203AD-4	台	1
5	沥青玛琦脂碎石混合料（SMA）面层碾压	初压	双钢轮压路机	BW203AD-4	台	2
		复压	双钢轮压路机	BW203AD-4	台	3
		终压	双钢轮压路机	BW203AD-4	台	1
6	降尘		洒水车	12m³	辆	1
7	成品保护		道路养护清扫车	—	辆	1

5.6.2　工艺控制

沥青混凝土施工工艺流程如图 5-6-1、图 5-6-2 所示。

5.6.3　品质创新

1）工作面准备

（1）情况概述：清扫工作面后，人工使用吹风机吹净工作面，保证工作面干燥、清洁，确保层间黏结效果良好，结构物边部人工采用小桶+软刷的形式涂刷与结构层高度相同的沥青，上面层施工前在结构物高的一侧路缘带喷洒热沥青（图 5-6-3、图 5-6-4）。

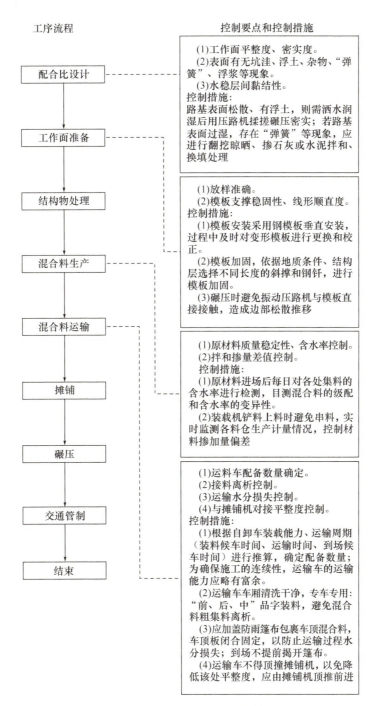

图 5-6-1 沥青混凝土施工工艺流程图(一)

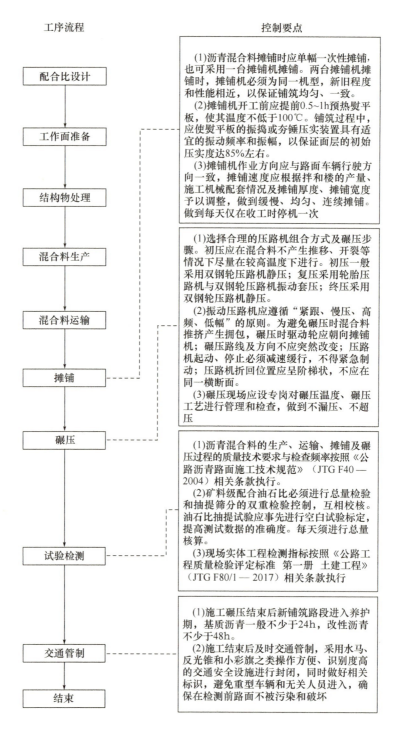

图 5-6-2　沥青混凝土施工工艺流程图(二)

图 5-6-3　边部路缘石涂沥青

图 5-6-4　路缘带喷洒热沥青

（2）适用条件：面层摊铺前工作面准备。

（3）优点：确保层间黏结效果良好，结构物边部与路缘石黏结良好，减少路缘带位置雨水下渗。

2）混合料生产

（1）情况概述：集料采用分层堆放，上料过程中，装载机从清仓线以上按顺序竖直铲料。

（2）适用条件：拌和站生产混合料。

（3）优点：可有效防止离析，防止底部粉尘混入，保证混合料质量。

集料分层堆放如图 5-6-5 所示。

3）混合料运输

（1）情况概述：出场前检查混合料出场温度；运输车厢顶部用篷布和棉被覆盖，卸料时只揭后 1/3 篷布，侧面及后挡板处用岩棉＋铁皮的形式覆盖（图 5-6-6、图 5-6-7）。

图 5-6-5　集料分层堆放图

图 5-6-6　五步接料法接混合料

图 5-6-7　预留测温孔

（2）适用条件：沥青混合料运输。

（3）优点：对沥青混合料保温效果好。

4）混合料摊铺

（1）情况概述：摊铺机挡板下设橡胶挡板，距地面 5cm 左右，在铺筑过程中设专人对路面边缘整形(图5-6-8、图5-6-9)。

图5-6-8　增设橡胶板防离析

图5-6-9　路面边缘整形

(2)适用条件:沥青混合料摊铺。

(3)优点:可有效防止混合料竖向离析,边部线形美观、顺畅。

5)混合料碾压

(1)情况概述:对碾压设备停放、摊铺起步区域铺设油布,用油布对碾压设备兜底。轮胎式压路机增加自动喷油装置,通过自动控制系统给轮胎式压路机轮胎均匀喷油(图5-6-10、图5-6-11)。

图5-6-10　碾压设备油布兜底

图5-6-11　自动喷油装置

(2)适用条件:沥青混合料碾压。

(3)优点:避免设备漏油对沥青路面造成污染和破坏;改变以往通过人工用拖把给轮胎擦油的方式,减少了人工投入的同时减少了人机交叉作业,避免因人工擦油引发的安全事故。

5.7　智慧化管理措施

项目以路面施工过程质量管理为对象,综合运用计算机、网络通信、差分定位、地理信息、物联网术、大数据分析等技术,结合先进的管理理念,集成原材料管理、试验检测管理、拌和站管理、施工现场管理、视频环保监测等功能,对项目的设备、材料、进度、质量、安全、环保等各种参数进行动态监管,通过对从原材料的出库,到沥青混合料的出场,再到摊铺现场的摊铺及压实,最后到对施工环境的监测等全过程数据进行实时采集和分析,做到"施工过程可监管、发现问题能预警、历史数据可追溯",提高项目质量管理水平,最终实现项目的质量管理目标。

信息化管控平台界面见图5-7-1、图5-7-2。

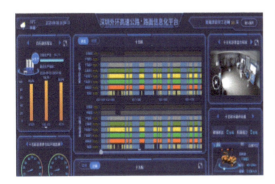 

图5-7-1　信息化管控平台(一)　　　　图5-7-2　信息化管控平台(二)

相关数据信息不仅可以通过计算机登录查看,亦可随时使用手机查看施工情况(图5-7-3),极为方便。

图5-7-3　手机随时查看施工信息

5.7.1　沥青运输管理

现有沥青原材料管理模式仅在沥青入库、出场和进站时进行试验检测,对材料在运输过程中的监管缺失。项目通过在沥青运输车上安装GPS定位监控设备,规定运输车行走路线,根据运输车行走轨迹划定有效的电子围栏,对每台沥青运输车辆进行身份识别,对车辆在运输过程中轨迹、运输时间、停车时间等进行监控,出现异常进行报警,及时处置,确保沥青在运输过程中可控。

5.7.2 拌和站管理

混合料生产监管系统通过在拌和机上安装监测装置,采集拌和机的生产数量、材料的级配组成、油石比、生产温度等数据,传送至平台的服务器,统计生产数量、关键材料消耗,自动分析混合料的配合比波动,并对生产中的超限指标及时通过平台向管理人推送短信进行报警,管理人员接警后及时处理,有效提高信息传递速度,随时掌握现场生产情况。

5.7.3 混合料运输

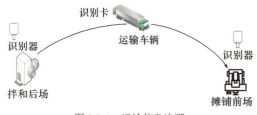

通过在拌和站和摊铺机上安装识别器,混合料运输车上安装电子标签,可获包括混合料运输车辆的装料时间、运输、卸料时间和具体桩号等信息,通过信息化平台将施工前后场的数据连接并储存在服务器中,管理人员通过计算机和手机随时了解前后场生产信息(图 5-7-4)。

图 5-7-4 运输信息追溯

5.7.4 混合料摊铺管理

通过在摊铺机上安装高精度定位传感器、线阵红外温度传感器,实时采集和监控摊铺机摊铺里程、速度、摊铺轨迹和摊铺温度等。将摊铺过程中所有数据实时传送到管理平台记录和存储,可在现场车载平板电脑终端和 LED 屏上同步显示,并通过设计值进行超限预警(图 5-7-5、图 5-7-6)。

图 5-7-5 沥青混合料摊铺机

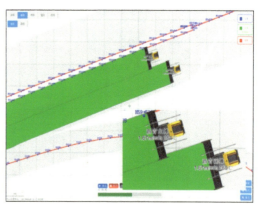

图 5-7-6 摊铺信息采集

5.7.5 混合料碾压管理

通过在压实机械上加装红外传感器、GNSS 流动基站、高精度定位设备,可查阅任意桩号段落路面工程的压实温度、压实遍数、压实轨迹、完成压实遍数的时间、压实速度等,客观评价各标段的施工质量;利用安装在驾驶室内的互联反馈系统,让操作手了解施工段落出现"漏压、超压"的具体位置,指导操作;通过密度仪对碾压完成的段落进行压实度复核(图 5-7-7、图 5-7-8)。

图 5-7-7　压路机监控配件　　　　　　图 5-7-8　碾压过程监控

5.7.6　试验检测管理

沥青三大指标采用内嵌计算机、网络设备的仪器进行检测,可实现沥青材料检测数据的自动采集、自动判定,从而实现对检测数据、检测频率的在线监管。检测数据统计及分析如图 5-7-9 所示。

图 5-7-9　检测数据统计及分析

5.7.7　视频监控管理

视频监控系统在拌和站、实验室、施工现场等施工相关环节一些重点区域安装网络云台摄像机、网络硬盘录像机(录像存储),采用宽带、第四代通信技术(4G)等方式将视频图像上传至服务器平台,再通过终端设备(计算机或手机)远程访问现场视频图像,实现施工现场质量安全监控的智能化、可视化。视频监控现场施工图见图 5-7-10。

5.7.8　施工进度管理和质量追溯

根据设计图纸建立线路每一结构层平面模型,通过现场摊铺机和压路机上收集的精确定位信息,将已施工的桩号段落用不同颜色填充,展示总体施工进度(图 5-7-11)。根据工程桩号,可以直接追溯施工日期和施工过程中的相关信息。

图 5-7-10　视频监控现场施工图

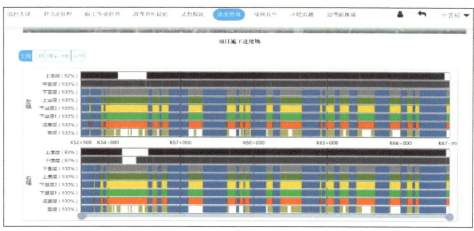

图 5-7-11　施工进度图

路面信息一体化管控平台提供拌和站、材料运输、摊铺、碾压、试验检测的数据查询、统计、回放，通过历史数据，动态、真实还原施工过程，为后期运营养护提供数据基础。

项目路面信息化平台在传统技术基础上加以整合，应用先进的计算机技术，与物联网技术相互融合，利用大数据技术，分析数据规律，预判质量趋势，实现提前预防、过程预警，由原来的"事后"检测指导施工转向"事中"预防控制，提高实体工程一次合格率。信息化平台的应用，将过程数据及时记录和储存，为施工质量追溯（图 5-7-12）和后续养护工作提供宝贵的第一手资料，在项目施工过程中尤其是在质量管理中发挥重要作用。

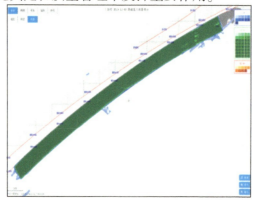

图 5-7-12　施工质量追溯

第6章 交通工程

6.1 波形梁护栏施工

波形梁护栏施工流程如图 6-1-1 所示。

1) 钢护栏立柱放样

(1) 立柱应根据设计图纸进行放样（图 6-1-2），并以桥梁、通道、涵洞、立交、平交等为控制点，进行测距定位，可利用调整段调节间距，并利用分配方法处理间距零头数。

(2) 立柱放样后，应调查每根立柱位置的地表状态，特别是埋设于路基中各种管道的准确位置；在施工过程中不允许对地下设施造成任何破坏，如遇地下通信、给排水、电力管线时，应调整某些立柱的位置或改变立柱固定方式。

(3) 为保证波形梁护栏整体线形顺畅，在立柱正式施工前每隔 5～10m 插一根钢钎，然后用线将所有钢钎串起来，以确保立柱整体平顺。

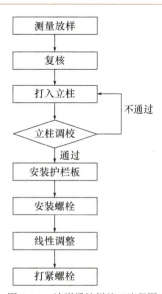

图 6-1-1 波形梁护栏施工流程图

图 6-1-2　波形梁护栏立柱放样

2）钢护栏立柱安装

（1）采用打入法设置立柱。当覆土深度超过立柱打入设计深度时，采用打入法施工。在立柱打入前，提前在立柱上标注好埋深高程，然后严格按照确定的位置，将立柱打入。在立柱打入过程中要多次用水平靠尺检查立柱垂直度（图 6-1-3），确保立柱垂直。当立柱打入距设计深度 5～10cm 时应以 1m/2min 的速度慢速击入（正常 1m/min）至设计深度。当打入过深时，不得将立柱部分拔出加以矫正后就位，而须将其完全拔出，将基础夯实后重新打入。

波形梁护栏立柱距路缘石距离复测如图 6-1-4 所示。

图 6-1-3　波形梁护栏立柱垂直度检查　　　图 6-1-4　波形梁护栏立柱距路缘石距离复测

（2）对于覆土深度不足的明涵洞或通道，应在土建施工时提前预埋套筒，或采用混凝土浇筑基础埋设立柱。埋设立柱时，回填料应采用性能良好的相同材料并分层夯实（每层厚不得超过 15cm），回填土的压实度不应小于相邻原状土。采用预留孔基础时，应先清除孔内杂物，吸干孔内积水,将准备好的沥青在孔底涂一遍,然后安装立柱。控制好高程后,立即用土填充立柱与预留孔缝隙,在填充时一定要保持立柱垂直度。

(3)对于立柱下是坚硬的岩石或打入困难时,可采用钻孔法安装立柱。安装立柱后,立即用土填充立柱与预留孔缝隙,在填充时一定要保持立柱的垂直度。

3)波形梁安装

(1)波形梁护栏板的搭接方向是安装的关键,因为搭接方向错误,即使是轻微的擦碰,也会对事故造成较大的损伤,更起不到安全防护作用,所以波形板的安装搭接必须与行车方向保持一致,不可逆向。因此,在安装前一定要提前向施工人员交代好行车方向,在卸运波形梁护栏板时就有意识地把波形板按安装方向摆好,这样既可避免搭接方向错误,也可以有效提高安装效率。波形梁护栏拼接方向如图 6-1-5 所示。

图 6-1-5　波形梁护栏拼接方向示意图

(2)在摆放波形梁板前首先在地上摆放好绑有油毛毡的方条(图 6-1-6),然后再将波形梁板放在方条上,避免波形梁直接放在路面上对路面面层及波形梁板防腐涂层造成损坏。

(3)波形梁在安装过程中应不断进行调整,因此不宜过早拧紧连接螺栓及拼接螺栓,以便在安装过程中利用波形梁的长圆孔及时进行调整,使其形成平顺的线形,避免局部凹凸。

(4)安装时波形梁顶面应与道路竖曲线相协调,并检查护栏的线形,当确定线形比较直顺和流畅时,方可拧紧螺栓。

波形梁护栏完工效果如图 6-1-7 所示。

图 6-1-6　油毛毡的方条

图 6-1-7　波形梁护栏完工效果图

6.2　标线施工

标线施工流程如图 6-2-1 所示。

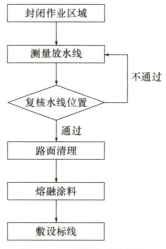

图 6-2-1 标线施工流程图

（1）标线施工前应设置安全设施，将作业区域封闭，阻止车辆在作业区内通行，保证作业人员安全及防止将涂料带出或形成车辙，直至标线充分干燥。正式划线前，按设计图纸进行测量，然后用清晰的乳胶材料用画线车依次放出车道边缘线以及车道分界线的水线（图 6-2-2），检查无误后再进行标线的施划工作（图 6-2-3）。

（2）设置标线的路面表面应清洁干燥，无松散颗粒、灰尘、沥青、油污或其他有害物质；划线机前 5m 应安排专人清扫线位，并与划线机同步向前。

（3）施工时还应根据温度情况调节热熔涂料的温度（180~220℃），以保证涂料的色泽与黏结力。

图 6-2-2 标线放样

图 6-2-3 标线施划

（4）玻璃珠的撒布应均匀且足量，保证标线有足够的反光度和耐磨性。玻璃珠的撒布还应符合深圳市相关地方标准的要求。

（5）划完的所有标线应顺直、平滑、光洁、均匀及外观精美，标线厚度、逆反射系数应满足设计要求。

（6）标线施工应在晴朗的天气下进行，阴雨天、尘埃大、外部影响多时尽量不要施工。

标线完工效果如图6-2-4所示。

图6-2-4　标线完工效果图

6.3　标志施工

标志施工流程如图6-3-1所示。

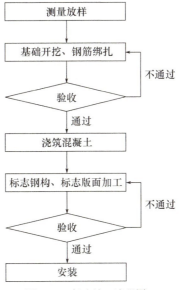

图6-3-1　标志施工流程图

（1）标志施工前应根据图纸进行现场放样，确定标志基础位置，根据现场实际情况判定标志位置的准确性和适合性，保证标志设置后能够满足正常使用要求，充分发挥标志的作用。若道路沿线的构造物、高压线等对标志产生遮挡时，应及时上报监理工程师，调整标志位置。

（2）基础开挖时要控制好高程及尺寸，基础开挖、钢筋绑扎完成后应报监理工程师验收，经

图 6-3-2 基础养护

监理工程师批准后方可浇筑混凝土。基坑验收合格后,要及时进行混凝土浇筑工作,防止雨水进入。

(3)基础表面外观必须平整、光洁,无蜂窝、麻面等。按规定进行 7d 混凝土养护(图 6-3-2),强度达到 85% 后方可拆模。拆模时防止破坏混凝土表面,拆模后及时对基础周边进行回填,回填土分层夯实,并与四周的地面平齐。

(4)基础施工均应保证对施工现场周围已完工程的保护,严禁破坏已完工程项目。

(5)标志钢构和标志版面运到现场后,应对尺寸、版面内容、外观等进行全面检查验收,合格后方可进行安装。

6.4 隔离栅施工

(1)安装位置准确放样:施工前,需对隔离栅安装放样,确定走向后,从中间向分两头或单向进行施工。

(2)安装前地面条件确认:隔离栅安装前地面应大致平整,清除杂物、树木、树根,尽量避免地形突变,必要时应适当平整土方,以达到外观整齐美观的要求。

(3)采用 C25 混凝土基础,承包人应根据设计图纸要求,使用预拌混凝土;基础养护 7d,在此期间,需要采取临时措施稳固立柱,立柱上不能安装或拉紧网片,以防变形。

(4)基础达到强度后,拆除临时支撑,挂好隔离栅网片,拧紧连接螺栓。

(5)隔离栅安装完成后,要求网面平整,无明显翘曲现象。

隔离栅完工效果如图 6-4-1 所示。

图 6-4-1 隔离栅完工效果图

6.5 防抛网施工

(1)对照图纸,确定施工起点位置。

(2)打孔、安装立柱并调整竖直,对于桥梁护栏顶面有起伏的位置,打磨处理后再安装立柱。

(3)按顺序摆放网片,对照位置后,开另一个立柱孔,重复步骤(2)。

（4）施工中注意调整网片线形，保证整段防抛网在一个立面上，网片平整，无明显翘曲现象。

（5）施工中应特别注意安全，杜绝不系安全带登高、周边不摆放警示物的情况。

6.6 品质创新

6.6.1 热浸镀锌聚酯复合涂层防腐工艺

外环高速公路交安工程全部采用热浸镀锌聚酯复合涂层的双层防腐工艺，防腐涂层总厚度 115μm（镀锌内层 39μm、聚酯外层 76μm），与传统的纯镀锌涂层工艺相比具有如下优点：

（1）热浸镀锌聚酯复合涂层由热浸镀锌内涂层和静电喷涂聚酯外涂层组成，避免了纯镀锌工艺构件在使用一段时间后，锌层表面发生氧化致使防腐效果变差，镀锌层氧化流失对土壤和水源污染，表层容易黏附灰尘使结构物黯淡无光等缺点，其防腐效果好，使用寿命更长，耐久性更强，更适宜在地处亚热带海洋气候的深圳工程项目中使用，且复合涂层本身不易黏附灰尘，少量灰尘经雨水冲刷即除，能更好地维持防抛网整体外观色泽。

（2）热浸镀锌聚酯复合涂层的上层塑层颜色可定制，能够满足建设单位的个性化需求，为单调的公路增添活力。

（3）波形梁护栏、标志钢构等交通安全设施颜色全部选用灰色系，简洁大方，与全线环境融合，协调统一。

6.6.2 双横梁可移动护栏

为进一步提高公路隧道行车安全，避免类似京昆高速公路秦岭 1 号隧道大客车撞击隧道洞门事故的再次发生，外环高速公路对全线 2 处桥梁接隧道入口护栏过渡段进行专项设计——采用双横梁可移动护栏，有效解决桥隧相接处的过渡问题。该护栏具有如下优点：

（1）防护性能：可达 SB 级（四级 280kJ），安全可靠。

（2）无缝过渡：与隧道洞口检修道侧面平齐，当检修道处有管线等构造物时，双横梁可移动护栏的横梁可连接至洞口内的隧道壁；与桥梁护栏可实现无缝过渡。

（3）桥面破坏小、施工便捷：每处隧道入口护栏，仅需对首末两端及每个锚固单元在 2m 范围内与桥面进行植筋锚固，中间活动单元仅需螺栓拼插连接，不需要连续钻孔、开挖等作业。

（4）养护便利：小型车普通碰撞无须养护，大型车碰撞后更换损坏单元即可。

6.6.3 波形梁护栏立柱柱帽防盗设计

外环高速公路全线波形梁护栏立柱柱帽均采用防盗设计（图 6-6-1）——在传统柱帽中间加焊一个带孔的条形网片，通过用于连接防阻块和立柱的连接螺栓将其固定，进而避免因柱帽丢失而导致雨水进入立柱内部，缩短立柱及连接螺栓的使用寿命。

图 6-6-1　柱帽防盗设计

6.6.4　深圳标准Ⅱ型热熔反光型标线

深圳外环高速公路采用独创的深圳标准Ⅱ型热熔反光型标线,与国家标准相比,标线内掺更多的玻璃珠,材料抗压性能、耐磨性能显著更高,提升标线在合理使用年限内耐久性和反光性。各类热熔型标线性能对比见表6-6-1。

各类热熔型标线性能对比表　　　　表6-6-1

涂料型号	软化点(℃)	玻璃珠含量(%)	亮度因素	抗压性能(MPa)	耐磨性能
国家标准普通型	90～125	0	≥0.75	≥12	≤80
国家标准反光型	90～125	18～25	≥0.75	≥12	≤80
深圳标准Ⅱ型	100～120	≥30	≥0.75	≥15	≤50

6.6.5　全自动数显逆反射系数检测仪、标线厚度检测仪

现场使用更先进的全自动数显逆反射系数检测仪(图6-6-2)及标线厚度检测仪(图6-6-3),仪器只需要放置在完成的标线上,即可测出逆反射系数及标线厚度,不仅大幅降低检测工作难度,而且检测数据可靠,施工过程中定期抽检,能有效控制施工质量,提高标线合格率。

图 6-6-2　逆反射系数检测仪

图 6-6-3　标线厚度检测仪

6.6.6 机电和交通安全门架一体化设计

外环高速公路沿线设有路灯、全断面车牌识别、可变式情报板、不停车电子收费系统（ETC）、交通标志等众多设施，为响应深圳市委市政府"智慧城市""智慧道路""多杆合一"的号召，建设单位从资源整合、节能环保、避免资源浪费以及提升沿线行车视线观感的理念出发，通过整合机电、交通安全门架，优化交通安全标志，实现了资源的"共享、集约、统筹"（图6-6-4、图6-6-5）。

图6-6-4　机电和交通安全门架一体化设计　　　图6-6-5　交通安全标志整合设计

6.6.7 "0123123…0123"新型防抛网组合形式

外环高速公路防抛网采用"0123123…0123"的组合模式，0号为圆弧端头网片，1、2、3号分别是宽度0.9m、1.5m、3m的长方形网片，按照1、2、3号网片周期循环布设，打破了传统防抛网样式单一突兀的模式，与环境更协调，使驾驶员与乘客感官更舒适。

防抛网完工效果如图6-6-6所示。

图6-6-6　防抛网完工效果图

第7章
艺术品质工程

7.1 挡土墙装饰

7.1.1 城区挡土墙艺术设计

道路是一种基本的城市线性开放空间,不仅是城市的骨架、城市交通的主体,也是展现城市风貌的重要场所。而城市道路景观则是反映城市面貌和城市个性的重要因素。

随着经济的快速发展,道路景观的改造升级成为城市建设的重点,也是城市形象提升的最直观的手段。挡土墙作为城市道路建设中的重要施工项目,对其进行景观设计以及应用是城市景观建设的必然要求。挡土墙是人们生活中常见的一种城市的景观,与人们的生活十分贴近。挡土墙的墙面要有非常明显的层次感,以此来获得更高的观赏价值。然而单单是线性顺直、光滑的挡土墙并不能达到这种要求,应根据场所特征,综合考虑人的行为和心理需要及车行和人行的空间关系,使改造后的挡土墙在城市空间中真正成为亲切的景观,不影响整体挡土墙质量又能保证经济效益最大化,增加挡土墙刻槽,形成一定的韵律节奏感,使挡土墙不再是单一的工程结构,而是融入生活中,成为自然景观中的一个重要组成部分。

暴露于自然环境中的挡土墙时刻受到空气中各种腐蚀因子的侵蚀,为了保护挡土墙免受腐蚀,延长使用寿命,正确合理地采用防腐涂料对挡土墙而言,可以在混凝土表面形成屏蔽阻隔层,以阻止氯离子、二氧化碳等进入混凝土造成腐蚀,还能对已碳化疏松和开裂的混凝土表面起到增强作用;同时通过涂料涂装与周围环境景观相协调的色彩,达到挡土墙的美感与周边景观的和谐一致。

因此,为了使外环高速公路路基段融入街道景观,应对挡土墙增加刻槽及涂装,从而实现人工景观与自然的完美过渡,提升整体景观效果(图7-1-1)。

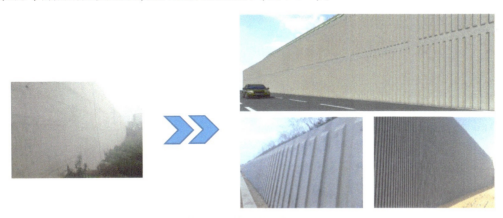

图7-1-1 挡土墙外观效果图

在传统挡土墙外侧单一平面的基础上增加竖向刻槽,增强立体感,提升挡土墙外观效果。槽深5cm,槽宽18cm,等间距布置,纵向每隔20m设置一道50cm宽槽,竖向每隔4~5m设置一道50cm宽横向槽,防止眩晕(图7-1-2)。

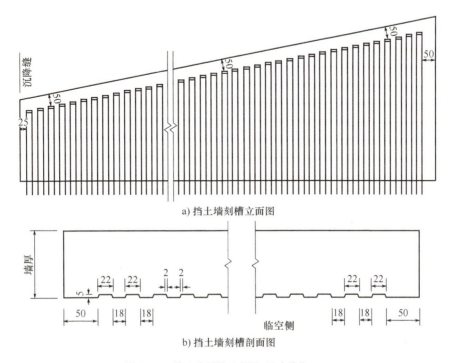

图7-1-2 挡土墙刻槽示意图(尺寸单位:cm)

7.1.2 外观要求

临路挡土墙为达到与周边环境协调的整体景观效果,表观质量控制尤为重要,通过严格工艺控制,必须达到如下要求:槽体棱线顺直完整、表面平整光洁、色泽均匀、拼缝严密平顺,无缺棱掉角、无蜂窝麻面、无砂线水纹、无漏浆错台。即使设计有涂装,也应严格控制混凝土表观质量,若表观缺陷过多,会增加大量的处理工作,且处理效果往往不理想,比如缺棱掉角的修补难度大,导致最终涂装难以达到预期目标效果。

7.1.3 施工工艺控制要点

外观质量的好坏重点在模板和混凝土的品质控制上,在此基础上严格涂装材料配比和现场涂装细节控制,达到美观的效果。

1) 模板加工、安装及拆除

分块开槽模板采用统一机床上整体卷压成型,确保槽口尺寸一致,各分块间上下对接严密顺直,卷棱线自带圆弧便于脱模,模板背肋应具有足够的刚度以确保开槽面板平整不变形。

模板安装时,拼缝间粘贴1mm厚双面胶,连接螺栓全部紧固到位,确保拼缝紧固严密不漏浆,板面清洁无污物,均匀涂刷脱模剂。

内外侧模板对拉丝杆安装时,先安装与杆孔同尺寸的硬聚氯乙烯(PVC)套管(图7-1-3),套管口伸出杆孔1~2cm,然后再安装拉丝杆并紧固牢靠,确保拉杆孔处不漏浆。

a) 对拉丝杆匹配PVC套管

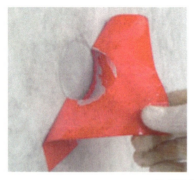 

b) 包边修补对拉孔

图7-1-3 对拉丝杆处理

模板拆除待混凝土强度至少达到设计强度的60%时方可拆除,人工配合吊车,严禁硬撬生拖,确保混凝土面棱角完整。

2)混凝土品质控制

混凝土配合比设计、拌和应具有高性能要求,如高流动性、大坍落度、低水胶比、无泌水和色差(图7-1-4),除了需要相同产地、相同制造商和相同品牌的原材料外,其具体技术参数的控制高于现行国家标准。例如,应通过现场清理来控制砂石含泥量,水泥和粉煤灰严格检验,以确保原材料的性质和质量始终保持不变。选择具有高效减水、缓凝、微膨胀和气泡均质特性的添加剂也是至关重要的。

图7-1-4 挡土墙拆模后效果

3)基面处理及涂装

(1)混凝土基面清理

利用砂纸和砂轮打磨机对混凝土基层面上的浮灰、油污、泥浆、反碱、错台等附着或凸出物进行清理,保证基层坚固、平整。

(2)修补找平

用调配后的环氧腻子对结构物表面的气泡、麻面、沙线、剥棱、破口等表观缺陷进行修补找平,其颜色应与混凝土表面颜色尽可能一致,待第一遍干透后进行第二遍批嵌。

(3)消痕处理

修补环氧腻子找平24h后,检查是否有刮涂棱痕,用砂纸和鎏刀消除痕迹。

(4)调色涂装

将清水混凝土下地调整材料与清水混凝土硅烷渗透型建筑防护剂均匀搅拌,涂装到混凝土面,视色差效果情况,一般情况下刷一层,色差不理想再刷第二层(下地调整材料单位面积质量为0.033kg/m²,硅烷渗透型建筑防护剂单位面积质量为0.160kg/m²)。

(5)防水处理

利用清水混凝土水性透明保护剂对涂装层进行防水处理(水性透明保护剂单位面积质量为0.12kg/m²)。

基面处理及涂装工艺流程如图7-1-5所示。

7.1.4 品质创新

采用清水混凝土涂料进行挡土墙外观装饰,与传统水性丙烯酸封闭漆+水性氟碳面漆涂料相比较,除了操作简单便捷、整齐美观、原色相容外,其费用仅为传统涂料的50%,节约成

本,又便捷实用。清水混凝土涂料具有如下特点:

(1)简单快捷:混凝土清水装饰涂料性能好,施工工艺简单。

(2)超薄修补:混凝土清水装饰涂料与旧混凝土黏结强度高,涂层更薄,可以达到3mm,并且不脱落和断裂,特别对于亚麻表面及剥落部位,可以实现超薄修补、防止病害扩大。

(3)整齐美观:该技术与旧混凝土有较好的相容性、与原水泥混凝土面颜色接近,可根据原面颜色调整材料颜色,达到更好的颜色相容性,修补后有较好的美观度,最大化保留混凝土原有质感。

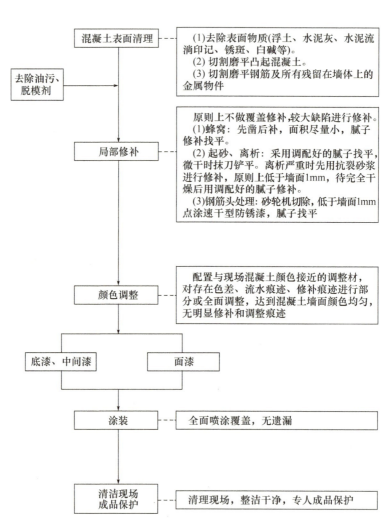

图 7-1-5　基面处理及涂装工艺流程图

7.1.5　改进提升建议

1)基底处理

对于混凝土表面缺陷,原则上修补的数量和部位越少越好,尽量保持混凝土原有肌理,对

严重影响外观效果部分进行修补处理,并保证涂装后尽量接近现浇混凝土表面的效果。以下列举出几项对混凝土表面进行处理的要求:

(1)对混凝土表面油迹、锈斑、明显裂缝、流淌及冲刷污染痕迹等明显缺陷需进行处理。

(2)直径大于4mm的蜂窝孔洞和宽度大于0.3mm以上的裂缝需进行充填修补,对于一些较小的缺陷,可以基本不做修补,保持基底的真实感。

(3)修补腻子通过掺加调色剂处理,颜色基本与混凝土表面颜色基本一致后,再进行修补。

(4)用砂轮机打磨的错台涂装后颜色会与周围不同,因此尽量不要用砂轮机磨平,而用錾刀铲平;当错台较大确实需要使用砂轮机磨平时,磨平后需要调色水泥浆修补平整。

(5)原有施工模板禅缝原则上不进行修补,以避免破坏禅缝的自然效果。

2)颜色调整

此工序是清水混凝土修补工序中最为关键的一个环节,对施工人员和材料都有较高要求,颜色调整主要针对清水混凝土墙面缺陷修补后造成的色差和浇筑后的施工色差,步骤如下:

(1)首先对色差部分进行调整,弱化色差。

(2)整体对清水混凝土面进行统一调整,保证涂装后混凝土面无明显色差、表面光洁并保留部分混凝土自然肌理和质感。

7.2 隧道洞口装饰

7.2.1 洞门设计

洞门景观是隧道的主要景观因素,对周围景观起主导作用。洞门景观设计包含洞门、边坡和铭牌等景观因素,除工程构筑物本身的美感外,还包括与周围环境协调、工程损伤引起的环境恢复和人们的认同反映。

深圳外环高速公路白花洞隧道左线长227m、右线长237m,隧道形式为小净距11.5~13m,复合式二次衬砌。隧道左线出口采取端墙式混凝土洞门墙,普通嵌入式刻字铭牌,设计中规中矩;隧道右线出口明洞35m采取混凝土偏压挡土墙。

为提升隧道洞门景观,白花洞隧道右线出口明洞35m偏压挡土墙设置竖向刻槽,槽距18cm,海灰色氟碳喷涂装饰;左线隧道出口端墙式洞门海灰色真石漆装饰,红底白字印章式铭牌。洞门结合偏压挡墙刻槽,整体呈海灰色基调,展现着自然闲适与宁静安然;红色印章代表吉祥、乐观、喜庆之意(图7-2-1)。

图7-2-1 隧道洞口装饰现场效果图

7.2.2 混凝土挡土墙施工工艺

1)模板支立

偏压式挡土墙、洞门端墙高12m左右,采取翻模浇筑施工,单次浇筑高度1.2m,竖向分10次立模浇筑,纵向1次浇筑成型。

偏压式挡土墙墙身模板由外模和刻槽模板拼装组成,其中外模采用1.2m×2.4m标准竹胶板,刻槽模板采用定型钢板,现场拼装固定牢固,一次拼装1.2m高。洞门端墙采用1.2m×2.4m标准竹胶板,现场加工制作一次全长拼装,高1.2m。

模板拼装加固完成后需经现场技术员检查验收,模板尺寸、平整度、线形等满足要求后方可进行下道工序。模板内、外侧现场效果分别如图7-2-2、图7-2-3所示。

图7-2-2 模板内侧现场效果图

图7-2-3 模板外侧现场效果图

2)模板加固

洞门端墙与偏压挡土墙均采用钢管和方木加固模板,竖向采用5cm×10cm方木做肋加固,间距30cm;纵向采用φ48mm短钢管、φ16mm对拉螺杆加固固定,间距80cm。挡土墙墙身模板安装时,注意校正模板的倾斜度,确保挡土墙的坡度满足设计要求。

3)混凝土浇筑

混凝土采用混凝土搅拌站集中生产,混凝土运输车送至施工作业点,料斗吊送入模,出料口下面混凝土堆积高度不宜超过1m,混凝土分层浇筑,其厚度30~40cm,用插入式振动棒进行振捣。

图7-2-4 墙面洒水养护现场图

4)混凝土养护

混凝土浇筑后及时洒水养护,保持混凝土表面湿润,如图7-2-4所示。混凝土的洒水养护时间一般为7d,可根据空气的湿度和温度情况,酌情延长或缩短。

5)其他

(1)在每一次浇筑完成最后一层混凝土时,于混凝土初凝前在混凝土上设置接茬钢筋,增大上下层新旧混凝土之间的黏结力。施工缝清除已硬化的混凝土表面的浮浆、松动的石子及软弱混凝土层,并用清水湿润。

(2)采取翻模施工剩余节段挡土墙。注意在施工中按设计要求设置好泄水孔和沉降缝。混凝土浇筑到顶面时,在混凝土初凝前进行二次收面、修整、抹平,使混凝土外露面平整密实、线形顺直、棱角分明。局部拆模后效果和挡土墙墙面整体效果分别如图7-2-5、图7-2-6所示。

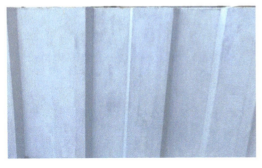

图7-2-5 局部拆模后效果图

图7-2-6 挡土墙墙面整体效果图

7.2.3 洞门装饰施工工艺

1)表面清洁

将混凝土表面的浮灰、水泥渣、脱模剂等污染物用砂轮片打磨干净(图7-2-7);局部受油污污染的表面擦洗干净;将模板痕迹和错台打平,错台较高部位应尽量打低,以形成平滑过渡区;存在于混凝土表面的金属焊渣、绑扎铁丝头、铁钉头等应清除干净。

2)表面修补

对于表面的凹坑、棱角线缺陷、砂眼、孔洞、蜂窝麻面以及模板痕迹等问题,采用环氧腻子进行修补,如图7-2-8所示。

图7-2-7 打磨后的洞门端墙表面

图7-2-8 洞门端墙表面修补

粗底腻子挂网防开裂(网格布)每次批刮腻子的厚度控制在2mm以内,且批刮腻子总厚度不超过3mm;柔性腻子做面涂每次批刮腻子的厚度控制在1.5mm以内,且批刮腻子总厚度(与粗底抗裂腻子)不超过5mm。对于深度较大的缺陷修补后先用旧的砂轮片打磨平整,再用砂纸打磨平整。

3)涂刷封闭漆

按产品说明书要求配好涂料,并按规定加入稀释剂,搅匀后放置15~20min;腻子打磨后采用滚涂法涂装一道 40μm 水性丙烯酸封闭漆;封闭漆滚涂时要求涂层均匀、色泽一致,不得有流挂、漏涂、气泡等现象,如图 7-2-9 所示。

4) 勾缝分格

按照砖线 300mm×600mm 压缝处理、砖缝 1cm 宽的设计要求,在墙面打好水平,量好尺寸,用墨盒弹线定好位置,并贴美纹纸作保护。端墙划线如图 7-2-10 所示。

图 7-2-9 洞门表面涂刷封闭漆

图 7-2-10 端墙划线

5) 表面装饰

偏压挡土墙涂刷氟碳面漆,将涂料配好并加规定量的稀释剂;严禁漆膜干后局部修补涂刷,避免表面颜色差异;放置久的漆料滚涂过程中要多搅拌,使漆料均匀,面漆厚度为 40μm。

外墙装饰效果如图 7-2-11 所示。

洞门端墙用外墙真石漆连续喷涂两道(图 7-2-12),密度为 3.5kg/m³、厚度为 1.8~2mm;喷天然碎石漆罩面漆一道(图 7-2-13)。由于真石漆采用天然彩砂原料配置,各批次间会有轻微的色差现象,施工时应采用同一批料、同一批人施工于同一面墙。整面墙体应由上而下,一气呵成,避免间断施工造成的新旧色差。

图 7-2-11 外墙装饰效果图

图 7-2-12 喷涂外墙真石漆

图 7-2-13 喷天然碎石漆罩面漆一道

7.2.4 洞门印章施工工艺

1）印章轮廓安装

洞门印章红底，不锈钢字体成品安装，外表面喷涂白色耐候漆。作业人员乘高空作业车，使用磨光机先将混凝土表面的浮灰、水泥渣、脱模剂等污染物用砂轮片打磨干净，将不锈钢成品印章轮廓安装在预留方框内，如图 7-2-14 所示。

2）印章轮廓周边补齐

印章轮廓四周采用高空作业车辅助，先植筋、挂钢筋网片，然后采用黏结砂浆补齐，黏结砂浆每次厚度控制在 20mm 以内，最后一层铺挂网格布，如图 7-2-15 所示。印章内采用环氧腻子进行修补、找平，腻子干燥后表面打磨平整。

图 7-2-14　安装不锈钢印章轮廓

图 7-2-15　印章四周补齐

3）涂刷印章底漆

腻子打磨后采用滚涂法涂装封闭漆 1 道，用外墙真石漆连续喷涂 2 道，密度为 3.5kg/m³、厚度为 1.8~2mm，效果如图 7-2-16 所示。

4）字体黏结

作业人员利用高空作业车将不锈钢字体成品使用黏结砂浆与墙体黏结在一起，现场效果如图 7-2-17 所示。

图 7-2-16　完善印章底色

图 7-2-17　墙面字体黏结现场效果图

7.2.5 改进提升建议

(1)洞门端墙应结合洞门结构受力设置竖向沉降缝和竖向装饰线条,如全部为方格分缝比较单调。

(2)洞门的二次装饰尽可能"轻薄",选择优质材料,避免装饰材料脱落,影响运营期间安全。

(3)印章轮廓建议在浇筑时采取镶嵌的方法或者后期剔凿,尽可能一次成型避免大面积修补。

(4)洞门端墙、偏压挡土墙高大墙体养护采用的是洒水车喷水养护,也可采取涂膜方式养护,有利于节能、环保。

(5)洞门附近装饰尽可能统一,避免色差干扰,影响美感。

7.3 桥梁装饰

7.3.1 城区桥梁艺术设计

随着经济的快速发展,道路景观的改造升级成为城市建设的重点,也是城市形象提升的最直观的手段。桥梁作为城市道路建设中的重要施工项目,对其进行景观设计以及应用是城市景观建设的必然要求。为了使城市桥梁工程建筑风格符合工程美学,并与自然环境和谐相融,体现地域自然、人文环境、传统文化等特色,对桥梁结构物进行景观设计和提升改造,具体方案如下:

(1)已施工大部分墩柱两侧已刻槽(图7-3-1),在景观要求路段墩柱增加涂装,解决桥墩色差,提升景观效果。

(2)未施工节点桥和二期标段内墩身采用四面刻槽,景观路段墩身进行涂装。

(3)将原外侧直立式防撞护栏调整为弧形三线凸槽形式(图7-3-2),提升桥梁肌理感,使桥梁外侧曲线优美简洁。

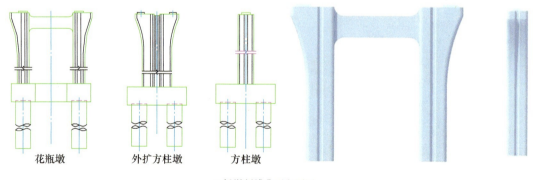

a) 桥墩刻槽典型立面图

图 7-3-1

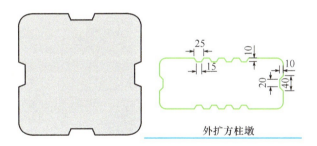

外扩方柱墩

b) 桥墩刻槽典型断面图

c) 桥墩刻槽整体示意图

图 7-3-1　桥墩外形设计图(尺寸单位:cm)

a) 原防撞墙

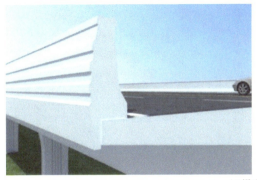

b) 提升变更后

图 7-3-2　防撞墙外形设计图

7.3.2 外观要求

外观要求同第 7.1.2 节。

7.3.3 施工工艺控制要点

施工工艺控制要点同第 7.1.3 节。均匀涂刷脱模剂如图 7-3-3 所示。

图 7-3-3 均匀涂刷脱模剂

墩柱涂装前后效果如图 7-3-4 所示。基面处理及涂装工艺流程如图 7-1-5 所示。

a) 装前效果　　　　　　　　　　　　b) 涂装后效果

图 7-3-4 墩柱涂装效果示意图

7.3.4 品质创新

品质创新同第 7.1.4 节。

7.3.5 改进提升建议

改进提升建议同第 7.1.5 节。

第8章 环保工程与文明施工

8.1 扬尘治理

8.1.1 施工环境特点

深圳外环高速公路深圳段工程全长60km,设置互通立交15处,与深圳市多条高速公路和城市主干道相连,线路纵向高程受到严格的控制,导致工程挖、填工程量较大;同时工程线路里程长,跨越城市建成区及多个水源保护区,所经区域发达,社会关注度高,对环境保护要求高,因此必须做好施工期扬尘治理工作。

本工程施工期扬尘污染主要包括:挖土、填方、推土、挖运土方和砂石、土等的装卸、运输过程中大量散逸到周围环境空气中的尘埃;运送物料的汽车引起的扬尘;物料堆放期间由于风吹等引起的扬尘,如图8-1-1所示。

工程施工期扬尘治理具有以下特点:
(1)裸露土体范围广、施工时间长,扬尘治理点多面广且周期长。
(2)跨越地方道路、河道和水源保护区多,扬尘治理标准高。
(3)涉路、涉河等交叉施工多,扬尘治理受周边环境影响大、处于动态变化。

图 8-1-1　工程施工环境

8.1.2　扬尘治理措施

为打赢深圳蓝天保卫战,做好本工程扬尘治理工作,根据国家、广东省以及深圳市关于工地扬尘治理的规定和要求,本工程按照深圳市扬尘治理"7 个 100%"目标要求,实现扬尘治理标准化、智能化管理。

(1) 施工围挡及外架全封闭

工地按照深圳市建设工程施工围挡改造提升的工作要求和标准设置围挡,施工围挡应连续、坚固、稳定、整洁、美观。工地外脚手架须按规定安装密目式安全网进行密实封闭,如图 8-1-2 所示。

图 8-1-2　施工围挡及外架全封闭

(2) 行车道 100% 硬底化

工地出入口、主要场地、道路、材料加工区须按规定进行硬底化,并定期对路面进行冲洗,保持路面干净整洁,如图 8-1-3 所示。

(3) 出入口 100% 安装冲洗设施

工地出入口须按规定配备车辆自动冲洗设备和沉淀过滤设施,保证出工地车辆的车身、车轮、底盘冲洗干净后上路,如图 8-1-4 所示。

(4) 易起尘作业面 100% 湿法施工

工地内干燥易起尘的施工作业面应洒水维持表面湿润。施工现场主要道路、围挡和其他易产生扬尘污染的部位安装固定喷雾、喷淋装置,拆除工程、基础施工,土方作业工地每 1000m² 配置一台移动雾炮机,单台雾炮机覆盖半径不小于30m,如图8-1-5所示。

图8-1-3　行车道100%硬化

图8-1-4　出入口100%安装冲洗设施

图8-1-5　易起尘作业面100%湿法施工

(5)裸露土及易起尘物料100%覆盖

裸露泥地应覆盖防尘网或者进行绿化,做到边施工、边覆盖、边绿化;易起尘物料应采用专用仓库、储藏罐等形式分类存放;砂石、建筑土方等细散颗粒物料应采用防尘网进行覆盖,如图8-1-6所示。

图 8-1-6　裸露土及易起尘物料100%覆盖

（6）出入口100%安装总悬浮颗粒物（TSP）在线监测设备

工地出入口应按规定安装总悬浮颗粒物（Total Suspended Particulate，TSP）在线自动监测设施和视频监控系统。视频监控设备应能清晰监控车辆出场冲洗情况及运输车辆车牌号码等；TSP在线监测设备应接入深圳市统一监测、监管平台，实现TSP数据实时监测、实时上传，及时监控并控制扬尘污染，如图8-1-7所示。

图 8-1-7　出入口100%安装TSP在线监测设备

8.1.3　资源配置

扬尘治理施工人员配置以杂工为主，设备资源配置以挖掘机、雾炮机和洒水车为主，具体资源配置根据现场扬尘治理实际需求确定。

8.1.4　问题及建议

本工程路线长、互通立交多，扬尘治理工作点多面广且周期长，同时跨路、跨河施工较多，扬尘治理工作受外部环境影响大，因此要保持扬尘治理长效机制，需建立外部有效沟通和联络机制，及时根据外部环境变化完善扬尘治理措施。

8.2 水土保持

8.2.1 施工环境特点

深圳外环高速公路深圳段路线长、互通立交多（图8-2-1），挖、填工程量大，导致本工程水土流失防治区域大；同时本工程跨越城市建成区、多个水源保护区及河道，所经区域发达，社会关注度高，对水土保持要求高，为此必须做好施工期水土保持工作。

图 8-2-1　工程施工环境

本工程施工期水土保持具有以下特点：

(1) 本工程地貌类型以低山丘陵和冲积平原为主，属南亚热带季风气候，土壤类型为赤红壤，土层较薄，植被茂盛，植被一旦遭到破坏，水土流失非常严重。

(2) 本工程建设施工开挖、填筑、弃渣损坏地表，水土流失主要发生在主体工程区及弃渣场区，而主体工程区中又以挖、填方区水土流失最为严重，桥梁区水土流失居中，服务区、临时道路区和施工临建区水土流失较小。

(3) 施工期线路土壤侵蚀线长、点多、面广，因此需结合主体工程建设特点，对水土流失防治进行分区管控并确定水土流失防治重点，做到全面规划、综合治理。

8.2.2 水土保持措施

为有效消除水土流失隐患，最大限度减轻水土流失灾害发生，切实做好本工程水土保持工作，根据国家、广东省以及深圳市关于工地扬尘治理的规定和要求，本工程水土保持具体措施如下：

(1) 排水先行

充分利用旱季黄金施工时间，加快边坡截水沟、排水沟、急流槽及过水涵洞等排水设施施工进度，确保顺利对接线外排水体系，并对已完成截排水沟、涵洞等设施全面清理疏通，确保排水设施"先行"，保障排水通畅，如图8-2-2所示。

图 8-2-2　排水先行

（2）排前过滤

结合工程沿线实际情况,在临近居民区、工业厂房、市政道路、河道等关键区域完善沉砂池等过滤、沉淀设施,以减少"黄泥水"流出,避免产生污染,如图 8-2-3 所示。

图 8-2-3　排前过滤

（3）防护绿化紧跟

充分利用旱季黄金施工时间和春季植草黄金周期,完善路基边坡永久防护及绿化工程,做到"开挖一级、防护一级、绿化一级",对于桥梁施工形成的裸露地面,抓紧复绿,做到"完工一段、复绿一段",从根本上解决汛期雨水冲刷造成水土流失的问题,如图 8-2-4 所示。

（4）及时覆盖

对于汛期无法完成施工作业面,及时采用绿网、土工布等进行覆盖,或采用撒草籽覆盖,以减少雨水冲刷,减轻水土流失情况,如图 8-2-5 所示。

（5）规范排放

采用三级沉淀泥浆池、泥浆分离器等措施使桩基泥浆等排放符合规范要求,未经沉淀不得排入市政排水管网或河流,废浆和淤泥使用封闭专用车辆进行运输,如图 8-2-6 所示。

图 8-2-4　防护绿化紧跟

图 8-2-5　及时覆盖

图 8-2-6　规范排放

(6)做好水土保持监测

组织第三方水土保持监测单位按照水土保持报告书及设计文件要求,对项目施工前后的水土流失情况进行定期监测,并形成监测报告,针对监测报告中提及的水土流失问题组织施工单位限期整改。

8.2.3 资源配置

水土保持施工主要人员及设备资源配置根据各施工作业面情况确定。

8.2.4 改进提升建议

本工程路线长、互通立交多,挖、填方工程量大,水土保持工作点多面广且周期长,同时跨路、跨河施工较多,水土保持工作持续时间长、工程量大,因此需提前做好水土保持施工计划并配置相应的队伍及设备,确保水土保持工作成效。

8.3 交通组织

深圳外环高速公路工程 10 标坑梓东互通立交跨深汕高速公路交通疏导方案涉及桥梁施工墩位 7 处,既有道路交叉频繁,道路来往车流量大。遵循"保安全、保畅通、保施工进度"总体指导思想,合理安排施工计划,制订交通疏导方案,以尽量减少对既有交通的影响。施工期间遵循施工周期短、封闭时间少、尽量在交通运输量较少时组织施工的原则。在既有道路交通疏解时尽可能遵循"借一还一"原则,对既有道路进行交通管制、部分占道以及分流等,合理组织平行、交叉、流水作业,力求均衡生产,维持现状交通秩序,确保运营及施工安全,文明施工并保护环境。

8.3.1 施工条件

本项目坑梓东互通主线 2 号桥,坑梓东互通 A、C、D、E 匝道,宝水路人行天桥以及被拆除的旧人行天桥分别上跨深汕西高速公路,如图 8-3-1、图 8-3-2 所示。

图 8-3-1　坑梓东互通立交上跨深汕西高速公路效果图

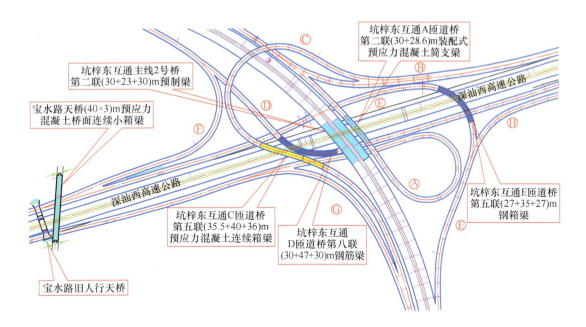

图 8-3-2 坑梓东互通立交上跨深汕西高速公路线形布置图
注：图中深蓝色表示钢箱梁，浅蓝色表示预制箱梁，黄色表示现浇箱梁。

8.3.2 深汕西高速公路现状

深汕西高速公路每侧设置两条机动车道路+应急车道，车流量较大，限速100km/h，大型车辆较多。根据现场调查，深汕西高速公路现状为双向四车道，其横断面布置为：2×0.75（路肩）+2×2.50（应急道）+4×3.75（车道）+0.5×2+2（中分带）=24.5m，如图8-3-3、图8-3-4所示。

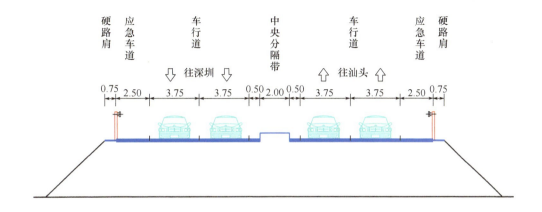

图 8-3-3 深汕西高速公路结构断面图（尺寸单位：m）

图 8-3-4 深汕西高速公路

8.3.3 交通疏解

1）总体思路

根据现状路车流量的统计分析后,鉴于该路流量大。为确保达到"双向四车道"通行要求,原道路段两侧各加宽 4m,同时利用原道路硬路肩、应急车道、行车道、加宽车道等进行临时车辆导流和交通组织,保证"双向四车道"通行。施工及交通组织分多阶段进行,需要交替封闭原道路应急车道与加宽车道以及行车道与超车道。施工安排时,可以合理加大人员设备投入,尽可能选择平行作业法,减少封闭道路的频率和时间。

2）交通疏解要求

施工期间,应确保高速公路以双向四车道、限速 80km/h 运行。

3）交通疏解占用机动车道作业区长度取值

根据《道路交通标志和标线》(GB 5768.4—2017)、《公路养护安全作业规程》(JTG H30—2015)、深圳市交通运输委员会发布的《占道作业交通管理设施设置技术指引》要求,作业区由警告区、上游过渡区、缓冲区、工作区、下游过渡区、终止区六个区域组成,长度取值见表 8-3-1。

占用机动车道作业区长度取值表　　　　表 8-3-1

序号	计算行车速度 (km/h)	警告区分段长度(m)			上游过渡区最小长度 L(m)				缓冲区长度 (m)	工作区长度 (m)	下游过渡区最小长度 L(m)	终止区长度 (m)
		A1	A2	A3	封闭路肩宽度 <2.5m	封闭路肩宽度 >2.5m	封闭路肩宽度 <3.0m	封闭路肩宽度 >3.0m				
1	120、100	300	500	800	80	100	200	250	50	与占道许可批准长度一致	20	30
2	80	200	300	500	40	50	100	120	40			
3	60	100	300	400	30	40	70	90	40			
4	50	100	200	300	20	30	50	70	30			
5	40	100	100	0	10	20	30	40	20			
6	30、20	50	0	0	10				10			

本项目上跨深汕西高速公路交通疏解占用机动车道作业区限速和各作业区长度取值汇总见表8-3-2。

本项目作业区限速和各作业区长度取值汇总表　　　　表8-3-2

项目	作业区限速	警告区长度	上游过渡区长度	缓冲区长度	工作区长度	下游过渡区长度	终止区长度
参数	80km/h	1600m	220m	120m	768m	30m	30m

4) 作业区标志、标牌布置

(1) 警告区设施设置

警告区施工从交通疏解起点设置施工标志到上游过渡区之间的路段,用以警告车辆驾驶员已经进入施工作业路段,按交通标志调整行车状态。

警告区长度为1600m(K0+080、K4+728)。警告区起点设置作业区距离标志预告作业区位置,警告区中点附近设置车道数变少标志。

①警告区起点位置的中央分隔带中和加宽车道外侧各设置一块施工距离标志牌"前方施工1600m"和LED显示限速标志牌"限速100km/h",如图8-3-5、图8-3-6所示。

②根据《公路养护安全作业规程》(JTG H30—2015)第4.0.3条的规定,限速应采用逐级限速,每隔100m降低10km/h,相邻限速标志牌间距不宜小于200m。在警告区2/4起点处(K0+880、K3+928)中央分隔带中和加宽车道外侧各布置一块LED显示限速标志牌"限速80km/h",如图8-3-7所示。

图8-3-5　施工距离标志牌

图8-3-6　限速标志牌

图8-3-7　限速标志牌

③在警告区3/4起点处中央分隔带中布置车道数减少标志牌(图8-3-8);在加宽车道外侧布置警示频闪灯(图8-3-9)。因跨路施工需封闭内侧车道作业,故设置超车标志牌(图8-3-10)。

图8-3-8　车道数减少标志牌

图8-3-9　警示频闪灯

图8-3-10　超车标志牌

④在警告区2/4处设置横向减速带,控制车辆汇入施工范围时的速度,保证施工安全。减速带为热熔线,减速标线施工分三层施划,每层均厚2mm,每组施划3条,每侧5处,如图8-3-11所示。

图 8-3-11　横向减速带（热熔线）

（2）上游过渡区设施设置

根据《公路养护安全作业规程》（JTG H30—2015）第5.0.5条，水马形状、颜色和尺寸应符合《道路交通标志和标线》（GB 5768.4—2017）有关规定，布设在上游过渡区、缓冲区和下游过渡区。

上游过渡区是保证车辆平稳地从封闭车道上游过渡到已拓宽车道的路段，上游过渡区长度为220m。上游过渡区内，根据车辆行驶方向设置线形诱导标志或可变箭头信号，在上游过渡区之前完成限速过渡。

①本项目上跨深汕西高速公路交通疏解，在上游过渡区起点（K1+680、K3+128）设置连续水马全封闭；在水马围闭区域内面向行车方向间隔5m和硬路肩处设置向左、向右导向标志牌和闪光箭头；在上游过渡区终点处设置附着式施工警告灯，如图8-3-12~图8-3-15所示。

图 8-3-12　水马　　　　　　图 8-3-13　附着式施工警告灯

图 8-3-14　导向标志（左、右）

图 8-3-15　闪光箭头（左、右）

②根据深圳市交通运输委员会发行的《占道作业交通管理设施设置技术指引》要求，在上游过渡区内部设置闪光灯，在靠近缓冲区起点处摆放反光砂桶（直径550mm，高800mm），水平布置1排，不少于3个，并在砂桶内装满砂土，如图8-3-16、图8-3-17所示。

图8-3-16　闪光灯　　　　　图8-3-17　反光砂桶

(3) 缓冲区设施设置

缓冲区是上游过渡区和工作区之间的路段，引导车流有序行进。上游缓冲区长度为120m，设置连续水马封闭。缓冲区起点设置作业区长度标志预告作业区长度，重复设置作业区限速标志。

在缓冲区起点处(K1+900、K2+908)中央分隔带中和加宽车道外侧各布置一块施工距离标志牌，提醒来往车辆作业区的长度。在缓冲区1/2处重复设置一块"限速80km/h"LED限速标志牌。

(4) 工作区设施设置

工作区是施工人员作业的地方，车道与工作区之间必须设置隔离装置，工作区还应为工程车辆提供安全进出口，长度一般根据施工需要而定。

①工作区(K2+020～K2+788)为既有坑梓东互通立交桥上下游外缘距离，总长度为768m。在工作区起点处设置附着式警告灯路栏1块。

②中央分隔带中桥墩基础及下部结构施工时，围挡外侧采用混凝土隔离墩防护，道路加宽段采用波形护栏防护。每块混凝土隔离墩沿行车方向粘贴两道反光膜(第一道反光膜距隔离墩顶面15cm，第二道反光膜距隔离墩顶面45cm)；波形护栏行车道侧护栏每根立柱粘贴一道反光膜，立柱顶波形面粘贴一道反光膜，以增强夜间反光效果及行车诱导，确保夜间行车安全，如图8-3-18、图8-3-19所示。

图8-3-18　混凝土隔离墩立面图　　　　　图8-3-19　波形护栏立面图

(5)下游过渡区设施设置

下游过渡区是保证车辆平稳地从工作区旁边的车道横向过渡到正常车道的路段。下游过渡区长度30m,连续水马布置。

(6)终止区设施设置

终止区表示施工区结束和施工限制解除,位于作业区的末端。终止区末端设置限速标志,限速值为该路段的原限速值。

终止区长度为30m,在终止区末端中央分隔带中及加宽车道外侧各安装一块作业区结束标志牌和"限速100km/h"限速标志牌。

上跨深汕西高速公路交通疏解各作业区(警示区、上游过渡区、缓冲区、工作区、下游过渡区、终止区)的标识、标牌,应严格按照《道路交通标志和标线》(GB 5768.3—2017)、《公路养护安全作业规程》(JTG H30—2015)、深圳市交通运输委员会发布的《占道作业交通管理设施设置技术指引》等相关规范要求设置。

5)施工方案

根据坑梓东互通立交上跨深汕西高速公路桥梁设计、施工组织、施工工艺要求及道路现状,为了配合坑梓东互通施工要求,减少施工对深汕西高速交通的影响,确保交通安全、施工安全,本项目上跨深汕西高速公路施工共分两部分(五个阶段)实施。

第一部分:对深汕西高速公路两侧道路加宽、导改后,施工中央分隔带中桥梁基础及下部结构(桥墩)。该阶段进行跨高速桥梁基础及下部结构施工,采取同时封闭双向部分内侧(中央分隔带两侧)车道,借用硬路肩和加宽道路,保持"双向四车道"通行。

第二部分:桥梁上部结构施工。本工程桥梁上部结构包括现浇箱梁、钢箱梁、预制小箱梁。现浇箱梁施工采用支架施工,钢箱梁采用大吨位吊车吊装,预制小箱梁采用架桥机架设。上部结构施工预制箱梁架设、钢箱梁吊装施工时,采用"封闭、吊离、放行、再封闭、再吊离、再放行"的方法组织施工,需要临时封闭交通。上部结构施工时,提前联系交警、路政单位,组织交通协管人员临时封闭交通。

(1)第一阶段施工任务(图8-3-20~图8-3-23)

①深汕西高速公路两侧各加宽4m。

②先拆除旧人行天桥第1跨和第4跨。第1、4跨拆除完成后,立即组织拆除第2跨和第3跨。施工采用"封闭、吊离、放行、再封闭、再吊离、再放行"方法完成跨路第2、3跨桥梁拆除任务。

空心板梁采用汽车起重机拆除,吊装时,应提前联系交警、路政单位,组织交通协管人员临时封闭交通,当汽车起重机所吊之物离开深汕西高速公路范围后,交通协管人员下达解除封闭交通指令后车辆通过施工区域。

③交通组织:道路加宽及旧人行天桥第1、4跨拆除时不影响深汕西高速公路交通。旧人行天桥第2跨和第3跨施工空心板梁吊离时交警、路政单位应组织临时封路(时间15min)。

(2)第二阶段施工任务(图8-3-24、图8-3-25)

①主要施工内容:交通导改、占道封闭工作区,组织深汕西高速公路中央分隔带内桥梁基础及下部结构施工。

②交通组织:拆除K2+842~K2+844左右幅外侧波形护栏,进行交通导改,限速80km/h,

严格按照《公路养护安全作业规程》(JTG H30—2015)、《道路交通标志和标线》(GB 5768.4—2017)及路政、交警的要求设置交通安全警示标志牌。

③计划工期：施工控制工期为 180 个工作日。

④人员、机械设备进出路线：从坑梓收费站驶入施工区域，工作后，从淡水收费站驶出。

⑤施工方案。

a.基础及下部结构：桩基采用旋挖钻成孔，墩柱、盖梁采用满堂支架施工。

b.上部结构：现浇箱梁采用门洞支架施工，钢箱梁采用汽车起重机吊装，预制小箱梁采用架桥机安装。

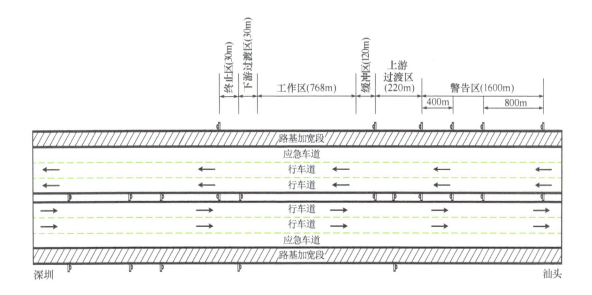

图 8-3-20　路基加宽

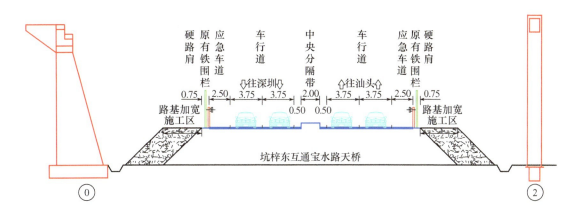

图 8-3-21　深汕西高速公路两侧道路加宽横断面图(尺寸单位：m)

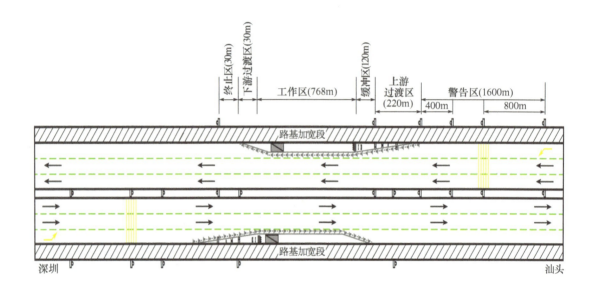

图 8-3-22 第一阶段交通疏解平面布置图

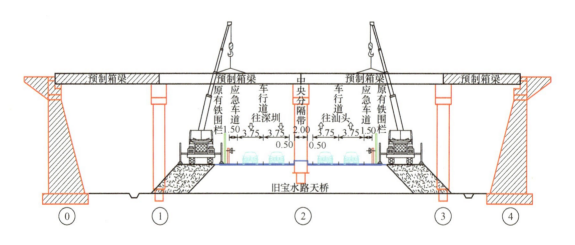

图 8-3-23 旧人行天桥跨高速公路桥梁拆除断面图(尺寸单位:m)

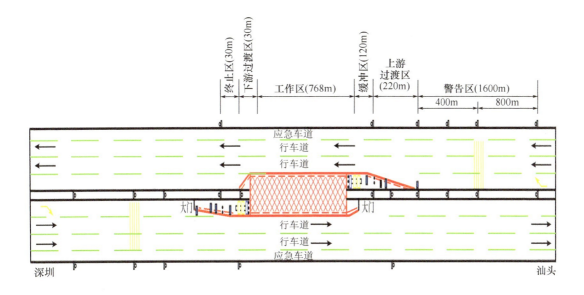

图 8-3-24 第二阶段交通疏解平面布置图

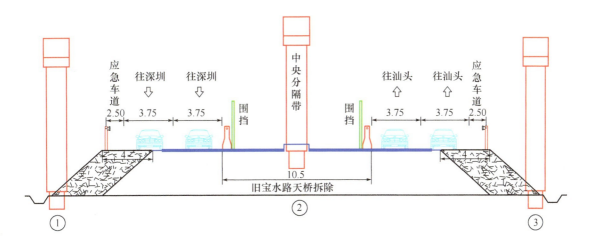

图 8-3-25 第二阶段交通疏解平面布置图(尺寸单位:m)

(3)第三阶段(图 8-3-26、图 8-3-27)

①主要施工内容:坑梓东互通立交上跨深汕西高速公路上部结构(现浇箱梁、钢箱梁、预制箱梁)施工完成后,拆除现浇箱梁、钢箱梁支架。

②交通组织:保持现有(第二阶段)交通,双向四车道,限速 80km/h。支架拆除时,提前联系交警、路政单位,组织交通协管人员临时封闭交通。采用"封闭、吊离、放行,再封闭、再吊离、再放行"的方法完成 C 匝道桥跨深汕西高速公路现浇梁施工支架拆除任务。施工时间范围控制在早上 8 点至 18 点之间,尽量避免夜间施工。

③计划工期:施工控制工期为 8 个工作日。

④人员、机械设备进出路线:从坑梓收费站驶入施工区域,工作结束后,从淡水收费站

驶出。

⑤施工方案：支架拆除按照"从上到下"的原则，采用人工配合汽车起重机拆除。

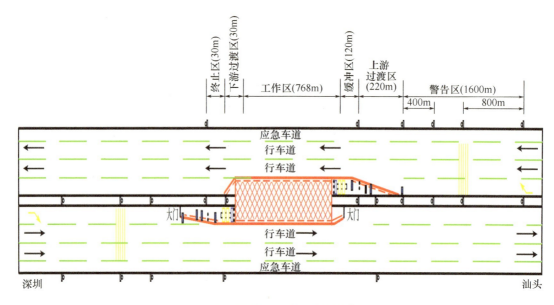

图 8-3-26 第三阶段交通疏解平面布置图

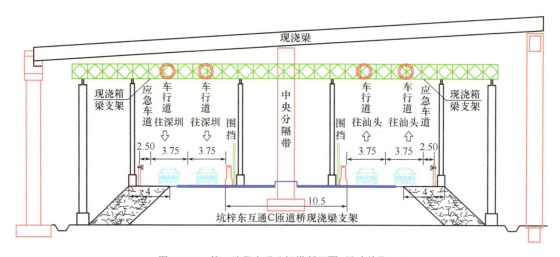

图 8-3-27 第三阶段交通疏解横断面图（尺寸单位：m）

(4)第四阶段（图 8-3-28、图 8-3-29）

①主要施工内容：拆除上跨深汕西高速公路现浇梁、预制小箱梁施工时搭设的安全防护棚。

②交通组织：保持现有（第二阶段）交通，双向四车道，限速 80km/h。支架拆除时，提前联系交警、路政单位，组织交通协管人员临时封闭交通。采用"封闭、吊离、放行，再封闭、再吊离、再放行"方法完成宝水路人行天桥、C 匝道、坑梓东主线 2 号桥、A 匝道范围内安全防护棚拆除任务。施工时间为早上 8 点至 18 点，确保安全起见，尽量避免夜间施工。

③计划工期：施工控制工期为 8 个工作日。

④人员、机械设备进出路线:从坑梓收费站驶入施工区域,工作结束后,从淡水收费站驶出。

⑤施工方案:安全防护棚拆除按照"从上到下"的原则,采用人工配合汽车起重机拆除。

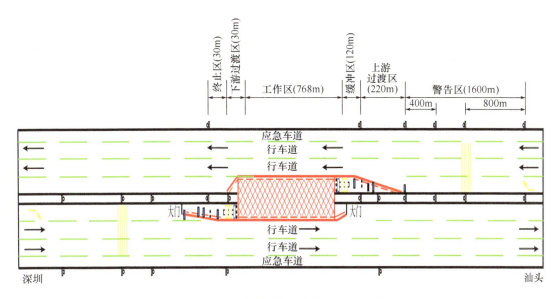

图 8-3-28 第四阶段交通疏解平面布置图

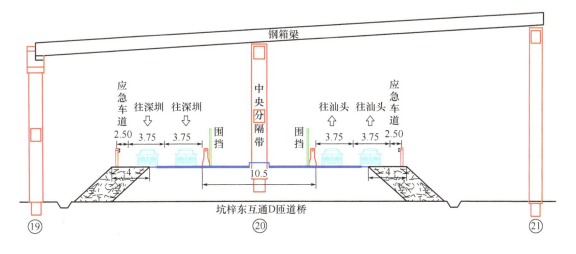

图 8-3-29 第四阶段交通疏解横断面图(尺寸单位:m)

(5)第五阶段(图 8-3-30、图 8-3-31)

①主要施工内容:恢复深汕西高速公路中央分隔带路缘石、绿化带、波形护栏,拆除中央分隔带两侧施工围挡、隔离墩,恢复深汕西高速公路原有交通路线,恢复道路两侧波形护栏,拆除交通导行标志。

②交通组织:恢复原双向四车道车位,恢复限速100km/h。施工前与交警、路政等部门协商好具体施工时间。施工时间为早上 8 点至 18 点,尽量避免夜间施工。

③计划工期:施工控制工期为2个工作日。

④人员、机械设备进出路线:从坑梓收费站驶入施工区域,工作结束后,从淡水收费站驶出。

⑤施工方案:沿着行车方向终点处逆向拆除,采用人工配合汽车起重机拆除。

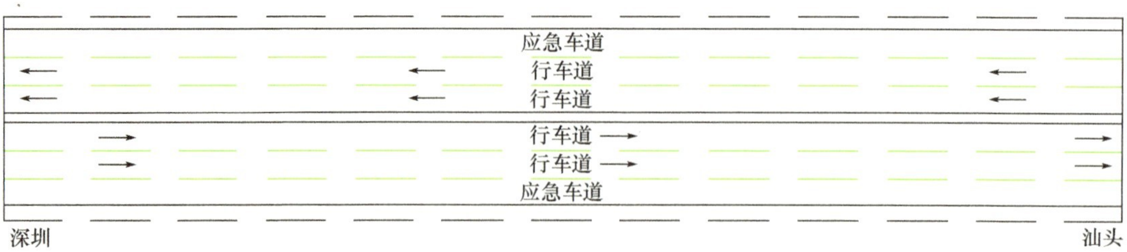

图8-3-30 第五阶段交通疏解平面布置图

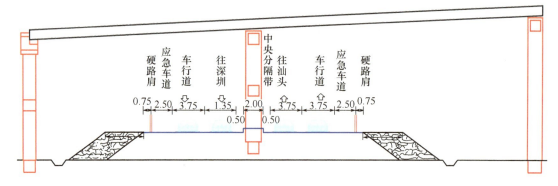

图8-3-31 第五阶段交通疏解横断面图(尺寸单位:m)

8.3.4 施工人员、车辆进入作业区

1)施工人员进入作业区通道

深汕西高速公路中央分隔带中桥梁基础及下部结构施工时,需封闭左右幅内侧行车道作为桩基施工作业区域。为杜绝施工作业人员穿越高速公路外侧行车道,消除道路交通安全和施工作业安全隐患,防止施工作业人员横穿公路引发交通事故,中央分隔带内部桥墩施工前,在宝水路旧人行天桥搭设"之"形通道,为施工人员作业通道。宝水路旧人行天桥拆除后,在坑梓东互通A匝道桥附近采用钢管+贝雷梁搭设施工人员通道,通道宽度为120cm,高度为5.5m,人行通道安装完毕后,在通道两侧采用盘扣钢管或梯笼搭设上下通道,如图8-3-32所示。

2)施工车辆进入作业区域

上跨深汕西高速公路中央分隔带中桥梁基础及下部结构施工时,为减少施工车辆对深汕西高速公路的影响,施工时工程材料、大型构件、设备以及土方运弃主要从坑梓收费站进入后驶入施工区域(中央分隔带中封闭区内),工作结束后从施工区域驶出,再沿高速公路行驶至淡水收费站驶出。出入口设在迎车面尾部(深圳至汕头,设在汕头方向一侧),封闭区域迎车面不允许设出入口,所有施工车辆须从尾部进出,如图 8-3-33 所示。

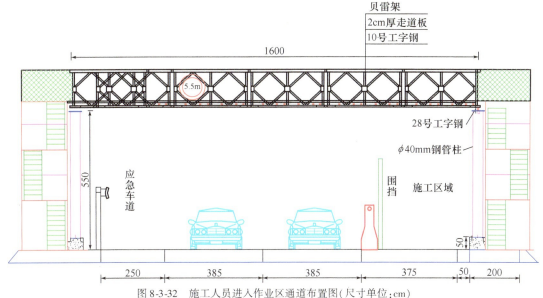

图 8-3-32 施工人员进入作业区通道布置图(尺寸单位:cm)

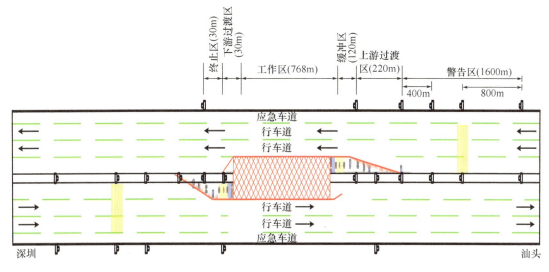

图 8-3-33 施工车辆进入作业区布置图

本项目运输车辆按深圳市有关规定出入时间安排:白天 6:00~12:00、14:00~18:00,晚上 22:00~次日凌晨 5:00,并征得交管部门同意,以减少对道路交通的影响。

3) 视频监控

深汕西高速公路交通流量大、行车速度快,如不采用监控管理措施,在交通量大、气候恶劣的情况下,极易发生交通事故和交通阻塞。为了减少施工期间人员上路巡逻频率,应对突发事故以及实现对高速公路的全程监控,坑梓东互通立交上跨深汕西高速公路施工期间,分别在高速公路来车方向安装视频监控系统(固定枪式摄像机 + 大倍数镜头),实现交通流量和交通运行监控,及时发现各种异常情况并采取应急措施,保证高速公路高效、安全、经济地运营管理。

(1)视频监控系统布设

根据工地现场的特点与视频监控要求,建立本项目上跨深汕西高速公路施工网络视频监控系统,主要监控施工过程中路面车辆运行状况,在本项目交通疏解两侧上游过渡区各架设1台固定枪式摄像机+大倍数镜头,互通区安装1台,共设3台,全方位、全过程进行监控巡查。所有网络摄像机并入本项目光缆传输系统,所有视频数据传输到项目值班室进行24h不间断监控。

(2)监控中心设置

集中监控中心设在工区大门值班室,安排专人负责,24h不间断进行区域监控、巡查,定时间段及重要部位巡查,雨天加强监控巡查,节假日重点部位实时巡查。

(3)建立专岗、定时巡查、台账

施工期间安排专人负责视频监控,并制定相关的巡查制度和信息记录。值班人员工作期间负责对巡查监控数据信息记录,每月统计情况,填制专项表格,及时向项目领导汇报,并将重要数据信息进行统一保存。夜班与白班同事完成上一班的工作交接,确保信息交接班信息准确、完整。

值班人员主要任务如下:

(1)监控深汕西高速公路交通疏解施工范围内所有通行的车辆。

(2)监控深汕西高速公路交通疏解施工范围每日超速违规车辆,并作出相应记录。

(3)负责对巡查监控数据信息记录。

(4)定时向项目部内部微信群中发布通行车辆的相关情况和值班人员巡查情况,每1h发送一次,如遇到恶劣天气变更为每30min发送一次。

(5)发现施工范围内出现故障车辆,及时传递信息给项目应急领导小组组长或路政、交警相关人员,及时进行处理。

8.3.5 安全保障措施

为了保证施工期间交通组织方案的顺利实施,保障施工期间的道路安全、畅通,应做好相应保障措施。

(1)提前到广东省高速公路有限公司深汕西分公司、扩建管理处、东部高速交警、路政等相关部门审批交通组织方案并办理路政施工手续。

(2)实施交通管制施工前,通过媒体等向社会进行宣传工作,发布施工公告,告知具体路段和施工时间,提前告知司机,以便顺利通行,减小交通压力。

(3)准备足够满足施工需求的临时安全设施。

(4)现场安全设施严格按照审批后的交通组织方案布设,经各方共同现场检查合格后方可进行施工。

(5)加强日常维护保养,保障作业管控区的安全设施,应始终处于良好的工作状态,在未完成施工作业之前,任何人不得随意撤出或改变设置的位置或扩大、缩小控制范围,以保证施工作业控制安全性。

(6)交通管控路段路面出现坑槽及时填补,垃圾、障碍物及时清理,保证路面的安全畅通。

(7)成立交通安全管理小组,由多名交通安全员组成,交通安全员轮流负责因施工引起的交通堵塞、不畅的指挥、疏导;对现场临时交通安全设施进行维护、清洗、更换。

(8)施工期间,安排交通协管员现场值班,交通协管员应穿醒目安全服装,保证24h通信畅通,遇有紧急情况立即报告交警、路政部门并积极协助处理。

(9)成立专门班组及车辆每天多次对施工现场作业标志、隔离设施、闪光标牌、水马等设施进行巡查、维护保养,保证完整且摆放规范。

(10)施工期间建立微信工作群,安排专人发送信息告诉路政、交警部门相关人员,汇报当日封闭路段施工进度、交通状况、紧急情况等。

(11)遇暴雨、台风等恶劣天气应停止施工,尽可能撤出路面施工封闭作业点,必要时做好现场夜间照明设施。

(12)施工结束后,及时清理现场,撤除临时交通安全设施,尽早开放交通并通知有关管理部门已恢复正常通行。

8.4 围挡施工

8.4.1 施工环境特点

根据《深圳外环高速公路项目标准化管理手册》要求,结合本标段施工环境(图8-4-1),本标段宝龙互通、坑梓东互通、金沙互通立交与市政主干道、村道、周边工厂和居民区等相互交汇区域较多,为使本标段施工区形成一个相对封闭的施工环境,避免外部非施工人员进入施工现场,防止安全事故发生,本标段施工围挡将按以下原则设置:

(1)靠近市政路和村道边设置。

(2)靠近工厂及居民区段设置。

(3)交通疏导区设置。

(4)每隔20m设置透明式围挡。

图8-4-1 施工环境

8.4.2 围挡的作用及需求

施工现场围挡是安全文明施工的重要组成部分,围挡除了为施工现场的管理及施工安全提供保障外,还具有美化施工内外环境的功能。围挡不仅代表了建设单位、施工单位的形象,也体现了一个城市建设工程管理和建筑行业发展水平,同时还会直接影响居民生活环境和城市景观。围挡形象的好坏,对参与工程建设各方面管理人员和工人的安全文明意识具有潜移默化的影响,起着引导和指示的作用。项目在居民区安装一般围挡,因其质量较轻,安拆较方便,而且有减小施工噪声的功效,不会影响周围居民的生活。在市区主要路段和景观道路以及机场、码头、车站广场等区域,围挡高度不得低于2.5m,其他区域不得低于1.8m。

8.4.3 围挡施工方法

1）工艺流程

测量放线→基础开挖→基础浇筑→立柱安装→围挡板安装→板面装修。

2）围挡定位

依据施工平面图和现场状况,对临时围挡位置进行测设定位。放线完成后,请建设单位、监理单位予以确认,与图纸不符部位及时进行调整。

3）立柱及板块制作

依据图纸及现场测量尺寸,计算出需要制作立柱与板块的数量。专用型钢和聚苯板找专业的生产厂家进行定制,规格型号应符合设计要求。

4）基础施工

围挡基础采用条形基础,基础施工前首先应测量放样基础设置位置中线,然后开挖沟槽,沟槽截面尺寸为30cm×50cm,基础埋深30cm,外露20cm,基础顶面每隔3m设置一个耳背,作为围挡板斜撑支座。如原有路基为水泥路面,则在水泥路面上支模浇筑混凝土,并在水泥面板上每隔1m间距用冲击钻打孔,并预埋钢筋,钢筋埋深为10cm,模板支护完毕经验收后进行混凝土浇筑。基础混凝土采用C20商品混凝土,混凝土浇筑严格按照施工规范执行。混凝土浇筑完毕后,及时覆盖并养护,拆除模板后及时回填土。围挡基础结构如图8-4-2所示。

5）出入口大门设置

根据总体规划部署,需在市政通道及各施工区出入口设置大门,便于车辆出行和封闭式施工管理。大门净宽6m,两边各设置砖砌立柱,柱高3m,立柱截面尺寸为50cm×50cm,柱面抹水泥砂浆饰面。大门立柱基础埋深1m,大门门扇为横向推拉铁门,铁门用50mm×50mm方管焊接,门面壁采用2mm厚彩钢铁皮,大门下侧安装两滑轮。大门内侧安装50mm×50mm钢轨一条。出入口大门如图8-4-3所示。

6）围挡板块安装

待基础混凝土达到一定强度后,进行立柱、板块安装。PVC板材厚度为3cm,立柱与立柱的间距为3m。围挡板块立面见图8-4-2。

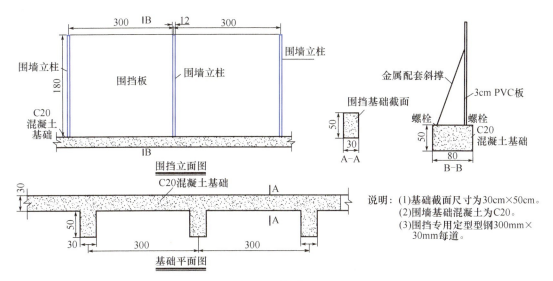

图 8-4-2 围挡基础结构图(尺寸单位:cm)

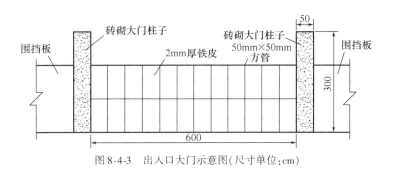

图 8-4-3 出入口大门示意图(尺寸单位:cm)

7) 围挡外侧标语粘贴

围挡外侧宣传图画、标语按《深圳外环高速公路(深圳段)项目标准化管理手册》的要求粘贴。

8) 围挡验收

(1) 施工前应对原材质量进行检查,不符要求的应退回更换。

(2) 建设工程围挡施工完成后,应组织人员对围挡搭建是否按照专项设计、安全施工方案实施以及围挡搭建的质量进行检查验收,检查验收应有书面记录,验收合格后方可投入使用。

9) 围挡维护

围挡安全作用的发挥以及良好的外部形象的体现关键在于日常的维护。建立健全围挡管理及维护制度,加强对围挡的检查、维护,并建立相应台账。做到安全无隐患,无明显污迹,无乱涂写、乱招贴,无残损、脱落、严重变色,不得堆放、吊挂有碍市容的物品。发现围挡墙面有污损和破损,及时采取措施进行整修。当围挡出现开裂、沉降、倾斜等安全隐患时,立即采取加固措施。

安排专人进行维护,主要针对破损部位的维修,一般由1名安全员带领2名维护工人进行现场巡查维护。

8.4.4 围挡施工质量控制

(1)围挡施工完毕后,立柱、板块要在一条水平线上,前后误差不大于5cm,板块与立柱、立柱与地面不能出现松动现象。

(2)围挡应连续设置,不能有缺口、裂缝、倾斜等问题,做到坚固、平稳、整洁、美观。

(3)围挡立柱及围挡板应安装牢固,不松动。围挡高度应保持一致,焊接处焊渣清理干净并刷防锈漆。

(4)围挡板块之间连接处缝隙宽度不应大于10mm。

(5)深汕西高速公路行车速度为100km/h,施工期间限速为80km/h,对交通通行影响较大。加快施工进度,优化施工设计,确保按时、按计划完成,减小对交通通行的影响。

8.4.5 改进提升建议

(1)路口两侧采用通透式围挡,长度为30m左右,确保车辆安全通过路口。

(2)建议在围挡顶部安装一道水管,增强防尘能力。市区围挡建议增加路灯,提升夜间景观。

(3)建议采用建筑信息模型(BIM)技术建立交通疏解动态模型,实现三维可视化、车流量模拟等优化功能。基于BIM技术的交通疏解动态模型可以对多个交通疏解方案进行模拟,可快速比选出最优疏解方案。

第9章 机电工程

9.1 光电缆敷设施工

9.1.1 管道施工

1）工艺流程

路由复测→硅芯管验收→开挖管道沟→管道沟基础处理→验收→开挖手孔井→手孔基础处理→验收→制作通信井→验收→敷设硅芯管→验收→分层回填土→验收→管道试通→验收。

2）路由复测

路由复测主要是根据设计对所需敷设硅芯管的路由进行复测,核实地面长度、路由上各种障碍点的位置、硅芯管接头位置、人(手)孔位置及间距等。依据设计及复测数据进行敷设前的硅芯管配盘,配盘主要考虑硅芯管接头点不要落在管道、水塘、堤坝上,及铁路、公路路基下等。确定硅芯管分屯地点,并按施工需要在管道设桩点。

管道桩点,对于直线管道,自手孔中心处开始,沿管线每隔100m设一桩;设计为弯管道时,桩应适当加密。桩点设置应牢固,顶部宜与地面平齐。桩点附近有永久建筑物时,可做定位桩点,并做好标志和记录。

3) 硅芯管铺设及开挖通信井基础

硅芯管铺设之前应根据路由复测的桩点放线。直线段管道沟应顺直,不得出现蛇形弯,管道沟过障碍物、进手孔处开挖时应平缓。在转角处,沟道应成圆弧形,严禁出现锐角,保持沟坎过渡,转角处管道沟弯曲半径应大于1m,个别困难处不应小于该管半径的1.5倍。管道沟深度、宽度应满足规范要求,沟底平直无石块等杂物。

管道沟和手孔坑下部回填土密实度必须达到设计要求。硅芯管横穿路面敷设,需埋设镀锌钢管。

4) 通信井施工

通信井施工流程为:地基处理→基础浇筑(含积水罐安装)→砌墙壁(含埋件安装)→上覆(或盖板)→口圈安装,如图9-1-1、图9-1-2所示。

图9-1-1 通信井木模制作

图9-1-2 上覆盖钢筋绑扎

本工程所有手孔都位于回填土上,地基必须按照设计高程进行夯实,且基础必须按照设计要求布设钢筋。基础施工前必须校核基础形状、方向、地基高程。手孔基础的形状、尺寸按照硅芯管施工技术规程实施。手孔内净尺寸应当符合规范要求。墙壁与基础应当结合严密、不漏水,结合部内外侧应用1:2.5水泥砂浆抹八字,墙壁与基础的内外八字应严密、贴实、不空鼓、表面光滑、无欠茬、无飞刺、无断裂等。砌筑墙壁的水泥砂浆强度等级应符合设计规定。砌筑墙壁时,埋件同步安装,埋件安装应符合规范要求。硅芯管进入手孔的窗口位置,应符合设计规定,允许偏差不大于10mm;管道端边至墙壁面呈圆弧状的喇叭口;手孔内的窗口应堵抹严密,不得浮塞,外观整齐、表面平滑;管道窗口外侧应填充密实。手孔上覆或盖板的钢筋型号、加工、绑扎、混凝土的强度等级、高程、外形尺寸应满足设计图纸要求。上覆预留孔洞的位置位于上覆板的中心,为$\phi 800mm$的圆。上覆、盖板必须混凝土达到强度后,方可承载或吊装、运输。上覆、盖板底面应平整、光滑、不露筋、无蜂窝等缺陷。上覆、盖板与墙壁内、外侧,应用1:2.5水泥砂浆抹八字角。手孔完毕后,监理需要按照设计要求对手孔基础、埋件安装、硅芯管断面规范、手孔几何尺寸、墙面及上覆、口圈安装进行验收,不合格或未验收的不得进行下道工序施工。

5)硅芯管敷设

硅芯管敷设流程为:管道沟底处理→敷设硅芯管→硅芯管沟底排序→硅芯管绑扎→硅芯管口封堵,如图9-1-3所示。

图9-1-3 硅芯管敷设及绑扎

硅芯管从仓库运至现场前后,应核对硅芯管盘号、盘长、颜色、规格,按配盘表进行敷设。硅芯管敷设采用人工布放法。

硅芯管不宜长时间裸露在野外,若遇特殊情况,应用油布遮盖或临时掩埋,并做好标记和必要的防护措施,避免暴露在野外的硅芯管损坏。

硅芯管穿越地下管线及地下光(电)缆时应保护现有底下设施免受破坏,施工中不应损坏管道防腐成和管道的跨越结构。总体来说,硅芯管的敷设应满足下列要求:

(1)硅芯管敷设前,应先检查硅芯管封堵是否严密。敷设时严禁有水、土及其他杂物进入硅芯管内。

(2)硅芯管施工应按设计走向和位置进行敷设。

(3)硅芯管施工可采用"人工抬放法""固定拖车法"和"移动拖车法"等方式。

(4)硅芯管从障碍物下方穿过后应立即将硅芯管抬起,避免硅芯管与地面摩擦,穿越障碍物处应有专人看护。

(5)硅芯管敷设应顺直、无弯、无扭绞、无缠绕,严禁出现背扣和打硬弯。硅芯管纵向敷设应尽量避免反复出现凹凸。

(6)硅芯管敷设后应及时连接、密封,对引入人(手)孔的部分应及时对管口进行封堵。硅芯管敷设后不能进行连接时,应预留因温差可能造成回缩的长度,并封堵好管口。

6)硅芯管的连接

硅芯管配套接续密封连接件的规格、型号应符合设计规定。硅芯管的切割、连接等应使用专用工具操作。接头点应尽量不设置在常年或季节性积水地段。接头点应尽量远离高温热源及其他易受腐蚀地区。硅芯管敷设后不能立即接续时,硅芯管应留有充足的重叠长度,以备日后接续使用,同时掩埋保护并做出标志。两盘硅芯管之间的接续应采用标准型接头件,临时开挖气吹点及牵引点的硅芯管的接续应采用分拆型接头件。

9.1.2 桥梁、电缆沟支架

1)工艺流程

桥长及间距复测→桥托架尺寸→定做模具生产→安装托架→安装管箱→构造物管箱安装固定。

2)桥长及间距复测

依据设计图纸,对桥长及间距进行复测,核实桥面长度、桥墙护栏高度、桥预埋钢板位置及间距等。

3)定做模具生产

依据设计及复测数据进行编号,采购规定型号的镀锌槽钢、角铁,按图纸尺寸切割材料,而后按要求焊接。

镀锌槽钢、角铁按实际尺寸切割、焊接,焊接光洁饱满,除去焊渣,如图9-1-4所示。

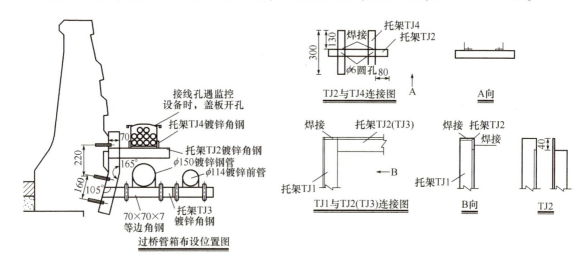

图9-1-4 管箱托架结构图(尺寸单位:mm)

4)安装托架

每座桥按照先安装托架,再安装管箱顺序施工。在安装托架管箱时,施工人员必须佩戴安全帽,绑扎保险带作业,预防人、物坠落事故发生。每间隔1m安装一套托架,每节管箱之间用连接板固定连接。成立安全检查小组,定时、定量、定人检查安全落实情况,凡在桥梁高空作业人员都要买人身意外保险,未落实者严禁上桥作业。

9.1.3 线缆敷设

1)工艺流程

吹缆法光缆敷设流程如图9-1-5所示。

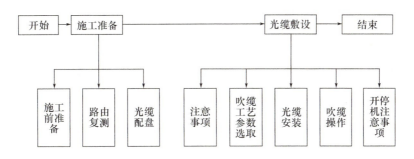

图 9-1-5　吹缆法光缆敷设流程图

2）施工准备

（1）施工前准备

①敷设光电缆前，应对每盘光电缆进行主要技术指标检查测试（开盘检查测试），如图 9-1-6 所示。

图 9-1-6　光缆现场开盘检查测试

②安装工艺检测。光电缆规格、使用管道孔位、光电缆接续规格和质量、光电缆走向和固定、光电缆防护、光电缆进线和成端质量、配线架安装和配线等。

（2）路由复测

①核对施工图纸，人（手）孔的距离、管孔的占用、管道的实际丈量长度。

②管道的建设情况，如试通重点区段管道等。

③局部路由需要变更时，应与建设单位、设计单位协商，按规定办理设计变更手续。

④做好复测记录，为布放子管和光缆配盘提供依据。

（3）光缆单盘检验

①单盘检验包括：光缆外观检查、型号、端别，1310MN、1550MN 的衰减系数，光缆波长、光纤背向散射信号曲线，电缆线间绝缘、对地绝缘等内容。

②外观检查时若发现有明显损坏者应做好记录，标识并分析原因。经测试光电缆无法使用时，将具体情况报工程项目部，并在光电缆盘上用红漆注明"严禁使用"字样，隔离放置，按

进货检验、试验控制程序执行。

(4)光缆配盘

①光缆配盘的依据是路由复测时丈量的管道长度。

②按设计型号选配光电缆,光电缆自然弯曲率按5%考虑,光缆接头重叠预留12m。

③光缆在直通人(手)孔内敷设长度增加0.5~1m,应尽量减少接头数量。

3)光缆敷设

(1)吹缆工艺参数的选取

①一般光缆外径与硅芯管内径之比取0.35~0.6,当大于0.6时,气吹光缆时可能需要更大的液压推力,而且安装距离会受到影响;当小于0.35时,光缆在硅芯管内有发生折叠的潜在危险,见表9-1-1。

推荐的光缆外径与硅芯管内径的关系表　　　　表9-1-1

光缆外径(mm)	11	12~13.5	14	15~17	18~21	21.5~25
硅芯管内径(mm)	24	26~28	28~33	33	33~42	42~50

②合适的作业环境温度。

适宜的作业环境温度是6~32℃。环境温度低于6℃建议使用空气管路加热器;环境温度高于32℃时,过热的压缩空气对光缆及塑料管有害,这时考虑使用压缩空气冷却器。

(2)吹缆机吹送光缆的操作

①当以上各项准备工作完成后,即可开始进行吹缆作业。

②吹缆机工作的主要参数为:控制光缆的气吹敷设速度、气封活塞的牵引力及输送机构的输送力。

③缓慢打开压缩空气进气球阀,通过改变阀门开口大小来控制气封活塞对光缆的牵引力。当光缆送进的距离较近时,阀门进气口开启要小,以后要逐渐加大直至完全打开。

④操纵控制台上的调速手柄用来控制光缆的敷设速度,通过这种方法,当光缆前端的牵引力过大时可以牵制光缆的进给速度,当气压显得不足时又能提供辅助的推力,使光缆在行进时所用的吹力更小。光缆的输送速度一般控制在8~80m/min之间,通常以70m/min为宜。

(3)开机、停机及注意事项

①开机与停机顺序:开机时,先开吹气阀门,再启动输送机构;停机时,先停输送机构,再关闭吹气阀门。

②当光缆吹放到位后,应及时停止输送机构的输缆工作和关闭进气阀门。

③单机双向敷设光缆的施工步骤为:

a.向A端吹送光缆,如图9-1-7所示。

b.向倒缆装置内盘放光缆,如图9-1-8所示。

c.向B端吹送光缆。

(4)吹缆注意事项

通常情况下,一台吹缆机一次可吹送光缆1000~2000m距离。实际操作中影响吹送光缆长度的因素主要有以下几个方面:

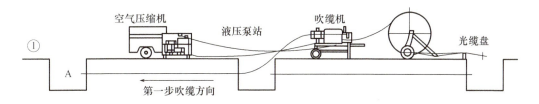

图 9-1-7　单机双向敷设光缆

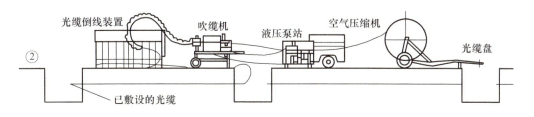

图 9-1-8　向倒缆装置内盘放光缆

①地形地貌及硅芯管敷设质量影响。当路由比较平坦,且硅芯管敷设比较平直时,吹缆的速度和长度都比较理想。当吹缆段内有单一曲率半径较大的弧度(左右或上下)时,对吹缆的速度和长度稍有影响。当硅芯管的弧度较小,特别是出现 W 形的弯曲时,影响较大。所以在路由选择时应尽量避免这些情况,硅芯管敷设时,沟底应平直,硅芯管应尽量少出现连续的左右和上下弯曲。

②光缆外径与塑料管道内径之比。

③光缆的单位长度重量及外皮材料,一般采用外皮为中密度聚乙烯的光缆气吹效果较好。

④空气压缩机的性能参数。

⑤施工时报环境温度和湿度。

(5)吹缆施工

吹缆施工如图 9-1-9 所示。

图 9-1-9　吹缆施工

9.2 监控设施施工

9.2.1 施工环境特点

深圳外环高速公路(深圳段)项目监控设施规模根据《公路工程技术标准》(JTG B01—2014)的有关规定,结合本项目的实际情况,本项目监控规模按 A 类标准进行配置,即全程连续配置信息采集、交通异常判断、交通监视、诱导及主线控制、信息处理和发布等设施,主要包括监控摄像机、情报板、车辆检测器,监控摄像机按1km/处设置情报板。

1)车辆检测器

(1)布设原则:布设于互通立交、枢纽立交的入口处的主线上。

(2)作用:检测主线上的交通量等交通状况。

2)门架式可变情报板

(1)布设原则:门架式可变情报板发布信息内容丰富,但工程造价较高。本项目根据路网的状况考虑设置于交通量较大的互通立交、枢纽立交处。

(2)作用:本项目门架式可变情报板的主要作用是对枢纽立交来往车辆进行路径选择,对出入本高速公路的车辆发布道路交通、气象等信息,或对进入高速公路的车辆限速。例如:高速公路因道路维修等原因封闭某个车道,通过可变情报板发布信息给过往驾驶员,驾驶员在行驶中提前降低车速,避免发生交通事故。

3)悬臂式可变情报板

(1)布设原则:一般设置在互通立交之前的主线上和收费站广场入口侧前方。

(2)作用:对进入高速公路的车辆发布简短信息,提醒驾驶员控制车速,安全驾驶,保障车辆行驶安全。

4)道路摄像机

(1)布设原则:主要设置于主线、互通立交、枢纽立交车流量变化较大的路段,布设间距约1km/处。

(2)作用:用于监视和观察道路交通状况,通过视频监视可及时通过监控分中心的显示设备观察路段的交通状况,遇到突发状况可及时采取相应的有效措施,避免事故发现不及时造成交通堵塞。

9.2.2 施工工艺

工艺流程如图 9-2-1 所示。

9.2.3 施工方案

1)施工准备

(1)检查基础,复测构架各基础面高程是否满足设计要求,两个基础的高程差不超过

10mm,如图 9-2-2 所示。

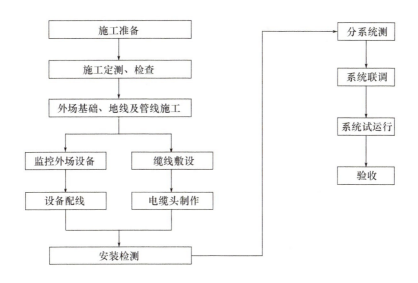

图 9-2-1　工艺流程图

（2）核实预埋螺栓尺寸及立柱底座螺孔尺寸，允许误差为 ±2mm，检查预埋螺栓露出基础面高度是否符合要求。

（3）基础完善，平整基础附近杂物。

（4）设立防护标志。依现场实际情况确定组立顺序，以利于起重机及人工作业。

2）立柱及横梁组立

（1）立柱和横梁运到安装位置附近，进行外观及质量检查，对变形产品进行校正，并复核安装尺寸。

（2）立柱吊装：用吊车将立柱吊离地面并转到基础上方，使其根部安装孔与基础预埋螺栓相对，然后落钩就位，用螺母将其固定。同一组架构立柱立完后调整垂直度、测量相对位置，如有偏移调整到正确位置。

图 9-2-2　基础检查

（3）横梁起吊时，在横梁两端绑扎导向绳，横梁吊到支柱顶部后，用导向绳引导，使其安装孔与支柱安装孔相对，用螺栓加以固定，横梁安装方向与设计图相符，如图 9-2-3 所示。

3）信息板安装

吊装时，信息板正面应加以防护，并在信息板两侧加导向绳，正式起吊时可进行试吊，信息板到悬臂横梁时，人工将钢结构对准安装螺孔，用螺栓加以固定，使用水平仪测量，保证信息板水平后紧固螺栓，如图 9-2-4 所示。

图 9-2-3　横梁吊装　　　　　图 9-2-4　信息板安装

图 9-2-5　通电调试

4）设备接线

按照设计要求进行配线及设备接地、通电调试等，如图 9-2-5 所示。

9.2.4　系统功能

1）信息采集及情报提供功能（外场设备实现）

实时收集车辆检测器所采集的各类交通数据；通过闭路电视系统直接观察和监视路上的交通运行情况，记录有关事件；接受广东省交通集团监控中心的调度指挥指令；收集各种监控设备工作状况的反馈信息；接收收费设施传输来的每车道交通流量数据和每车道的开关状态信息；提供情报板信息及道路限速信息；接收隧道机电相关信息。

2）图像监视功能

通过摄像机监视互通立交、道路及隧道交通状况。

3）控制功能（监控分中心实现）

（1）交通运行状态的判断。计算机系统根据所采集来的信息，对其进行分析处理，确定交通状态，状态包括交通的正常、异常和临界，事件的发生、保持和消除等。

（2）控制方案的生成。根据交通状态及发展趋势，确定监控设施的应对方案。通过计算机系统内部定义的操作程序，根据数据处理结构，选择控制模式，提醒值班人员，对计算机提出的控制方案进行确认。

（3）当人为发现事故时，人工输入事故类型，即可提供整套救援方案，并实施救援方案。

4）协调处理功能（监控分中心实现）

发现交通事故时，及时通知交警、消防、救护、养护、路政等部门，迅速处理事故，疏导交通。能及时与深外环高速东莞段平山监控分中心信息共享，监控联动。

9.3 通信设施施工

9.3.1 系统概况

根据深圳市高速公路通信系统组织结构的具体设置,本路段通信系统构成分为两级:外环高速通信分中心——无人通信站;各收费站设置通信站。

通信系统主要包括:①光纤数字传输系统;②语音综合交换系统;③指令电话系统;④会议电视系统;⑤数据、图像传输系统;⑥光电缆线路工程;⑦通信站供电及接地系统。

通信系统的施工主要包括光电缆敷设、通信系统设备安装。

9.3.2 施工工艺

工艺流程如图9-3-1所示。

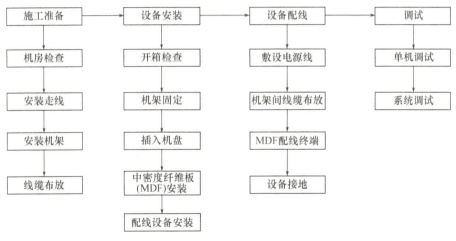

图 9-3-1 工艺流程图

1)施工方案

在部分干线光缆工程结束后,房建工程具备开工条件时,组织设备安装小组人员,并准备足够的施工机具,进行传输系统设备的安装。

本分项工程施工分安装、单机调试和系统调试三个阶段。

(1)根据工程进度和现场的施工条件,灵活组织和调配施工人员和机具。

(2)根据配置,分别安装每个机架的支架、单元板、电路插板、跳线环或其他附配件,采取自上而下逐个安装。

(3)线缆布放先布放主线,再布放列内线,后布放机架内部线;先布放地线,再布放电源线;先布直流电源线,再布交流电源线。布放完成后进行捆扎,并制作连接头;根据设计图纸,插接光纤连接器、电缆插头、同轴连接器等。

(4)按施工图检查室内配线并在通路中有关插塞或接头做插断试验,检查布线是否正确,有无错配、漏配现象。

(5)进行通路检查,包括室内布线的核对及布线绝缘电阻测试、室内电源布线的核对及设备电源端子电压变动范围的检查。

(6)检查并完善设备安装、线路施工质量、工艺等有关的安装质量,符合设计及验收标准要求后即可进行单机调试和系统联调。

2)施工准备

(1)现场调查,核对机件的安装位置和设计文件是否相符合,检查机房内装修是否满足设备安装条件,预埋件、沟、槽、孔位置是否准确无误、无遗漏,照明、施工用电源、室内温度是否符合设备及设计要求,消防器材是否齐全有效。

(2)熟悉施工设计图纸(平面布置图、安装及配线图等)和设备结构、安装尺寸。

(3)检查综合接地系统是否完成,并用地阻仪测试,接地电阻小于 1Ω。

(4)加工机柜底座,制作光电缆走线架等安装辅助件并安装到位,符合设计要求、整齐美观。

(5)设备运送到位。

3)传输系统安装

(1)根据设计要求,定位划线、确定设备的安装位置;安装设备固定支架,随后安装设备。

(2)布放、绑扎、焊接各种配线,要求配线可靠、美观。

(3)设备安装严格按照设计图纸和施工规范进行,并符合质量标准和工艺要求。

4)安装工艺检查与系统测试

(1)安装工艺检查:主要进行设备安装位置、尺寸、配线的检查。

(2)系统测试:根据设计文件、规范、供货商的要求进行测试。

9.3.3 系统施工创新及亮点

(1)考虑通信系统的先进性及合理性,保证系统的实用性、可靠性,同时兼顾投资的经济性,满足高速公路的数据传输和图像传输的要求。

(2)通信网络设计应是先进技术与综合业务发展方向的统一,提供 24h 不间断的通信服务。

(3)交通量增大后,可进行系统扩容和设备更新换代。

(4)通信系统具有诊断能力,并有冗余功能。

9.4 收费设施施工

9.4.1 车道收费设施

1)工艺流程

工艺流程如图 9-4-1 所示。

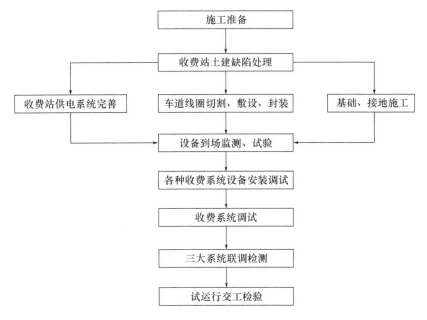

图 9-4-1 施工工艺流程图

2）室内设备施工

室内设备主要包括监控计算机系统设备、闭路电视系统设备、收费设备、通信机房设备。

（1）进场条件：设备到场并经监理检验合格；监控室装修、配电系统完成。

（2）主要施工机具：施工车辆等。

（3）主要施工工艺：设备固定；设备调平；设备接线挂牌，线缆端接线要求线缆走线整齐，标识清晰。

（4）系统调试：安装结束后，对设备进行单机调试；单机调试结束后，进行系统联调。

3）自动栏杆机安装

自动栏杆机安装要牢固、平稳，同向的电动栏杆要安装在一条直线上。栏杆机的横臂要调整水平。栏杆机的控制线接插头必须进行镀锡处理，以确保接触良好。栏杆机电源要安装牢固，电源线在预埋管口处要用塑料套管护住，接地线按规定接牢，如图 9-4-2 所示。

4）车道摄像机安装

（1）车道摄像机立柱的地脚螺丝固定紧，并做防锈处理，立柱出线孔到摄像机的外露线加套管保护。

（2）摄像机调试完成后把摄像机变焦等的固定螺丝及摄像机支架螺丝固定紧。

（3）立柱上的通行信号灯支架在立柱上安装牢固。

5）广场摄像机和绿通摄像机安装

广场摄像机和绿通摄像机的立柱安装平稳牢固，抱杆箱内设备按施工图要求安装，抱杆箱固定螺丝在紧固完毕后，用玻璃胶密封。

图 9-4-2　收费站自动栏杆机设备安装

摄像机接线板安装在摄像机立柱抱杆箱内,控制线、24V 电源端子接头要压实,水晶头固定后要用自粘胶带包实。

6) 电源及不间断电源(UPS)安装

(1) 设备机架安装、固定在基础上。

(2) 由机架地线引出端连接截面积为 $25mm^2$ 的多股铜线至地线汇流排布。

(3) 监控模块安装,内部电缆连接。

(4) 机架外部线缆连接包括交流电源线、直流电源线、监控电缆等。

(5) 检查电源均充、浮充电压,限制电流,温度控制等主要参数并设定为适当值。

(6) UPS 电池安装在指定位置,输入、输出电源电缆连接。

7) 车道机安装形式及位置

车道控制器安装在车道收费亭操作台下端,机箱采用冷轧钢板喷塑处理,底部安装有地角。在机箱的顶部和侧面开孔加装轴流风机及过滤网进行通风、散热和防尘处理;在机箱右侧的上下位置开两个出线孔,出线孔处加橡胶圈进行保护,防止线缆被擦破、擦伤。上出线孔主要是显示器、打印机、键盘等设备的电源线和串口线的通道;下进线孔主要是所有从收费岛人井上下进出的线缆的通道。

9.4.2　计重设施

1) 计重基础施工

(1) 按照称重系统基础施工图和称重系统平面布置图要求施工,在施工前应注意路面的倾斜度与平整度是否达到图纸要求。

(2) 按照划线位置和图纸要求切槽,并将渣土清除,保证切槽整齐,如图 9-4-3 所示。

(3) 按图纸要求将预制的钢筋网布置在称重台基础坑内。

(4) 基础排水:按照收费广场的排水坡度,或借用收费车道已有的排水系统,或直接铺设排水管引向路侧边沟,排水管应加设防鼠网。

(5) 浇筑混凝土:将 C30 混凝土按比例加入早强剂,浇筑在基础坑内,用振动棒振实后抹平。

(6)混凝土养护:一般采用自然养护,在连阴天的低温气候下,也可采用人工养护,养护周期为3~5d。在浇筑完毕后12h即可进行系统穿线、安装等工作。

图9-4-3 计重基础开挖及地基承载力测试

2)系统设备的安装

(1)现场安装所需要的设备和工具

起重设备,接地电阻测试仪,水准仪,斜度仪,混凝土切割机,扳手、卷尺、直尺、万用表、电烙铁等常用工具。

(2)安装前的准备工作

①按照图纸的技术要求,验收施工质量。

②检查各穿线管道是否畅通。

③检查接地系统、电源系统是否符合要求。

(3)称重台安装

将称重台吊入基础坑内放稳,使用斜度仪检查称重台面的倾斜度,如果不能保证其倾斜度要求,则调整称重传感器承压座高度,使称重台倾斜度达到要求,倾斜度应小于2%,并安装接地铜线和护罩。

9.4.3 ETC门架系统

1)设备基础施工

(1)工艺流程如图9-4-4所示。

(2)测量放线

测量放线工作由建设单位、项目设计人员、施工单位项目技术负责人主持和组织。工程定位控制点精确放出后,做好控制点的保护,并做好定位放线记录。

(3)安全防护

准备施工前先对施工现场进行安全防护设施的布控,根据《公路养护安全作业规程》(JTG H30—2015)的规范要求,结合施工现场情况进行相应的安全防护设施布控。

(4)基础开挖

①首先根据设计图纸,进行现场开挖灰线的定位。

②桥梁段门架基础两侧防护栏凿除后另外布置安装预埋件,凿除原桥梁现状基础底座,保留纵筋及小箱梁预埋钢筋,凿除范围为 3.1m。

③根据现场实际情况采用人工和机械两种方式开挖,首先由人工开挖探测地下是否有预埋管线等设施,待基坑地下情况探测清楚后再由机械开挖。

④路基段门架土方开挖采用分层开挖,留足施工现场土方回填量后,其余土方挖掘时就即时装车,采用自卸车运输至指定的场地。土方开挖过程中应采取可靠的措施控制高程和挖土深度,施工时现场安设一台水准仪进行动态跟踪测量,采用小木桩控制高程,并随时拉线检查,有多余土方及时铲除。为防止基坑被浸泡,基坑四周设排水沟、集水井,同时准备足够的潜水泵抽水。

⑤基础开挖后,要对基础进行地基承载力测试,满足要求后才能进行下一道工序,如图 9-4-5 所示。

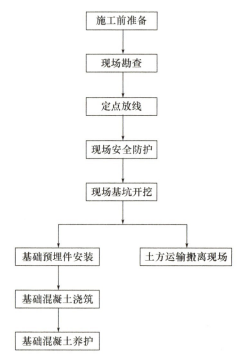

图 9-4-4　工艺流程图

(5)钢筋绑扎

①采用成品钢筋时,需检查钢筋加工的尺寸等是否符合设计要求,钢筋的型号、直径、尺寸和数量是否与配料单相符,如有错漏,应纠正增补,如图 9-4-6 所示。

②弧内直径不应小于钢筋直径的 2.5 倍,弯钩的弯后平直部分长度不应小于钢筋直径的 3 倍。

(6)预埋件安装

基坑开挖完成符合条件后再进行基础地脚螺栓预埋件的安装,根据地脚螺栓预埋件所标注轴线将定位法兰盘调整到相应位置固定,再上下调节螺母将地脚螺栓调节到设计高程,然后在地脚螺栓顶部套上定位钢套板使螺杆上下垂直。固定预埋件之前,必须复核预埋件的位置是否正确;复核无误后,则将预埋件加固、焊接牢固(或铁钉钉牢、铁丝绑扎),避免在浇筑混凝土时被振捣脱落移位;加固过程中应保证预埋件的垂直度、平整度偏差均不大于3mm,水平高程偏差不大于10mm,预埋件位置与设计位置偏差不大于20mm,如图9-4-7所示。

图9-4-5　地基承载力测试

图9-4-6　设备基础钢筋绑扎

图9-4-7　设备基础预埋件固定安装

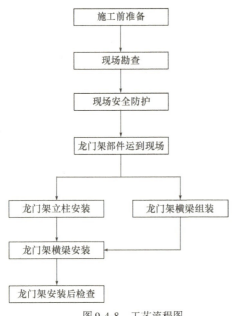

图 9-4-8 工艺流程图

2）龙门架安装

(1) 工业流程

龙门架安装工艺流程如图 9-4-8 所示。

(2) 安装施工方法

本工程龙门架安装时,首先应复核混凝土基础的轴线及基础顶面高程,采用分件吊装的方法,先吊装所有门架钢柱,待校正固定后,依次吊装框架钢梁,随吊随调整,然后进行安装加固。

(3) 安装前准备工作

①柱脚螺栓的施工：复核土建基础施工的柱脚定位轴线,埋设地脚螺栓。为保证地脚螺栓的定位准确,将地脚螺栓用钢模板孔套进行定位固定,并进行反复校核无误后方可进行混凝土的浇筑施工。地脚螺栓露出地面的部分用塑料布进行包裹保护。

②编制安装计划和构件供应计划,组织好施工。

③检查钢构件：钢构件出厂时应进行检测,符合设计图纸要求才能出厂,安装前按图纸查点复核构件,将构件依照安装顺序运到安装范围内,在不影响安装的条件下,尽量把构件放在安装位置旁边,以保证安装的便利。

(4) 安装施工工艺

①钢柱安装：吊装前首先确定构件吊点位置,确定绑扎方法,吊装时做好安全防护措施。钢柱起吊后,当柱脚距地脚螺栓 30～40cm 时扶正,使柱脚的安装孔对准螺栓,缓慢落钩就位。经过初校待垂直偏差在 20mm 内,拧紧螺栓,临时固定即可脱钩。

②钢梁吊装：钢梁吊装在柱子复核完成后进行,单段钢梁吊装时采用四点对称绑扎起吊就位安装,如钢梁是由两段部件组成的,则在吊装前先在地面上完成钢梁部件的连接安装,检查确认钢梁连接牢固可靠后才进行起吊安装。钢梁起吊后距柱基准面 100mm 时需缓慢就位,待钢梁吊装就位后进行对接调整校正,然后固定连接。钢梁吊装时随吊随用经纬仪校正,有偏差随时纠正。

③钢柱校正：钢柱垂直度校正用经纬仪或吊线锤检验,当有偏差时采用千斤顶进行校正,高程校正用千斤顶将底座少许抬高,然后增减垫板厚度,柱脚校正无误后立即紧固地脚螺栓,待钢柱整体校正无误后在柱脚底板下浇筑细石混凝土固定。

④钢梁校正：钢梁轴线和垂直度的测量校正,校正采用千斤顶和倒链进行,校正后立即进行固定。

(5) 立柱的吊装

立柱吊装如图 9-4-9 所示。

主要构件吊装前应做好各项准备工作,包括构件的运输、堆放、就位、拼装加固、检查清理、弹线编号以及吊装机具、安全设施的准备等。立柱吊装准备时,场地上不得有杂物对钢柱的吊装产生影响,吊绳安装于钢柱顶凸缘下方,吊索绑扎处垫以麻袋、橡皮等以免损坏镀锌层,吊装臂下不得站人,钢柱须用牵引绳进行拖拉定位。

(6) 钢梁的吊装

①钢梁在吊装前仔细计算钢梁的重心,并在构件上作出明确的标注,做好吊装前准备工作,吊装时应保证吊钩与构件的中心线在同一铅垂线上。

②钢梁的特点是跨度大,为了确保质量、安全,并提高生产效率,减小劳动强度,根据现场条件和起重设备能力,最大限度地扩大地面拼装工作量,将地面组装好的钢梁吊起就位,并与两侧立柱连接。

钢梁吊装如图9-4-10所示。

图9-4-9　立柱吊装

图9-4-10　钢梁吊装

(7) 注意事项

①为保证在吊装过程中对向车辆的行驶安全,在实施该龙门架吊装点位的上行方向(或下行方向)中央分隔带安全布控的同时,另一组人员同时进场实施龙门架吊装点位对面中央分隔带安全布控,在超车道内侧设置反光锥及闪光灯,提醒过往车辆注意。

②施工区域交通疏解措施完成后12m运输车及吊车进入施工作业区域进行吊装前准备,吊车从运输车上卸下2根立柱、2节横梁放置在作业区域内进行拼装,栏杆、避雷针等设施均预先安装完成。

9.4.4　机房设备

1) 机房线缆整理

(1) 技术准备

组织全体施工人员熟悉施工图纸,机房线缆整理的规范标准;施工技术人员做好图纸会审,以及对作业人员的技术交底工作。

(2) 施工准备

施工现场需要配置扎带、标清打印机、标签纸;施工用工机具符合要求;施工小型材料准备齐全;安全措施到位。

(3) 机房线缆整理

具体布线的内容有:强电布线、弱电布线和接地布线,其中强电布线和弱电布线均放在金属布线槽内,强电线槽尺寸为200mm×100mm,弱电线槽尺寸为400mm×100mm。强电线槽和弱电线槽之间的距离应保持在 20cm 以上,互相之间不能穿越,以防止相互之间的电磁干扰,如图 9-4-11 所示。

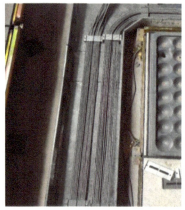 

图 9-4-11　分中心强、弱电线缆敷设

①强电布线:在新机房装修进行强电布线时,应根据整个机房的布局和 UPS 的容量来安排,在规划中的每个机柜和设备附近,安排相应的电源插座,插座的容量应根据接入设备的功率来定,并留有一定的冗余,一般为 10A 或 16A。电源的线缆直径应根据电源插座的容量确定并留有一定的余量。

②弱电布线:弱电布线中主要包括同轴细缆、超五类网线和电话线等,布线时应注意在每个机柜、设备后面都有相应的线缆,并应考虑以后的发展需要,各种线缆应分类用扎带扎好。

③接地布线:由于新机房内都是高性能的计算机和网络通信设备,故对接地有着严格的要求,接地也是消除公共阻抗、防止电容耦合干扰、保护设备和人员的安全、保证计算机系统稳定可靠运行的重要措施。在机房地板下应布置信号接地用的铜排,以供机房内各种接地需要,铜排再以专线方式接入该处的弱电信号接地系统。

2) 机架安装

(1) 机架安装完毕后,垂直度偏差不应大于 ±3mm。

(2) 机架上的各种零件不得脱落或碰坏。漆面如有脱落应予以补漆,各种标志完整清晰。

(3) 机架的安装应牢固,应按施工图的防震要求进行加固。

(4) 安装机架面板,架前应留有 1.5m 空间,机架背面离墙距离应大于 0.8m,以便于安装和施工。

(5) 壁挂式机框底距地面宜为 300~800mm。

3) 配线设备机架安装

(1) 采用下走线方式时,架底位置应与电缆上线孔相对应。

(2) 各直列垂直倾斜误差不应大于 ±3mm,底座水平误差不应大于 ±2mm/m²。

(3) 接线端子各种标志应齐全。

4) 机房设备安装

(1) 安装步骤

①配电柜安装及接线。

②网络机柜根据施工图纸摆放、安装控制台、电视墙。安装时要求水平度、垂直度满足要求,安装螺丝紧固结实。

③监视器的安装。

④收费分中心操作台内计算机电源、网络布线。

⑤中心服务器、计算机的安装及连线:根据施工图纸将计算机设备摆放在控制台上,摆放位置角度要求一致、美观。

⑥交换机的安装及接线:交换机安装在网络机柜内的合适位置,要求固定螺丝紧固。

⑦交换机与网络的调试。

⑧分中心局域网的调试。

⑨收费分中心的系统调试。

⑩分中心计算机局域网内服务器、计算机的操作系统的安装,网络的配置,正确分配各计算机的网际互联协议(IP)地址。

⑪对分中心计算机网络的联网功能进行测试。

⑫对各分中心计算机进行软件安装,单机测试该机定义的功能能够正常运行。

⑬通信分中心计算机和各收费站进行联调测试,确保各收费站的收费数据正确接收。

⑭分中心计算机网络和收费站计算机网络的通信功能进行联调测试。

(2)注意事项

①安装设备必须按照施工图纸进行施工。

②安装设备需要注意横平竖直。

③线缆接线时应该制作端子紧密、压接紧固;无漏接、虚接。

④设备上电时应该检查线路是否正常,是否有短路、断路状态。

(3)工艺要求

①收费中心收费设备安装稳固、端正。

②收费中心监控室内操作台、座椅、设备、配线列架等整齐、有序、无明显歪斜,标志清楚、牢固。

③所有设备安装后,外观无划伤、刻痕以及防护层剥落等缺陷。

④设备及收费监控室内布线整齐美观、固定可靠、标识清楚;过墙、板、地下通道处要有保护套管,并留有适当余量。

⑤设备之间有连接、插头等部件要求连接可靠、紧密、到位、准确;布线整齐、余留规整、标识清楚;固定螺丝等要求坚固,无松动。

9.5 供配电设施施工

9.5.1 工程概况

本工程内容主要为外环高速 K0+000~K35+575(宝安段)、YK52+927.344~K77+350(龙岗段)范围内 10kV(光明区 20kV)供电线路的接线及报批手续;高、低压配电设备和备用发电机组、蓄电池的采购、安装、调试、验收;高压电缆及保护管施工;高杆灯、路灯、收费广场照明、隧道照明及其配套供电设施及电缆工程等。

9.5.2 全线用电

全线用电包括以下内容(图9-5-1):
(1)用于高速公路运营的交通工程设备用电。
(2)全线路段照明及互通立交照明用电。
(3)收费站收费广场照明用电。
(4)其他设施用电容量的预留。

图9-5-1 全线用电

9.5.3 高、低压配电柜安装调试

K0+000~K35+575(宝安段)有10个配电房,高压配电柜35台,低压配电柜58台。YK52+927.344~K77+350(龙岗段)有12个配电房,高压配电柜45台,低压配电柜86台。

(1)高压配电柜采用全封闭、全绝缘充气柜。
(2)高压开关采用ABB safe-24系列。
(3)计量柜采用配两套电缆头连接双通套管。
(4)高压计量柜里面的互感器和表计由当地供电局提供。

(5）进线柜配操作电源一套。

(6）低压配电柜采用 GCS 柜体制作，采用上进下出的出线方式。

(7）配电计量方式为高压计量，供电方式为单母线供电外加发电机做紧急供电。

(8）低压进线柜内主开关分断能力应不小于 50kA，应设欠压及分励脱扣，设置过载长延时、短路短延时的保护。

(9）低压出线断路器（极限）分断能力应在 35kA 及以上，应设过载长延时、短路瞬时脱扣器。

(10）本工程配电系统采用 TN-S 型接地形式，接地电阻不大于 4Ω。接地装置由基础钢筋焊接组成，并在外墙利用外甩 50mm×4mm 扁钢，设人工接地极。实测如不满足要求，增加人工接地模块。

1）施工工艺流程

施工工艺流程如图 9-5-2 所示，各施工工序时长见表 9-5-1。

图 9-5-2　施工工艺流程图

各施工工序时长　　　　　　　表 9-5-1

序号	工序	施工时长（h）	序号	工序	施工时长（h）
1	开箱检查	4	5	配线	12
2	设备定位	4	6	接地	4
3	基础槽钢制作	4	7	测试	4
4	固定箱体	4	8	合计	36

2）资源配置

主要人员配置见表 9-5-2，主要设备资源配置见表 9-5-3。

主要人员配置参考　　　　　　　表 9-5-2

序号	工种	单位	数量	备注
1	机电工程师	人	1	
2	电焊工	人	1	基础槽钢制作
3	设备安装工	人	2	
4	电工	人	2	

主要设备资源配置参考表　　　　　　　表 9-5-3

序号	机械设备	规格型号	单位	数量
1	汽车起重机	15t	台	1
2	汽油发电机	5kW	台	1
3	电焊机	220V	台	1

续上表

序 号	机械设备	规格型号	单 位	数 量
4	切割机	220V	台	1
5	兆欧表	500V	个	1
6	万用表	数显式万用表	个	1
7	手电钻	—	把	1
8	施工工具	—	套	1

3）高、低压配电柜安装流程

高、低压配电柜安装流程见表9-5-4。

高、低压配电柜安装流程　　　　　　　表9-5-4

序号	说　明	图　片
1	（1）配电柜在天气较好时进行搬运和检查，用汽车运输时，控制行车速度。配电柜立放在汽车上，并用绳子拴好，防止倾倒。运输过程中，对于带电的配电屏将门关闭并锁上。运输配电柜的汽车，不准再装其他散装货物，以防相互撞击，损坏设备。 （2）设备开箱检查：设备应有产品出厂合格证明，且检验合格后才能进行安装，产品的技术文件应齐全；设备应有名牌，型号规格应与设计相符合，附件、备件应齐全完好；做好电气交接试验和工程最终检验，保证电器设备符合工程设计要求	
2	（1）配电房土建工程主体完成并经有关部门验收检查合格后，即可开始基础型钢安装工作。按照设计图对各屏、柜位置进行准确定位，包括高压进线柜、高压计量柜、高压出线柜、变压器、低压进线柜、电容补偿柜、双电源切换柜、低压出线柜。 （2）对室内电气设备柜体的间隔尺寸逐一核对，检查设备底座的水平度；核对中发现问题及时配合房建专业落实修改措施，保证设备安装后的带电距离和安装尺寸	

续上表

序号	说　明	图　片
3	（1）先组织技术人员认真审核图纸，准确测定设备位置后进行基础型钢的安装。室内外已清理干净，环境无尘时才开始屏、柜的安装工作，然后按图纸规定的顺序将配电屏、柜安装在柜底槽钢上，精确调整连接，使配电柜单独和成列安装，其垂直度、水平度及屏面不平度和柜间连接的允许偏差应符合规定。 （2）柜体就位前应注意基础型钢的找平、找直，严格控制垂直度和水平度，保证垂直误差控制在1.5‰，相邻屏顶误差控制在1mm，水平误差控制在2‰以内；柜体与基础型钢用螺栓连接牢固，不允许点焊固定，柜体与基础型钢都应可靠接地，按照控制原理图认真检查一、二次控制，保证投入运行时一次成功	
4	（1）设备就位后，相邻的柜与柜之间进行连接，连接件应分布均匀，连接紧固；连接后柜与柜之间的间隙及柜面的垂直度、水平度应符合施工规范的要求。 （2）各种设备不带电金属的部分应通过铜母排和接地极进行可靠的连接，设备连接后，进行母排的安装；母排安装时，固定螺栓的穿孔应一致，连接应紧固；连接板与母排之间应涂导电膏，连接后的缝隙用塞尺测量，应符合施工规范	
5	（1）二次电源线和接地线使用行线槽的，要将余量放在进行线槽里边；不使用行线槽的要将余量弯成螺旋式圆圈，导线不允许用台钳、克丝钳等强行拉直，接线端头的压接所有的7股和多股线都必须压线端头，根据导线截面及接线处螺钉直径选择接线端头的规格，当导线与电气部件的接线端子不匹配时，可不用接线端头，但连接必须牢固，不允许将大端头剪去一部分后再使用，根据接线端头筒形部分的长度来确定剥线长度。 （2）压接接线端头的质量要求：导线与接线端头要求保持平行的连接起来，接线端头不能有大的弯曲和变形，压接要牢固，接线端头绝缘层不能产生龟裂或镀层的剥落、起皮、发霉、生锈等	

续上表

序号	说 明	图 片
6	高、低压配电柜安装前应先测试其绝缘电阻是否满足规范要求,基础外侧敷设一圈40mm×5mm镀锌扁钢,作环形接地连接带,并与基础内主钢筋焊接形成联合接地网,接地电阻不大于4Ω	
7	(1)设备试运行设备投入运行前,首先应进行自检纠错。配电房安装完成后,由项目经理部组织各部门、技术干部、工区人员按创优标准进行质量检查,发现问题及时进行现场处理。 (2)进行设备电气性能和设备整组试验。制订试验方案,明确试验顺序,由专业试验人员对电气设备进行耐压试验;对房内高压电缆进行耐压和电流特性试验;对二次回路的保护性能进行模拟试验;在试验中进一步改进或调整存在问题。 (3)试验时,不允许与试验无关的人员滞留在配电房内,以免发生触电事故。试验前,应首先制订操作方案,明确试验操作步骤,让配电房全房带电,送电后各带电柜体挂警示牌,检验各带电体性能是否稳定。配电房必须带电空载试运行24h以上,以此检验	

9.5.4 配电房干式变压器安装调试

K0+000~K35+575(宝安段)有10个配电房、干式变压器10台,其干式变压器配置见表9-5-5。YK52+927.344~K77+350(龙岗段)有12个配电房、干式变压器13台,其干式变压器配置见表9-5-6。

K0+000~K35+575(宝安段)干式变压器　　　　　表9-5-5

序号	规格及型号	单位	位　置	图纸数量
1	干式变压器(SC10-160 10/0.4kV)	台	芙蓉互通匝道,沙井互通A、E匝道	3
2	干式变压器(SC10-200 20/0.4kV)	台	玉律互通H匝道,凤凰互通A、E匝道	3
3	干式变压器(SCB10-630 20/0.4kV)	台	长圳停车区	1
4	干式变压器(SCB10-1250 20/0.4kV)	台	长圳收费站集中住宿区	1
5	干式变压器[SC10-200 20(10)/0.4kV]	台	玉律互通D匝道	1
6	干式变压器[SCBH15-630/20(10)/0.4]	台	长流陂隧道出口	1

YK52+927.344~K77+350(龙岗段)干式变压器　　　　　表9-5-6

序号	规格及型号	单位	位　置	图纸数量
1	干式变压器(SCB10-630/10/0.4)	台	清林径隧道、红花岭隧道出口	2
2	干式变压器(SC10-160 10/0.4kV)	台	低碳城匝道、坪地匝道、宝龙匝道、金沙东匝道、金沙西匝道、金沙主线收费站、红花岭隧道进口	7
3	干式变压器(SCB10-630 10/0.4kV)	台	高桥匝道、横岭服务区	2
4	干式变压器(SCB10-1250 10/0.4kV)	台	五联匝道	1
5	干式变压器(SCBH15-800)	台	清林径声屏障	1

1)工艺流程

工艺流程如图9-5-3所示。

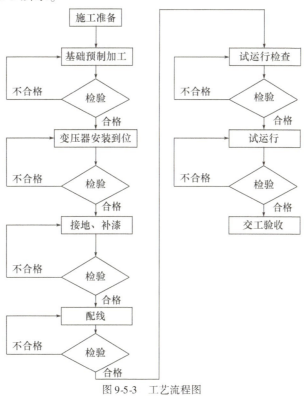

图9-5-3　工艺流程图

2）施工流程

施工流程如图9-5-4所示。

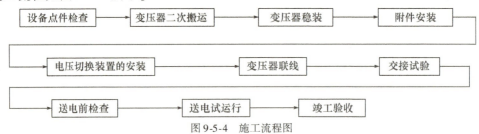

图9-5-4 施工流程图

3）各施工工序时长

各施工工序时长见表9-5-7。

各施工工序时长　　　　　　　　　　表9-5-7

序号	工序	施工时长（h）	序号	工序	施工时长（h）
1	开箱检查	2	5	高压配线、低压母线槽制作	16
2	设备定位	2	6	接地	2
3	基础槽钢制作	4	7	测试	4
4	固定箱体	2	8	合计	32

4）资源配置

主要人员及设备资源配置分别见表9-5-8、表9-5-9。

主要人员配置参考　　　　　　　　　　表9-5-8

序号	工种	单位	数量	备注
1	机电工程师	人	1	
2	电焊工	人	1	基础槽钢制作
3	设备安装工	人	2	
4	电工	人	2	

主要设备资源配置参考　　　　　　　　　　表9-5-9

序号	机械设备	规格型号	单位	数量
1	汽车起重机	15t	台	1
2	汽油发电机	5kW	台	1
3	电焊机	220V	台	1
4	切割机	220V	台	1
5	兆欧表	2500V	个	1
6	万用表	数显式万用表	个	1
7	手电钻	—	把	1
8	施工工具	—	套	1

5)干式变压器的安装验收、保管

(1)设备点件检查

①设备点件检查应由安装单位、供货单位会同建设单位代表共同进行,并做好记录。

②按照设备清单、施工图纸及设备技术文件核对变压器本体及附件备件的规格型号是否符合设计要求。

③设备点件是否齐全,有无丢失及损坏。变压器本体外观检查无损伤及变形,油漆完好无损伤。绝缘瓷件及环氧树脂铸件有无损伤、裂陷及裂纹。

(2)变压器二次搬运

①变压器二次搬运应由起重工作业,电工配合。最好采用汽车起重机吊装,也可采用吊链吊装(索具必须检查合格)。

②变压器搬运过程中,不应有冲击或严重振动情况,利用机械牵引时,牵引的着力点应在变压器重心以下。

(3)变压器安装

①变压器就位可用汽车起重机直接吊进变压器室内,或用道木搭设临时轨道,用三步搭、吊链吊至临时轨道上,然后用吊链拉入室内合适位置。变压器在装卸的过程中,设专人负责统一指挥,指挥人员发出的指挥信号必须清晰、准确。起重机具的支撑腿必须稳固,受力均匀。应准确使用变压器油箱顶盖的吊环,吊钩应对准变压器重心,吊挂钢丝绳间的夹角不得大于60°。起吊时必须试吊,防止钢索碰损变压器瓷套管。起吊过程中,在吊臂及吊物下方严禁任何人员通过或逗留,吊起的设备不得在空中长时间停留。

②变压器就位采取人力搬运和铺设枕木、槽钢轨道就位等方法。较大容量变压器,采取铺设枕木、槽钢轨道就位方法,枕木、槽钢轨道铺设必须平稳牢固,在变压器两侧和后部以铁钎子或木棒撬变压器的底盘,沿槽钢轨道向基础方向移动到位,或在变压器室里墙根部设牵引钩,用钢丝绳将变压器底部绑扎牢固,用手拉葫芦将变压器从槽钢轨道上由门外向室内牵引到位。在就位移动时不宜过快,不得发生碰撞及不应有严重的冲击和震荡,以免损坏绝缘构件。就位移动时要有防止变压器滑出轨道和倾倒的措施,做好变压器基础保护工作,要设专人指挥,统一信号,用力均匀,速度要缓慢,互相协调。

③变压器就位时,应注意其方位和距墙尺寸与图纸相符,允许误差为±25mm,图纸无标注时,纵向按轨道就位,横向距墙不得小于800mm,距门不得小于1000mm。

④装有滚轮的变压器,滚轮应转动灵活,变压器就位后,应将滚轮用能拆卸的制动装置固定,或者将滚轮拆下保存好。

(4)附件安装

①干式变压器一次元件应按产品说明书位置安装,二次仪表装在便于观测的变压器护网栏上。软管不得有压扁或死弯,余量部分应盘圈并固定在温度计附近。

②干式变压器的电阻温度计,一次元件应预装在变压器内,二次仪表应安装在值班室或操作台上。温度补偿导线应符合仪表要求,并加以适当的附加温度补偿电阻,校验调试合格后方可使用。

(5)电压切换装置的安装

①变压器电压切换装置各分接点与线圈的连接线压接正确,牢固可靠,其接触面接触紧密良好。切换电压时,转动触点的停留位置应正确,并与指示位置一致。

②有载调压切换装置转动到极限位置时,应装有机械连锁和带有限位开关的电气联锁。

③有载调压切换装置的控制箱,一般应安装在值班室或操纵台上,保证连线正确无误,并应调整好,确保手动、自动工作正常,档位指示正确。

(6)变压器连线

①变压器的一次连线、二次连线、地线、控制管线均应符合《干式电力变压器技术参数和要求》(GB/T 10228—2015)的规定。

②变压器的一次、二次引线连接,不应使变压器的套管直接承受应力。

③变压器中性线在中性点处与保护接地线同接在一起,并应分别敷设,中性线宜用绝缘导线,保护地线宜采用黄/绿相间的双色绝缘导线。

④变压器中性点的接地回路中,靠近变压器处,宜做一个可拆卸的连接点。

⑤变压器进线侧端子若是交互式,接线时注意需将电缆芯线分开达到电气绝缘要求,防止因绝缘距离太近放电。

(7)交接试验

测量线圈连同套管一起的直流电阻;检查所有分接头的变压器的变压比;检查三相变压器的接线组别和单项变压器引出线的极性;测量线圈同套管一起的绝缘电阻;线圈连同套管一起做交流耐压试验,试验全部合格后方可使用。

(8)送电前检查

①变压器送电试运行前做全面检查,确认符合试运行条件时方可投入运行。

②变压器试运行前,必须由质量监督部门检查合格。

③变压器试运行前的检查内容:

a. 各种交接试验单据齐全,数据符合要求。

b. 变压器应清理、擦拭干净,顶盖上无遗留杂物,本体及附件无缺损。

c. 变压器一、二次引线相位正确,绝缘良好。

d. 接地线良好。

e. 通风设施安装完毕,工作正常。

f. 标志牌挂好,门装锁。

(9)送电试运行验收

①变压器空载调试运行。

变压器空载投入冲击试验,即变压器不带负荷投入,所有负荷开关应全部拉开。试验程序如下:

a. 全电压冲击合闸,高压侧投入,低压侧全部断开,受电持续时间应不少于10min,经检查应无异常。

b. 变压器受电无异常,每隔5min进行冲击一次。连续进行3~5次全电压冲击合闸,励磁涌流不应引起保护装置误动作,最后一次进行空载运行。

c. 变压器全电压冲击试验是检验其绝缘和保护装置。但应注意,有中性点接地变压器在进行冲击合闸前,中性点必须接地。否则冲击合闸时,将造成变压器损坏事故发生。

d.变压器空载运行的检查方法主要是听声音进行辨别变压器空载运行情况。正常时发出嗡嗡声。异常时有以下几种情况发生:声音比较大而均匀,可能是外加电压偏高;声音比较大而嘈杂,可能是芯部有松动;有滋滋放电声音,可能套管有表面闪络,应严加注意,并应查出原因及时进行处理,或是更换变压器。

e.做冲击试验中应注意观测冲击电流、空载电流、一次二次侧电压、变压器温度等,做好详细记录。

②变压器半负荷调试运行。

a.经过空载冲击试验运行24~28h,其时间长短视实际需要而定,确认无异常合格后,才可进行半负荷试运行试验。

b.将变压器负荷侧逐渐投入,直到半负载时停止,观察变压器温升、一次二次侧电压和负荷电流变化情况,应每隔2h记录一次。

c.经过变压器半负荷通电调试运行符合安全运行后,再进行满负荷调试运行。

③变压器满负荷运行。

a.继续调试变压器负荷侧使其达到满负荷状态,再运行10h观测温升、一次二次侧电压和负荷电流变化情况,每隔2h进行记录一次。

b.经过满负荷变压器试运行合格后,向建设单位办理移交手续。

(10)竣工验收

从变压器开始带电起,24h后如无异常情况,应办理验收手续。

(11)验收时应移交下列资料和文件:

①变更设计证明。

②产品说明书、试验报告单、合格证及安装图纸等技术文件。

③安装检查及调试记录,标准电力变压器及其附件的试验调试和器身检查结果,必须符合施工规范规定。高低压瓷件表面严禁有裂纹损坏和瓷釉损坏等缺陷。变压器安装位置应准确,器身表面干净清洁、油漆完整。变压器与线路连接应符合验收要求。

(12)验收要求

①线路连接紧密,连接螺栓的锁紧装置齐全,磁套管不受外力。

②变压器进出线的支架按设计施工,牢固可靠,高程误差、水平误差均不大于±5mm,与地网连接可靠。

③高、低压电缆(含插接式母线)沟进出口应进行防火、防小动物封堵。

④电缆终端部件及接线端子符合设计要求,电缆终端与引线连接可靠,搭接面洁净、平整、无氧化层、涂有电力复合脂,符合规范要求。变压器与插接式母线连接必须是软连接并应留有余量。

⑤变压器本体接地线截面积不应小于中性线截面积的1/2,且不应小于70mm^2。单芯电缆固定严禁用导磁线金属绑扎。

⑥零线沿器身向下接至接地装置的线段,且固定牢靠。

⑦器身各附件间的连接的导线有保护管,保护管、接线盒应固定牢靠、盒盖齐全。

⑧引向变压器的母线及其支架、电线保护管和接零线等均应便于拆卸,不妨碍变压检修时

移动。各连接用的螺栓螺纹漏出螺母 2~3 扣,保护管颜色一致,支架防腐完整。

⑨变压器及其附外壳和其他非带电金属部件均应接地,并应符合表 9-5-10 的要求。

检 测 标 准 表 9-5-10

类型	项目	质量标准	检验方法	检查数量
保证项目	变压器及附件的规格质量,试验调整和器身检查	变压器及附件的规格质量必须符合设计要求。电力变压器及附件的试验调整和器身检查结果必须符合施工规范规定	检查安装和调试试验记录	全数检查
	并列运行的变压器	并列运行的变压器必须符合并列条件	实测或检查定相记录	全数检查
基本项目	变压器本体安装	(1)合格:位置正确,就位后固定可靠。 (2)优良:在合格基础上,器身标干净,油漆完整	观察和检查安装记录	全数检查
	变压器附件安装	(1)合格:变压器温控器安装牢固。 (2)优良:接线等整齐美观	观察	全数检查
	变压器与线路连接	(1)合格:①接连紧密,连接螺栓的锁紧装置齐全;②零线沿器身向下接地装置的线段,固定可靠;③器身各附件间连接的导线有保护管。 (2)优良:在合格的基础上,引向变压器的母线及其支架,电线保护管和接零线均便于拆卸,不妨碍变压器的搬动;各连接用的螺栓露出螺母 2 或 3 扣;保护管颜色一致,支架防腐完整	观察	全数检查
	接地(接零)	(1)合格:连接紧密、牢靠,接地(零)线截面选用正确,需防腐的部分涂漆均匀无遗漏。 (2)优良:线路走向合理,色标正确,涂刷后不污染设备和建筑物	观察	抽查 5 处

(13)成品保护

①变压器门应加锁,未经安装单位许可,闲杂人员不得入内。

②变压器就位后要采取保护措施,防止铁件掉入线圈内。

③在变压器上方作业时,操作人员不得踩变压器,并佩戴工具带,防止工具材料掉入砸坏变压器。

④施工过程中的危险源辨识及控制措施见表 9-5-11。

施工过程危险源辨识及控制措施　　　　表9-5-11

序号	作业活动	危 险 源	主要控制措施
1	施工用电	电源线较长、接头漏电	严格检查尽量用整根电缆
2	吊装作业	起重设备有故障、绑扎不牢、违章指挥	吊装前对起重机工具严格检查,严禁使用不合格工具,并在现场设置安全警戒区,严禁非施工人员进入
3	施工用电、动火	火灾	(1)现场备足够的消防器材,非火警不得动用。凡动用明火和电、气焊必须开具动火证,并设专人看火。 (2)电气焊作业前,应清楚作业范围内易燃物品或采取有限隔音措施。电气焊作业完毕立即切断电源、气源,并检查确认操作区内无火灾隐患
4	试运行作业	触电	(1)工作接地极保护接地应符合要求。 (2)变压器上应设明显的警示牌。 (3)试运行周围设置护栏或警戒线

9.5.5　柴油发电机组机安装

为了防止意外情况,如出现电路故障或发生临时停电,应配置自备电源作应急发电使用。

K0+000~K35+575(宝安段)有10个配电房、自动化柴油发电机10台,其自动化柴油发电机配置见表9-5-12。YK52+927.344~K77+350(龙岗段)有12个配电房、自动化柴油发电机13台,其自动化柴油发电机配置见表9-5-13。

K0+000~K35+575(宝安段)自动化柴油发电机　　　　表9-5-12

序号	规格及型号	单位	位　　置	图纸数量
1	自动化柴油发电机(150kW)	台	沙井北互通A匝道收费站休息站房1组、E匝1组	2
2	自动化柴油发电机(180kW)	台	芙蓉互通匝道1组、玉律互通H匝道1组、D匝道1组、凤凰互通A匝道1组	4
3	自动化柴油发电机(200kW)	台	长圳停车区配电房内1组、凤凰互通E匝道1组	2
4	自动化柴油发电机(250kW)	台	长流陂隧道出口端变电所1组	1
5	自动化柴油发电机(400kW)	台	长圳匝道收费站配电房1组	1

YK52+927.344~K77+350（龙岗段）自动化柴油发电机　　表 9-5-13

序号	规格及型号	单位	位　　置	图纸数量
1	自动化柴油发电机（150kW）	台	宝龙匝道、金沙西匝道、金沙东匝道、金沙主线收费站、低碳城匝道、坪地匝道	6
2	自动化柴油发电机（200kW）	台	高桥匝道、横岭服务区	2
3	自动化柴油发电机（250kW）	台	清林径隧道	1
4	自动化柴油发电机（280kW）	台	红花岭隧道	1
5	自动化柴油发电机（400kW）	台	五联匝道	1
6	自动化柴油发电机（600kW）	台	清林径声屏障	2

1）各施工工序时长

各施工工序时长见表 9-5-14。

各施工工序时长　　表 9-5-14

序号	工序	施工时长(h)	序号	工序	施工时长(h)
1	开箱检查	2	6	接地	2
2	设备定位	2	7	排烟、通风、排风系统的安装	16
3	机组移位固定	4	8	机组调试	6
4	机组配件安装	8	9	合计	48
5	控制柜、低压配线	8			

2）资源配置

主要人员及设备资源配置分别见表 9-5-15、表 9-5-16。

主要人员配置参考　　表 9-5-15

序号	工　种	单位	数量	序号	工　种	单位	数量
1	机电工程师	人	1	3	电工	人	1
2	设备安装工	人	2	4	调试工	人	1

主要设备资源配置参考　　表 9-5-16

序　号	机械设备	规格型号	单　位	数　量
1	吊车	25t	台	1
2	汽油发电机	5kW	台	1
3	卷扬机	—	台	1

续上表

序 号	机械设备	规格型号	单 位	数 量
4	水准仪	—	台	1
5	水平尺	—	把	1
6	千斤顶	—	个	1
7	万用表	数显式万用表	个	1
8	卡钳电流表	—	个	1
9	相序表	—	个	1
10	施工工具	—	套	1

3）施工工艺

施工工艺流程如图9-5-5所示。

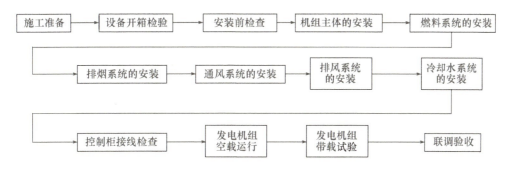

图 9-5-5 施工工艺流程图

4）操作工艺

（1）基础验收

柴油发电机组本体安装前应根据设计图纸、产品样本或柴油发电机组本体实物对设备基础进行全面检查，是否符合安装尺寸要求。

①设备开箱检验。

a.设备开箱检验由安装单位、供货单位、建设单位、工程监理共同进行，并做好记录。

b.依据装箱单，核对主机、附件、专用工具、备品备件和随带技术文件，查验合格证和出厂试运行记录，发电机及其控制柜有出厂试验记录。

c.外观检查：有铭牌，机身无缺件，涂层完整。

d.柴油发电机组及其附属设备均应符合设计要求。

②安装前的检查。

a.是否有充分的冷却空气。

b.是否有充分的新鲜吸入空气。

c. 是否有循环空气排放口。

d. 是否有烟气排放口。

e. 是否有辅助电源。

f. 是否有便于运行与维修的空间。

g. 是否有认可的噪声水平。

h. 是否有振动的隔离。

③机组主体的安装。

a. 如果安装现场允许吊车作业时,用吊车将机组整体吊起,把随机配的减振胶垫装在机组下。

b. 在柴油发电机组施工完成的基础上,放置好机组。一般情况下,减振胶垫无须固定,只需放在机组下。现场不允许吊车作业时,可将机组放在滚杠上,滚至选定位置。

c. 用千斤顶(千斤顶规格根据机组重量选定)将机组一端抬高,注意机组两边的升高一致,直至底座下的间隙能安装抬高一端的减振胶垫。

d. 释放千斤顶,再抬机组另一端,装好剩余的减振胶垫,撤出滚杠,释放千斤顶。

④燃料系统的安装。

供油系统一般由储油罐、日用油箱、油泵和电磁阀、连接管路构成,当储油罐位置低(低于机组油泵吸程)或高(高于油门所能承受的压力)时,必须采用日用油箱。日用油箱上有液位显示及浮子开关(自动供油箱装备),油泵系统的安装要求参照本系统设备的安装规范要求。

⑤排烟系统的安装。

a. 排烟系统一般由排烟管道、排烟消声器以及各种连接件组成。

b. 将导风罩按设计要求固定在墙壁上。

c. 将随机法兰与排烟管焊接(排烟管长度及数量根据机房大小及排烟走向),焊接时注意法兰之间的配对关系。

d. 根据消声器及排烟管的大小和安装高度,配置相应的套箍。

e. 用螺栓将消声器、弯头、垂直方向排烟管、波纹管按图纸要求连接好,保证各处密封良好。

f. 将水平方向排烟管与消声器出口用螺栓连接好,保证接合面的密封性。

g. 排烟管外围包裹一层保温材料。

h. 柴油发电机组与排烟管之间的连接常规使用波纹管,所有排烟管的管道重量不允许压在波纹管上,波纹管应保持自由状态。

⑥通风系统的安装。

a. 将进风预埋铁框预埋至墙壁内,用水泥护牢,待干燥后装配。

b. 安装进风口百叶或风阀,用螺栓固定。

c. 通风管道的安装详见相关工艺标准。

⑦排风系统的安装。

a. 测量机组的排风口的坐标位置尺寸。

b. 计算排风口的有关尺寸。

c. 预埋排风口。
d. 安装排风机、中间过渡体、软连接、排风口,详见相关工艺标准。
⑧冷却系统的安装。
冷却系统为风冷散热水箱,核对风冷柴油发电机组的散热水箱加水口和放水口处是否留有足够空间,便于日常维护。
⑨控制柜接线检查。
发电机静态试验与随机配电盘控制柜接线检查,按照主控项目中的附表完成柴油发电机组本体的定子电路、转子电路、励磁电路和其他项目的试验检查,并做好记录,检查时应有厂家在场或直接由厂家完成。
根据厂家提供的随机资料,检查和校验随机控制屏的接线是否与图纸一致。
⑩发电机组空载试运行。
试运行前的检查准备工作包括:
a. 检查风扇皮带张紧程度。
b. 发电机容量满足负荷要求。
c. 机房留有用于机组维护的足够空间。
d. 机房地势不受雨水的侵入。
e. 所有操作人员必须熟悉操作规程。
f. 所有操作人员应掌握安全方法和措施。
g. 检查所有机械连接和电气连接的情况是否良好。
h. 检查通风系统和废气排放系统连接是否良好。
i. 灌注润滑油、冷却剂(北方地区建议使用防冻液,南方地区建议使用防锈水)和燃料。
j. 检查润滑系统的渗漏情况。
k. 检查燃料系统的渗漏情况。
l. 检查启动电池充电情况。
m. 检查紧急停机按钮操作的情况。
n. 断开柴油发电机组负载侧的断路或自动转换开关电器(ATS)。
o. 将机组控制屏的控制开关设定到"手动"位置,按启动按钮。
p. 检查机组电压、电池电压、频率是否在误差范围内,否则进行适当调整。
q. 检查发电机油压力表。
r. 如以上检查一切正常,可接着完成正常停车与紧急停车试验。
⑪发电机组带载试验。
a. 发电机组空载运行合格以后,切断负载"试电"电源,按"机组加载"按钮,由机组向负载供电。
b. 检查发电机运行是否稳定,频率、电压、电流、功率是否保持在正常允许范围。
c. 以上检查一切正常,发电机停机,控制屏的控制开关打到"自动"状态。
d. 自起动柴油发电机应做自起动试验,并符合设计要求。
(2)发电机到场检查
发电机减振示意如图9-5-6所示。

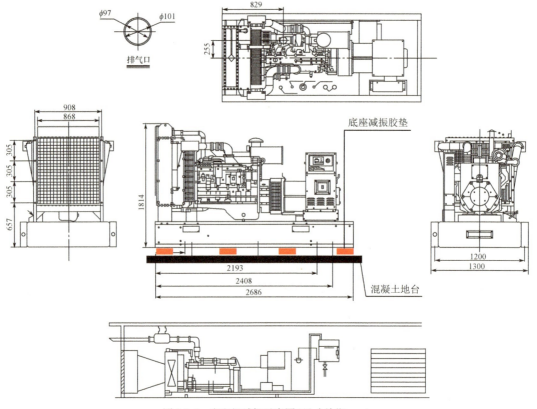

图 9-5-6　发电机减振示意图(尺寸单位:mm)

9.5.6　组合式箱变安装

1）概况

(1)本项目在 K0+000～K35+575(宝安段)设置组合式箱变 34 台,YK52+927.344～K77+350(龙岗段)设置组合式箱变 20 台,供全线道路及互通立交照明用电。

(2)箱式变电站由 10kV、光明区(20kV)压气式负荷开关、高压熔断器、变压器、低压配电开关、二次控制电气元件、时控器、温度传感器、湿度传感器和控制装置、加热器和通风装置、金属外壳、金属构件等组成。

(3)技术要求。

①10kV(光明区 20kV)单回路电源供电。

②箱变主要配置要求:高压进线柜采用负荷开关柜型,配变柜采用负荷开关柜型。高压负荷开关操作机构采用手动(预留电动部分)。品牌要求:ABB、施耐德、西门子、GE。

③本系统采用全绝缘、全密封、全充气(无油化)带气压表环网开关柜,必须具备国家认可资质机构的型式试验合格证,具备完善的五防闭锁功能,必须装设接地线且与开关间具备可靠机械连锁,并且在深圳或同类地区安装使用一年以上。

④普通环网柜 2s 热稳定电流不小于 20kA,动稳定电流、短路关合电流不小于 50kA,并通过具有相关资质单位的检验。

⑤高压柜必须满足"五防"要求,排列次序按图正视。所有设备均应接地良好。

⑥当高压进线开关为三工位负荷开关时,其接地刀操作孔加挂锁,并喷涂"禁止带电合地刀"字样。

⑦箱变主要配置要求:低压部分采用固定式柜型,变压器选用SCBH15型。

⑧低压进线断路器,配置分励脱扣,失压脱扣装置可根据当地供电部门要求设定。

⑨无功补偿装置,补偿容量为变压器容量的20%~40%,电容器需分组配手、自动投切。

⑩变压器中性点及所有电气设备金属外壳均可靠接地,接地电阻不大于4Ω。

⑪低压进、出线为"母线铜排上进线、低压电缆下出线"接线方式,低压出线柜预留路灯三遥控制箱位置。

⑫路灯箱变内"三遥"设备与路灯中心系统兼容,检测总回路、分回路三相电压、电流、功率因素和万能转换开关状态,停电能上传最后一次信息,转换开关可实现手动、时控、遥控和四挡控制模式。

⑬宝安段和龙岗段组合式箱变配置见表9-5-17、表9-5-18。箱变进场检验如图9-5-7所示。

K0+000~K35+575(宝安段)组合式箱变配置　　　表9-5-17

序号	规格及型号	单位	描 述	数量
1	SCB10-10/0.4kV,50kVA	台	—	10
2	SCB10-20/0.4kV,50kVA	台	高压端20kV	17
3	SCB10-10/0.4kV,	台	—	3
4	SCB10-20/0.4kV,100kVA	台	高压端20kV	2
5	SCB10-20(10)/0.4kV,100kVA	台	高压端20kV(10kV)双电源	1
6	SCB10-10/0.4kV,100kVA	台	—	1

YK52+927.344~K77+350(龙岗段)组合式箱变配置　　　表9-5-18

序　号	规格及型号	单位	数　量
1	SCB10-10/0.4kV,50kVA	台	13
2	SCB10-10/0.4kV,100kVA	台	5
3	SCB10-10/0.4kV,60kVA	台	1
4	SCB10-10-80kVA,10/0.4kV	台	1

2)工艺流程

工艺流程同图9-5-3。

3)施工流程

施工流程如图9-5-8所示。

a) 组合式箱变开箱检查　　　　b) 变高压柜检查

c) 设备点件检查

图 9-5-7　箱变进场检验

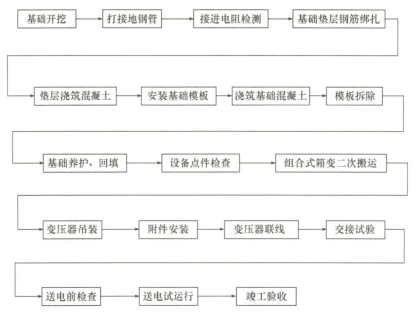

图 9-5-8　施工流程图

4) 各施工工序时长

各施工工序时长见表9-5-19。

各施工工序时长 表9-5-19

序 号	工 序	施工时长(h)	序 号	工 序	施工时长(h)
1	开箱检查	2	5	接地	2
2	吊装到位	4	6	测试	8
3	固定箱体	2	7	合计	30
4	高低压配线	12			

5) 资源配置

主要人员及设备资源配置分别见表9-5-20、表9-5-21。

主要人员配置参考 表9-5-20

序 号	工 种	单 位	数 量	备 注
1	起重工	人	1	负责指挥现场起重作业
2	司索工	人	1	—
3	电焊工	人	2	—
4	钢筋工	人	2	—
5	模板工	人	2	包括混凝土浇筑
6	机电工程师	人	1	—
7	设备安装工	人	2	—
8	电工	人	2	—

主要设备资源配置参考 表9-5-21

序 号	机械设备	规格型号	单 位	数 量
1	汽车起重机	25t	台	1
2	汽油发电机	5kW	台	1
3	电焊机	220V	台	1
4	切割机	220V	台	1
5	兆欧表	500V	个	1
6	兆欧表	2500V	个	1
7	万用表	数显式万用表	个	1
8	手电钻	—	把	1
9	施工工具	—	套	1

6) 施工准备

基坑开挖的施工准备工作一般包括以下几个方面：

(1) 勘查现场，摸清工程实地情况。

(2) 按设计或施工要求高程整平场地。

(3) 做好防洪、排洪工作。

(4)设置基坑施工用的临时设施。

7)施工测量

(1)施工前对基础位置进行勘察,尽量避开高压线和河沟,若遇高压线,利用测量仪器确保基础施工位置与高压线保持安全距离。可根据现场情况适当调整位置,用测量仪器确定施工位置水平高程,并进行基础放线。

(2)土方开挖前还需对基础点位进行地下管线勘测,如有预埋管线需避开管线位置重新定位。

8)土方开挖

(1)在基地土方开挖之前,要进行详细的施工准备工作,在开挖施工过程中要考虑开挖方法和人工开挖与机械开挖方式的配合问题,开挖后还要考虑对一些特殊地基进行处理。

(2)如开挖的基坑深于邻近建筑基础,开挖应保持一定的距离和坡度,以免在施工时影响邻近建筑基础的稳定。如不能满足要求,应采取在坡脚设挡墙或支撑进行加固处理。

(3)挖土时注意检查基坑底是否有古墓、洞穴、暗沟或裂隙、断层(对岩石地基)存在,如发现迹象,应停止施工,及时汇报情况,并进行勘察处理。

(4)基坑边坡的虚土应清理,开挖的废土严禁堆放在基坑边沿。弃土应及时运出,如需要临时堆土,或留作回填土,堆土坡脚至坑边距离应根据挖坑深度、边坡坡度和土的类别确定,干燥密实土不小于3m,松软土部小于5m。

(5)基坑有水时用集水井法将水排出,无水土质基坑底面宜按基础设计平面尺寸,每边放宽不小于5cm,对有水基坑底面,应满足四周设计排水沟与汇水井的位置,每边放宽不小于80cm。开挖中有水时应进行不间断抽水,抽水能力为渗水量的1.5~2.0倍,抽出的水应防止回流到基坑。

(6)基坑开挖好后,应对坑底进行抄平、修整。如挖坑时有小部分超挖,可用素土、灰土或砾石回填夯实至与地基土基本相同的密实度。

(7)为防止坑底扰动,基坑挖好后应尽量减少暴露时间,及时进行下一道工序的施工,如不能立即进行下一工序时,应预留15~30cm厚覆盖土层,待基础施工时再挖去。

(8)基础开挖完成后对地基进行夯实处理,并进行基础地基抽样检测,只有基础承载力不小于路灯基础图纸中地基承载力80kPa的要求后,再用混凝土做基础垫层。

9)地基局部处理

对于基坑开挖过程中或开挖后遇到的特殊地基问题要进行地基局部处理。

若基础下局部遇基岩、老灰土、大石块等应尽可能挖除,以防止建(构)筑物局部落于较硬物上产生不均匀沉降而使建(构)筑物倾斜。

若基础部分落于基岩或硬土层上,部分落于软弱土层上,则采取在软土层上施作混凝土或砌块石支承墙(或支墩)。基础底板配适当钢筋,或将基础以下基岩凿去30~50cm深,填以中、粗砂或土砂混合物作垫层,以调整岩土交界部位地基的相对变形,避免应力集中出现裂缝,或采取加强基础和上部结构的刚度以减小地基的不均匀变形。

10)箱变基础施工

箱变基础施工如图9-5-9所示。

11）箱变吊装

（1）施工前准备

施工组织和现场管理方面的措施如下：

起重吊装作业前，实地考察吊装现场，与主要施工操作人员制定出切实可行的吊装方法和安全措施保证作业安全，避免盲目施工，在施工前将起重吊装方案内容（人员配置、起重机的选择、吊装技术方法、施工安全措施等）向施工操作人员交底。

（2）施工步骤

①利用25t汽轮吊车直接吊运箱变进入箱变基础。在箱变基础外侧铺设临时平台（长4m），平台与原基础贯通，作为箱变延伸基础临时放置箱变。

图9-5-9　箱变基础施工

②将25t汽轮吊车安放在箱变基础外侧适当位置，尽量靠近箱变基础，位置以将吊车的工作半径控制在距临时平台中心7~8.5m为宜。

③将4根5t4m起重吊带分别挂在箱变4个吊点上后缓慢吊起箱变，注意吊车支腿周围地基是否沉降。

④同时牵引箱变使其向箱变基础平移，在箱变平移过程中逐步将吊钩工作压力减小，当箱变中心移至箱变基础台上方后，吊车落钩将两根起重吊带摘掉，汽轮吊车配合将箱变完全移至基础台上后吊车落钩收车。

⑤箱变吊装到位后调整安装位置保证水平度合格。

箱变吊装施工如图9-5-10所示。

12）施工创新及亮点

20(10)kV户外组合式箱变围栏注重品牌化提升、艺术造型，重视设备围栏与周围环境的融合，采用标准化设计、模块化拼装，形成高速公路旁的一道独特供电风景，如图9-5-11所示。

图9-5-10　箱变吊装施工

图9-5-11　20(10)kV户外组合式箱变围栏

9.6 照明设施施工

9.6.1 照明系统概况

施工范围:工程起点桩号为 K0+000~K35+670(宝安段),有低杆灯 1235 盏、高杆灯 64 盏;YK52+927.344~K77+350(龙岗段),有低杆灯 698 盏、中杆灯 28 盏、高杆灯 48 盏。

(1)照明系统施工。

低杆灯施工工艺流程如图 9-6-1 所示。主要人员及设备资源配置分别见表 9-6-1、表 9-6-2。

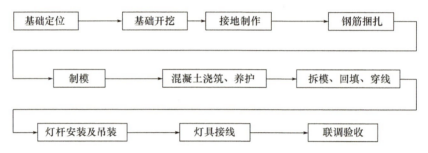

图 9-6-1 低杆灯施工工艺流程图

主要人员配置参考 表 9-6-1

序号	工种	单位	数量	备注
1	挖掘机操作员	人	3	
2	顶管机操作员	人	2	
3	罐车师傅	人	2	
4	泵车师傅	人	2	
5	振捣	人	2	包括混凝土浇筑
6	养护	人	2	
7	电焊工	人	2	
8	钢筋工	人	8	
9	模板工	人	8	
10	电工	人	2	
11	杂工	人	20	

主要设备资源配置参考 表 9-6-2

序号	机械设备	单位	数量
1	挖掘机	台	3
2	材料运输车	台	2
3	混凝土罐车	台	3

续上表

序　号	机 械 设 备	单　　位	数　　量
4	混凝土泵车	台	2
5	插入式振捣器	台	3
6	接地电阻检测仪	台	1
7	5000W发电机	台	3
8	电焊机	台	3
9	各种施工工具	套	6

(2)低杆灯基础施工。

①安装底边木模:将底座表面清除干净,底边模采用木模进行铺设,并用方木插地定位进行固定。

②检查模板:根据设计规范的要求采用水准尺和卷尺检查模板结构尺寸、竖直度、对角线和方正情况,自检合格后报监理工程师验收。

③对所用模具进行尺寸核对,将模板内的积水、杂物和污垢清理干净,并均匀涂刷脱模剂,报监理验收,合格后进行下道工序的施工。

(3)高杆灯基础施工。

(4)基础模具安装。

①安装底边木模:将底座表面清除干净,底边模采用木模或砖进行铺设,并用方木插地定位进行固定。

②安装圆柱侧模:用扁钢抱闸固紧,保证模板接触紧密无缝隙,用支架和拉杆固定,防止模板位移。

③检查模板:根据设计规范的要求采用水准尺和卷尺检查模板结构尺寸、竖直度、对角线和方正情况,自检合格后报监理工程师验收。

④对所用模具进行尺寸核对,将模板内的积水、杂物和污垢清理干净,并均匀涂刷脱模剂,报监理验收,合格后进行下道工序的施工。

(5)钢筋加工与连接。

①钢筋进场时必须送检。

②钢筋的加工:按照设计尺寸对钢筋进行切割、弯曲。

③钢筋的连接:按照设计规范的尺寸和要求布置钢筋并进行焊接和绑扎。

④钢筋安装时,钢筋的级别、直径、根数、间距应符合技术交底的要求,多层多排钢筋要根据技术交底安装架立筋。钢筋的交叉点应用 $\phi1.2mm$ 的铁丝绑扎结实,必要时亦可用点焊焊牢。

⑤结构或构件拐角处的钢筋交叉点应全部绑扎;中间平直部分的交叉点可交错绑扎。

⑥钢筋与模板之间应设置高强度砂浆垫块,垫块应与钢筋绑扎牢固,且其绑丝的丝头不应进入混凝土保护层内。砂浆垫块应交错布置,保证钢筋留有足够的保护层厚度,确保构件质量。

⑦混凝土浇筑前,应对垫块的位置、数量和紧固程度进行检查,不符合要求应及时处理,应保证钢筋的保护层厚度满足设计要求。

(6)基础凸缘锚板安装。

(7)混凝土浇筑。

(8)基础回填与灯杆吊装。

9.6.2 隧道供配电及照明概况

(1)隧道供电应结合隧道通风、照明、消防、监控系统。

(2)隧道动力、照明的供电分别由供电系统中独立回路配出,以减少动力设备的启动对照明系统的影响。

(3)隧道应急照明和交通监控等一级负荷中的特别重要负荷,设 UPS 和应急电源(EPS)进行供电。

(4)隧道供电方式。

①箱式变电站的供电方式采用 10kV(光明区 20kV)单市电源 + EPS 应急电源供电。

箱式变电站引入一路可靠的 10kV(光明区 20kV)电源,由高压电缆引入高压开关柜,高压系统采用环网终端进线的接线方式。箱式变电站内设置一台 EPS,市电故障的状态下,由 EPS 向隧道内的应急照明、监控设备等重要负荷供电。箱式变电站内设一台干式变压器。

②变电所采用 10kV(光明区 20V)单市电源 + 柴油发电机 + EPS + UPS 电源供电。

(5)施工组织管理。

①建立进度控制管理网络如图 9-6-2 所示。

②施工工艺流程如图 9-6-3 所示。

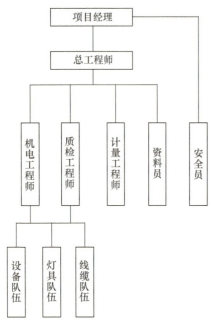

图 9-6-2 进度控制管理网络图

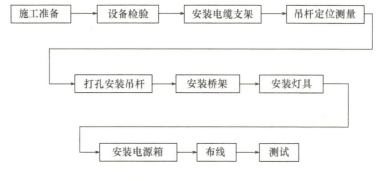

图 9-6-3 施工工艺流程

③主要人员及设备资源配置分别见表 9-6-3、表 9-6-4。

主要人员配置参考　　　　　　　　　　　　　　　　表 9-6-3

序 号	工 种	单 位	数 量	备 注
1	测量工	人	2	定位划线
2	安装工	人	12	桥架安装
3	电工	人	6	电缆铺设灯具接线及用电修理
4	杂工	人	2	

主要设备资源配置参考　　　　　　　　　　　　　　表 9-6-4

序 号	机械设备	单 位	数 量
1	移动式电动小型液压升降平台	台	4
2	皮卡车	台	2
3	货车	台	1
4	绝缘摇表	台	1
5	万用表	台	3
6	5000W 移动发电机	台	3
7	各种施工工具	套	6

(6)施工创新及亮点。

①隧道内照明灯具全部采用节能、环保、显色性好的 LED 灯。

②隧道内照明灯具安装采取热浸锌钢制电缆桥架布置方式,灯具长度为 1.2m,间隔 0.6m。

9.7 隧道消防施工

深圳外环高速公路(深圳段)项目隧道按限通行非危险化学品等机动车辆考虑,其中长流陂隧道、清林径隧道和红花岭隧道为三类隧道,白花洞隧道和章阁村隧道为四类隧道。隧道消防系统根据《公路工程技术标准》(JTG B01—2014)、《建筑设计防火规范》(GB 50016—2014)的有关规定,结合本项目的实际情况设置了火灾报警系统、疏散指示标志、消防水源外给水系统、隧道防火涂料等。

9.7.1 水泵房设施

项目根据《公路工程技术标准》(JTG B01—2014)、《建筑设计防火规范》(GB 50016—2014)的有关规定,长流陂隧道、清林径隧道、清林径声屏障、红花岭隧道需设置水泵房设施,工艺流程如图 9-7-1 所示。

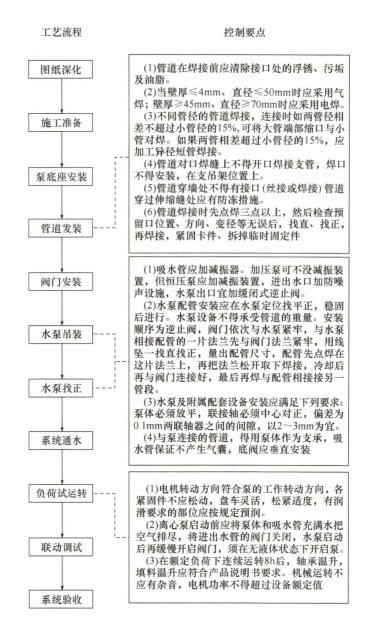

图 9-7-1 工艺流程图

9.7.2 消防水池

项目根据《公路工程技术标准》(JTG B01—2014)、《建筑设计防火规范》(GB 50016—2014)的有关规定,长流陂隧道、清林径隧道、清林径声屏障、红花岭隧道需设置低位消防水池,工艺流程如图 9-7-2 所示。

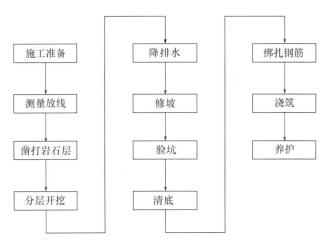

图 9-7-2　低位消防水池工艺流程图

9.7.3　防火涂料

项目根据《公路工程技术标准》(JTG B01—2014)、《建筑设计防火规范》(GB 50016—2014)的有关规定,以及外环项目实际情况,隧道防火涂料参数为:耐火极限时长为2h,喷涂厚度10mm,喷涂范围在检修道4m以上,颜色为深灰色,厚度偏差为±2mm。

1) 主要材料

(1) 隧道防火涂料 SH(SFT-02) 不含石棉及其他有害物质,在生产及使用过程中和使用后的涂层均无刺激性气味,火灾时不释放有毒气体,涂料毒性试验指标达到 AQ-1 级(安全一级),符合环保要求。

(2) 隧道防火涂料干密度低,黏结强度高,不掉块,不空鼓,表干时间短,耐老化、防水性能优越。

(3) 由工厂配置好,单组分包装,于施工现场加水混合搅拌后即可施工,操作方便。

(4) 直接喷涂施工,干燥固化快。

2) 施工流程

施工流程如图 9-7-3 所示。

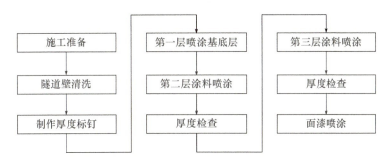

图 9-7-3　施工流程图

图 9-7-4　地面控制台

本项目隧道高空作业设备是一台自行式液压人员升降平台,在旋转升降臂的末端配备了一个工作台。

主操作员控制台位于平台上。在平台上,操作员可以在前后两个方向驾驶设备行走和转向。操作员可升降主臂、折臂,或左右转动臂架。标准臂架回转是从臂架收藏位置连续向左或向右旋转360°。设备有一个可以操控平台控制台的地面控制台。地面控制台用于操纵臂架升降和回转,可在紧急情况下,当平台上的操作员不能下降平台时将平台降到地面。启动前检查也可使用地面控制台,如图9-7-4所示。

3)施工方法

(1)隧道壁清洗

施工机械的烟尘及带起的灰尘会附着在混凝土表面,影响防火涂料与混凝土的黏结力,应先用将油污清除,再用高压水对衬砌表面进行全面冲洗,如图9-7-5所示。

(2)厚度控制标钉

在隧道壁定制厚度控制标钉,间距为每30～40m一个断面,作为喷涂施工的参照物。

(3)第一层喷涂基底层

采用将涂料与707胶按20∶1的比例做打底层,用喷涂机将打底涂料从隧道的腰部装饰线向顶部(从下而上)按要求进行喷涂,喷涂厚度一般控制在2mm。喷涂压力根据产品特性而定,控制在4个大气压。

(4)第二层涂料喷涂

为了让第一层基本凝固硬化,防止涂层开裂、起层、脱落,在第一层打底喷涂施工18～24h后进行第二层喷涂,因隧道防火涂层较厚,采用分层喷涂方式,喷涂顺序及压力控制同表面打底喷涂。喷涂时注意喷涂压力、速度、距离等应控制均衡,进而保证喷涂厚度均匀一致;喷涂厚度根据材料性能确定,控制在4mm,避免因喷层过厚造成内外含水率差异而起层、空鼓,甚至脱落,如图9-7-6所示。

图 9-7-5　隧道壁清洗

图 9-7-6　防火涂料喷涂

①按照水∶涂料=100∶120的比例配制(重量比)。

②搅拌：先在低速砂浆搅拌机内加适量水后，再加涂料进行搅拌，然后根据情况加少量水搅拌成稠厚浆状，其稠度适合喷涂或涂抹为宜，搅拌时间控制在6~8min为宜。拌和后的浆料，应在1h内用完，切忌二次加水或存放时间过长，以免黏结力下降，在搅拌和喷涂过程中散落或反弹的涂料可及时回收利用，被污染和超过2h的不能再用。

(5)第三层涂料喷涂

要求同第二层涂料喷涂。

(6)防火涂料层厚度检查

涂层厚度按设计要求允许误差为±2mm，在此范围内即为合格，现场采用游标卡尺检查，如图9-7-7所示。

①防火涂层与基层黏结牢固，不允许出现开裂、松散、脱落、漏涂现象。采用目测方法和用0.5kg的木槌对涂层进行检查。

②涂层表面质量检查

涂层不应该出现裂纹，如有裂纹，应补喷消除，采用目测和塞尺测量对裂纹进行检查。涂层厚度要均匀，不能出现凹凸不平现象，用目测方法检查。

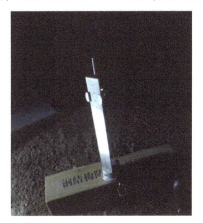

图9-7-7　厚度检查

(7)面漆喷涂

在防火涂料基本干透成型后1d，经过自检、报检，确认无开裂、起层、脱落等质量缺陷后，即可进行面层施工。按照设计要求进行颜色喷涂，为避免喷涂后出现颜色不一致和色漆流坠现象，必须注意控制相同的喷涂压力，并注意保持喷枪头到涂料基面等距匀速施作，喷涂顺序为先拱部、后边墙，喷涂界面线要严格隔离。

由于喷涂机械及操作工艺等不同，喷涂局部会有厚度不足或不平整现象，在基层喷涂施工后应对喷涂表面进行检查补平，面漆喷涂如图9-7-8所示。

图9-7-8　面漆喷涂

4)施工控制要点

(1)隧道混凝土表面附着施工机械的烟尘及带起的灰尘应清理干净,其对防火涂料与混凝土的黏结力影响很大。

(2)防火涂料原料包装一经打开,应及时使用,若发现涂料受潮、结块,不得使用。

(3)在作业区地面铺设彩条布,以防止喷涂回弹料污染路面及盖板。

(4)施工过程中注意控制高程、厚度。

(5)在每一段喷涂施工完后,在该段首尾处设置醒目的喷涂层位提示牌,防止桩号混淆重复施工,并可以提示洞内施工人员注意保护。

(6)厚层涂料一般采用分层喷涂方式,为了保证前一喷层表干,必须严格控制两层喷涂的时间间隔(一般不少于24h)。

(7)隧道防火涂料施工期间以及施工后24h内,环境温度不得低于4℃,15~30℃效果更佳。因为隧道防火涂料为水性涂料,若遇夏季高温或涂抹间隔时间过长,应进行表面潮湿处理(喷水保养),以防涂层因失水引起涂层开裂、起层及粉化。

(8)施工前应对原材料进行检查,并有合格签证记录。对施工程序、工艺流程、检测手段进行检测。

(9)施工过程中应对表面清理、浆液调制、喷涂养护、回弹料利用、空鼓检测、接缝直线度、表面平整度等进行全面、全过程检查。

9.8 隧道装饰

9.8.1 施工工艺

深圳外环高速公路(深圳段)项目隧道装饰工程采用氟碳喷涂铝板,厚度为2.5mm,安装范围为隧道检修道0.1~4m,颜色为白色。施工流程如图9-8-1所示。

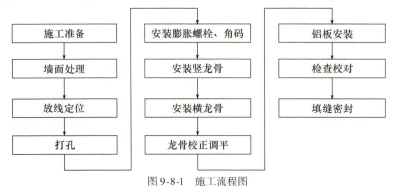

图9-8-1 施工流程图

9.8.2 施工方案

1)操作平台搭设

隧道铝板安装作业平台搭设高度为3.0m(含1.1m护栏),施工部位为隧道侧壁。所有架体在搭设及使用过程中必须牢固,稳定性能满足荷载要求。

本工程考虑到施工工期、质量和安全要求,在选择方案时,充分考虑以下几点:

(1)架体的结构设计,做到结构安全可靠,造价经济合理。

(2)在规定的条件下和规定使用期限内,能够充分满足预期的安全性和耐久性,且便于施工。

(3)选用材料时,做到通用、可周转利用,便于保养维修。

(4)结构设计时,做到受力明确,构造措施到位,上下方便,便于检查验收。

2)墙面处理

应及时清理墙面,保证装饰面在施工过程中无障碍物。

3)测量放线

(1)根据设计图纸,弹出横向控制线。控制线落差控制在5mm之内。

(2)根据图纸的设计要求,在墙面弹出垂直于横向控制线的纵向控制线。

(3)根据设计图纸弹出打眼、安装角码的位置线。

4)角码安装

依据立柱位置线确定主龙骨与土建结构的连接点,并在结构上做好标记,在结构的相应位置打孔,根据膨胀螺栓的大小,在墙面打眼,打眼时冲击钻要垂直于墙面,眼的深度要比膨胀螺栓的长度长10mm。

安装膨胀螺栓、角码:安装膨胀螺栓前先要将孔内的尘土清理干净,再将角码临时固定在墙面。安装角码时要注意膨胀螺栓的垫片必须安放在角码的外部(角码尺寸为50mm×50mm×4mm,个别特殊部位的角码需要另外定制或现场加工,角码使用镀锌角码,如角码需要焊接延长,焊接部位一定要进行防锈处理),如图9-8-2所示。

图9-8-2 角码安装

5)龙骨安装

根据立面分割尺寸安装角码连接,安装时要分段控制,以免误差积累,要做好相应的调平,如图9-8-3、图9-8-4所示。

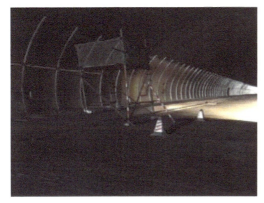

图9-8-3 龙骨安装

图9-8-4 焊接部位防腐

(1)安装竖龙骨：根据纵向控制线安放竖龙骨，安装龙骨前根据基点每 18m 拉两个水平控制线，保证龙骨在一个控制面上。

(2)安装横向龙骨：根据图纸的尺寸用连接角码将横向龙骨连接在竖向龙骨上，横向龙骨与竖向龙骨必须在同一平面上。接头处高低差控制在 4mm 之内。同一层面的横向龙骨必须在同一高度，并保持线条的流畅（镀锌角钢龙骨使用壁厚为 4mm，使用型材冷拉弯方式弯弧）。

(3)龙骨调平：根据隧道的走向、弧度及坡度调平龙骨，要求做到目测无波浪、无陡弯。两根龙骨间的高低误差及控制面误差控制在 4mm 以内（使用铅垂仪和尺复核立柱位置后调平龙骨，误差控制在相应范围内）。

(4)校正完毕后对龙骨各处连接点螺栓进行紧固。

6) 安装铝板

根据图纸要求排放板材，安装板材前先校正龙骨。两块板材间的高低误差控制在 2mm 以内。调整好板材间的控制面后安放压条，每间隔 300mm 固定一个自攻自钻螺丝，如图 9-8-5 所示。装饰板安装按照"横平竖直"的要求由下至上依次安装板块，上下收边型材与板材间工艺上要处理紧凑，要求分段对板块分缝进行调整控制以确保安装质量。

7) 填缝密封

预先挂好的竖线、水平控制线要沿隧道放坡线平齐，利用其对板块进行逐块校正。在板块之间嵌 18mm 泡沫条，为防止划伤表面，在注胶前先用胶带覆盖缝两边板面，注胶完成后，将胶纸揭去。嵌缝粘贴要均匀，放缝要平整、饱满，如图 9-8-6 所示。

图 9-8-5　铝板安装

图 9-8-6　填缝密封

8) 质量通病

质量通病产生原因和预防措施见表 9-8-1。

质量通病产生原因和预防措施　　　　表 9-8-1

质量通病	产生原因	预防措施
铝板安装完成后，板块与板块之间的接缝不平直	(1) 放线不准确。超出了角码可调节的范围。 (2) 安装时不仔细，随意安装，导致接缝不平直。 (3) 安装时未挂线	(1) 严格按照排版图进行放线定位，保证龙骨准确无误。 (2) 对工人进行技术交底，保证安装仔细。 (3) 在铝板安装的过程中必须要挂线施工，保证接缝平直

续上表

质量通病	产生原因	预防措施
铝板色泽深浅不匀,影响装饰效果	安装前没有对块材严格挑选分色	铝板安装前应挑选分色,差异太大的不宜采用

为了保证隧道氟碳喷涂铝板的最终质量,我们采取了如下措施对隧道氟碳喷涂铝板施工的全过程进行严格的把关。

(1)技术交底。在施工前,就铝板安装工程施工方案对各工序施工负责人进行交底,使他们真正了解在施工过程中应注意的问题,并对可能出现问题的处理方式进行详细介绍,以保证整个施工过程中不出问题。

(2)明确隧道铝板安装施工各工序质量检查责任人,并层层落实。

(3)对隧道铝板安装施工的每一工序都进行详细的检查,并请现场监理工程师复查合格后,进行下一工序的施工。

(4)对原材料进行严格的管理,并请监理复查。施工时控制角码安装位置、龙骨安装质量等。

(5)对工程用机械设备进行仔细的检查和维修,以防出现问题。

(6)在施工过程中,技术人员应严格控制角码安装位置、龙骨顺直度、平整度、铝板安装平整度等。

9.8.3 施工亮点

项目隧道设备箱采用与氟碳喷涂铝板同材质、同弧度的门将隧道设备箱有效地保护起来,实现了隧道装饰的整体效果,同时有效避免了隧道装饰板与设备箱体之间的交叉施工,如图9-8-7所示。

图9-8-7 现场效果

第10章
绿化工程

10.1 工程概况

10.1.1 工程简介

深圳外环高速公路位于深圳市北、东部,为深圳市西东向的一条外环快速干线,是深圳市"七横十三纵"干线路网布局的重要组成部分,完善了深圳市现代化交通路网体系,实现建成"七横十三纵"的高、快速路网目标。

深圳外环高速公路也是广东省"九纵五横两环"高速公路主骨架网中的加密线。项目起点位于宝安区沙井附近与在建沿江高速公路相接,终点与盐坝高速公路相接,路线自西向东与深圳所有纵向高速公路交叉衔接,进而与珠三角高速公路形成联网。

该项目的实施有利于促进各南北向高速公路主骨架的联系,充分发挥高速公路网的整体效益,改善区域交通运输状况和投资环境,对促进深圳、东莞、惠州等地经济共同繁荣具有重要意义。

10.1.2 工程沿线自然地理概况

1) 自然地貌

深圳外环高速公路项目位于深圳北部及东莞南部丘陵谷底~盆地地貌带,跨越多种地貌单元,地形起伏相对较大,全线地形主要可分为剥蚀地形、剥蚀堆积地形、堆积地形三种类型。近年来深圳基础设施建设发展迅速,使工程区域的地形地貌发生了很大的改变,部分地段台地、阶地、平原等分界线野外特征已不明显。工程沿线自然景观如图10-1-1所示。

图10-1-1 工程沿线自然景观

2) 气象和水文条件

深圳市地处亚热带地区,属南亚热带季风气候,多年平均气温为22.2℃,雨量充沛,降水主要为锋面雨,其次是台风雨。由于项目所在区域濒临大海,台风的影响较为显著,台风次数较多,主要在夏秋两季。工程沿线丘陵地段不同程度存在薄雾影响行车,对项目建设有不利影响的天气有热带气旋、暴雨、强对流、短期寒潮及低温阴雨。

项目区域内河网水系发育,分属珠江口三角洲水系和东江水系,主要河流有东宝河、茅洲河、沙井河、观澜河、龙岗河、坪山河及其上游支流,河流呈树枝状分布,由大气降水补给,具有山区河流暴涨暴落的特征,其中东宝河具有通航要求,其他河流无通航要求。

项目沿线水库分布较多,多属中、小型水库,长流陂等个别水库为附近居民饮用水源地,具有水源保护要求。

10.2 设计理念、指导思想和设计原则

10.2.1 设计理念

本项目环境保护设计中倡导绿色生态、和谐自然的理念,坚持以人为本,并以"三同时"为指导,摒弃"先破坏,后恢复"的陋习,坚持项目建设与环境恢复同步进行;坚持"安全、经济、实用、美观"的指导原则,设计以恢复公路生态、防治水土流失为出发点,追求人、车、路与自然环境和社会环境的和谐统一,在满足基本功能情况下,通过景观绿化工程的建设,最终将本项目打造成一条绿色长廊和景观长廊。同时尽可能地节约工程造价,降低成本,恢复当地生态环境,实现投资的最佳效益。

10.2.2 指导思想

深圳外环高速公路所经区域地形地貌极为丰富,地貌类型包括丘陵、台地、平原、湿地等,

水体包括河、湖、池等，公路又从城市中经过，带有浓厚人文景观，生态环境丰富多样，自然景色宜人；这些都为深圳外环高速公路的景观绿化设计提供了丰富的资源。

此次设计把公路环境保护作为基本出发点，以"自然、生态、环保、经济、美观"为指导思想，一方面强调公路与沿线的自然环境、交通设施、车辆等的协调统一，使公路成为环境景观一部分，实现与自然环境的和谐统一；另一方面强调根据车辆高速行驶的动态特点，实时调整景观的表现形式，做到既满足静态视觉的要求，也满足车辆行驶中人的动态视觉的要求，为司机和乘客提供实时变化的审美效果。

整个设计文件在贯彻总体设计目标的基础上，以其不同的地理环境及道路结构形式反映不同的设计风格，最大限度地保护当地的原始生态环境和人文环境。

10.2.3 设计原则

1) 绿化设计原则

摒弃了以往盲目追求景观"豪华、高档""为绿化而绿化"的不当认识，深圳外环高速公路景观设计在进行沿线适生植物调研的基础上，选择多样性、原生态的植物品种，营造自然的植物群落景观，以达到原生态的景观效果。

(1) 设计将结合道路现状，因地制宜，合理布局，力求体现生态、环保的绿化特色。

(2) 综合考虑全线的自然状况、区域特点，设计出主次分明，并突出服务区、互通立交和收费站等节点的绿化景观。

(3) 绿化景观以自然式种植为主，注重大效果体现。设计运用大组团、大手笔的方式，突出整体效果，形成大乔木、小乔木、灌木、地被植物等层次丰富的生态林带，提高道路沿线的绿量和绿视率。

(4) 力求做到适地适树、长期稳定、四季常青。

(5) 坚持美观、经济、实用的原则，在创造景观效果和社会效益的同时，充分考虑资金投入的节约，注意并综合考虑后期粗放管理的原则。

本项目绿化景观设计应以植物为主，发挥植物的生态效益。树种的选择应注意以下几点：①与附近植被及沿路景观相协调；②病虫害少，且不应成为附近农作物病虫害的中间寄主；③寿命长、养护管理粗放；④树形、叶色、花、果等观赏价值高的树种。

2) 景观设计原则

坚持"原景原生态"的设计原则，提倡"本土文化和原生态之美"，返璞归真，采用自然的、渐近的、连续的方法来选择、利用和营造景观，体现本土特色；同时充分挖掘人文景观，使得深圳外环高速公路自然景观和人文景观交相辉映。

(1) 透视性原则

景观的布置不应影响公路的行车透视性要求，确保路侧结构物空间尺度充裕，使人们感到线性自然流畅，引人入胜，视野开阔，景观和谐，安全舒适。

(2) 诱导性原则

景观的布置应能使司机在视觉上可以预知路线伸展方向的变化，并且在空间上留有余地，使司机可以及时地采取有效的操纵措施，保证行车安全，并确保车辆的运动状态的改变不会太突然,而导致司乘人员的不适。

(3)景观兼容性原则

景观的布置要以环境中的自然景观为主、人工景观为辅,二者相互兼容。公路周边的自然景观包括地形、地貌、山林水石,甚至云影天光,均是十分宝贵的景观元素,具有重要的景观价值,因而在设计中,应尽可能保留这些景观要素,并使之成为公路景观的一部分。

(4)景观统一性原则

此次设计,除把中央分隔带、路堤路堑边坡、两侧绿化带、互通立交、服务区和收费站、桥梁作为一个整体通盘考虑使得景观有统一风格外,还根据各自功能和服务对象设计不同的景观,在统一中求变化、变化中达统一。以绿化为例:主线绿化应采用远乔木、中灌木、近花草的布置手法,同时进行大分段设计不同形式且逐步过渡、连续不断、动中有变的"绿色长廊"。

(5)景观协调性原则

在确定公路的线形和路域内的景观时,考虑其与环境景观要素在视觉感受上的协调,使路域内外的景观浑然一体,共同构成符合形体美学、均衡完美而又变化多姿的景观,使人们在使用公路系统的过程中获得舒适和愉悦。对于环境中景观不良的区域,在线路选择时避让或远离从而弱化其影响;当无法避让时,通过设置隔离屏障或密集的绿化,将路域外的不良景观隔离开来,即遵循"佳则收之,俗则摒之"的原则。

10.3 景观绿化设计

10.3.1 路侧景观绿化设计

拟建项目第17合同段(里程范围K52+927.344~K77+350)路线全长约24.42km,沿线路基较长,桥隧比例较低。路侧可绿化范围较长,利用这种路侧植物群落形成地域标志,帮助引导驾乘人员。

本合同段桩号范围为K52+927.344~K68+000,长约15.073km。路侧绿化对高速路基两侧可绿化的地带分情况进行绿化栽植。

1)一般路堤种植绿化

适用于一般路堤段落绿化。在护坡道栽植灌木。当路堤坡面为土质边坡时,为增强景观效果,在具体路面3m位置增加乔木,乔木以列植方式种植。当路堤坡面多为人字形骨架防护,为增强景观效果,在具体路面3m位置增加乔木,乔木的间距根据人字形骨架的实际情况确定。乔木品种根据绿化段落划分进行选择,方案一为火焰木、假苹婆、羊蹄甲、银合欢、马占相思等,方案二为腊肠树、广玉兰、黄花风铃木、银合欢、马占相思等,方案三为宫粉紫荆、杜英、洋紫荆、银合欢、马占相思等。方案一适用段落为K53+250~K58+000,方案二适用段落为K58+000~K64+000,方案三适用段落为K64+000~K68+000。

2)一般路堑种植绿化

适用于一般一、二级路堑段落绿化。当路堑坡面为土质边坡时,为增强景观效果,灌木以自然方式种植。当路堑坡面多为人字形骨架防护时,为增强景观效果,灌木的间距根据人字形骨架的实际情况确定。当路堑坡面多为锚杆格梁防护时,为增强景观效果,采用植生袋草灌籽混播。灌木品种根据绿化段落划分进行选择,方案一为东红勒杜鹃球等,方案二为黄花决明等,方案三为紫花勒杜鹃丛等。方案一适用段落为 K53+250～K58+000,方案二适用段落为 K58+000～K64+000,方案三适用段落为 K64+000～K68+000。

3）碎落台种植绿化

碎落台绿化栽植根据绿化段落划分,分别于碎落台栽植红叶李、红花夹竹桃、假苹婆、黄花槐、小叶紫薇、紫花勒杜鹃丛,使得路侧景观对称统一,视觉上具有延续性。灌木栽种在碎落台排水沟外侧,红花夹竹桃、黄花槐、紫花勒杜鹃丛间距为 4m。

4）路肩墙种植绿化

适用全线路堤路肩墙种植绿化,对挡墙起到柔化、遮蔽作用。在路堤挡墙下单排栽植攀缘植物,株距为 0.2m。攀缘植物全线统一选择爬山虎。

5）填挖交界处种植绿化

适用于沿线填挖交界处种植绿化。在路堤和路堑交替处用地红线内栽植观花落叶乔木与常绿灌木组团,起到填挖方柔和过渡的作用。植物品种根据绿化段落划分进行选择。

6）桥台锥坡绿化

全线桥台锥坡主要采用六棱空心砖,主要选用植物为粉花韭兰,49 株/m^2。

10.3.2 边坡景观绿化设计

坡面植物配置遵循适地适树、草灌乔结合、恢复自然的原则,在保证坡面稳定的前提下力求通过生态防护恢复坡面植被,实现高速公路与周围环境的和谐统一,如图 10-3-1 所示。主体路基工程已对边坡生态防护做植草灌设计并计入工程量。

图 10-3-1 现场效果

1）路堤坡绿化

本项目全线下边坡防护形式共有下列三种:喷播植草灌边坡、人字形骨架护坡绿化、三维网植草防护绿化。路基下边坡绿化保持路堤稳定,减少侵蚀风化影响,可采用根系较发达的草、灌、乔和藤蔓植物全面覆盖。

2）路堑边坡绿化

本项目全线上边坡防护形式共有下列四种：三维网植草、喷播植草防护绿化（包括客土喷播防护绿化）、人字形骨架防护绿化、锚杆格梁防护绿化。路基上边坡植物采用草、灌、乔、花合理配置，根据绿化段落划分进行选择。

10.3.3 中央分隔带景观绿化设计

中央分隔带分为路基段与桥梁段两种情况，全线采用植物有紫云藤、黄金叶、非洲茉莉球、红花檵木球等。

1）路基段中央分隔带

本项目路基段中央分隔带宽 2m，绿化种植宽 0.85m，中央分隔带两侧为新泽西护栏，高度约 100cm。景观绿化根据中央分隔带条件，主要在两侧各种植 20cm 的黄金叶、福建茶绿篱，中间种植 45cm 宽的紫云藤；上层列植非洲茉莉球和红花檵木球每 5km 一替换，株距为 2.5m。

2）桥梁段中央分隔带

本项目桥梁段中央分隔带宽 1.5m，绿化种植宽 0.70m，中央分隔带两侧为新泽西护栏，高约 100cm。景观绿化根据中央分隔带条件，主要在两侧各种植 20cm 的黄金叶、福建茶绿篱，中间种植 32cm 宽的紫云藤；上层列植非洲茉莉球和红花檵木球每 5km 一替换，株距为 3m，如图 10-3-2 所示。

图 10-3-2 中央分隔带效果

3）全封闭声屏障路基段中央分隔带

本项目桥梁段中央分隔带宽 2m，绿化种植宽 0.85m，中央分隔带两侧为新泽西护栏，高约 100cm。景观绿化根据中央分隔带条件，中间主要种植 0.85cm 宽的黄金叶；上层列植非洲茉莉球，株距为 2.5m。

10.3.4 隧道洞门前广场景观绿化设计

本项目共设 2 座隧道，共 4 处隧道出入口，路线进入隧道前左右线分开形成分离式路基，路基中间带与隧道洞门形成洞门前广场夹角地。

隧道洞口是高速路行驶过程中可判断所处地域的节点，景观绿化将其作为重要景观节点进行设计,利用不同植物作为基调、配搭突出其特色,加强地域性与辨识能力。每座隧道前广场设计不同植物搭配方案,形成不同植物主题。种植模式采用自然栽植与组团栽植方式结合,乔木与灌木结合,多层次构建植物群落。植物栽植方式以满足功能为主,兼顾景观性。在洞口两侧栽植乔木消减光线,起到棚洞效果。在回转口、中间带以灌木绿化为主,地下铺设大叶油草,保持行车视线的通畅并满足防眩要求,如图 10-3-3 所示。

主要植物选择凤凰木、宫粉紫荆、秋枫、粉花勒杜鹃等。

图 10-3-3　现场效果

10.3.5　隧道洞门景观绿化设计

隧道洞门绿化以恢复周边生态为主,将主体工程对环境造成的破坏进行修复。绿化注重周围环境的融合,不做刻意的景观设计。目的是使隧道洞门在山体中隐藏起来。

隧道洞门仰坡在撒播草籽的基础上栽植小灌木及藤本植物,不同的洞门根据所在环境不同有针对性地进行绿化,使其与周边环境融合。植物选择美花红千层、红花勒杜鹃球、大红花球等,藤本植物选择炮仗花。

10.3.6　互通立交景观绿化设计

本段共设 4 座互通式立交,依次为:五联互通立交、高桥互通立交、国际低碳城互通立交、坪地互通立交。互通区域地形环境不尽相同,结合各互通环境地形及行车视线有针对性地设计绿化互通区域。作为高速路的入口与节点,互通绿化范围在整个高速路沿线的面积最大。景观绿化对其适于营造大效果,更为整体地进行表现,过于细节的变化在高速行驶中很难被人注意。绿化模式采取群落式栽植方式,每处立交选择一种骨干树种,强调地域特色,将植物群落作为区域地标,给驾乘人员以直观印象,增加地域辨识性。

绿化植物以生态恢复为主要目的,充分利用本土植物资源构建植物群落,以粗放型、低养护的乔木为主。乔木的布置服从立交的交通功能,使驾驶员有足够的安全视线。在弯道内侧留出一定的视距,不种植高大乔木;在弯道外侧种植成行的高大乔木,以便引导驾驶员的行车方向,加强行车安全感。在匝道三角区以低矮灌木或地被植物为主,不栽植乔木,保证安全行车视距要求。主线下穿的互通立交,在高架桥下栽植耐阴地被,多方位进行绿化,做到绿化无死角。

植物选择为:

(1)五联互通骨干树种选用秋枫、木棉、火焰木等,如图10-3-4所示。
(2)高桥互通骨干树种选用秋枫、宫粉紫荆、美丽异木棉、小叶紫薇等,如图10-3-5所示。
(3)国际低碳城互通骨干树种选用秋枫、黄花槐等。
(4)坪地互通骨干树种选用小叶榄仁、大花紫薇等。

a)秋枫　　　　　　　　　b)木棉　　　　　　　　　c)火焰木

图 10-3-4　五联互通骨干树种

a)宫粉紫荆　　　　　　　b)美丽异木棉　　　　　　c)小叶紫薇

图 10-3-5　高桥互通骨干树种

参 考 文 献

[1] 乔全保.高速公路桥梁高墩施工关键技术研究[J].山西建筑,2016(08):177-178.
[2] 王立忠.公铁两用大桥复杂高大墩身施工技术[J].江苏科技信息,2013(04):77-79.
[3] 熊帅.挂篮悬臂浇筑法施工技术[J].交通世界,2019(10):99-101.
[4] 冯志刚.桥梁挂篮悬臂浇筑法施工技术研讨[J].江西建材,2017(10):172.
[5] 段金辉,段金明.桥梁施工中悬臂挂篮技术的研究[J].黑龙江交通科技,2019(10):253-255.
[6] 伏周.高压旋喷桩施工技术在市政工程中的应用[J].建筑技术开发,2017(05).
[7] 茅杭川.市政工程基坑施工中高压旋喷桩技术的运用[J].山西建筑,2015(35).
[8] 李维斌.建筑桩基工程施工中旋挖钻孔成桩施工技术的应用研究[J].中华建筑,2020(04).
[9] 蔡雪锋,祝新顺.小半径桥梁预制T梁架设方法探讨[J].交通科技,2016(02).
[10] 王芳.小半径大坡度曲线梁架设方法探讨[J].科技信息,2013(01).
[11] 赵新良,邓洪钧.广深沿江高速公路(深圳段)第3合同段小箱梁吊装方案[J].公路,2014(11).
[12] 房笑.高速公路小箱梁预制施工技术[J].施工技术,2015(S2).
[13] 刘高锋.隧道施工的质量以及安全防护措施[J].工程建设与设计,2017(06):158-159.
[14] 陈卓平.浅析隧道施工新技术[J].价值工程,2017(08):146-147.
[15] 李瑞军.复杂地质条件下公路隧道施工技术[J].江西建材,2017(05):179+182.
[16] 王泰钧.高速公路隧道施工关键技术研究[J].交通世界,2017:150-151.
[17] 赵文要.高速公路隧道施工技术及控制要点分析[J].珠江水运,2017(02):78-79.
[18] 中华人民共和国交通运输部.公路交通安全设施施工技术规范:JTG/T 3671—2021[S].北京:人民交通出版社股份有限公司,2021.
[19] 中华人民共和国交通运输部.公路工程质量检验评定标准 第一册 土建工程:JTG F80/1—2017[S].北京:人民交通出版社股份有限公司,2017.
[20] 中华人民共和国交通运输部.公路桥涵施工技术规范:JTG/T 50—2011[S].北京:人民交通出版社,2012.
[21] 中华人民共和国交通运输部.公路工程施工安全技术规程:JTG F90—2015[S].北京:人民交通出版社股份有限公司,2016.
[22] 中华人民共和国交通运输部.公路交通安全设施设计规范:JTG D81—2017[S].北京:人民交通出版社股份有限公司,2018.
[23] 中华人民共和国交通运输部.公路养护安全作业规程:JTG H30—2015[S].北京:人民交通出版社股份有限公司,2016.

[24] 中华人民共和国交通运输部.公路工程质量检验评定标准 第二册 机电工程:JTG 2182—2020[S].北京:人民交通出版社股份有限公司,2021.

[25] 中华人民共和国交通运输部.公路工程技术标准:JTG B01—2014[S].北京:人民交通出版社股份有限公司,2014.

[26] 中华人民共和国住房和城乡建设部.建筑设计防火规范:GB 50016—2014[S].北京:中国计划出版社,2014.